百合子とたか子
女性政治リーダーの運命

岩本美砂子
Misako Iwamoto

岩波書店

序章 「惜しい」二人
——対照的な軌跡を追う

衆議院議長と自民党総裁選三位

日本は、女性政治家の少ない国である。一九四六年以来全部で四〇〇人ほどで、二〇二一年七月現在衆参合わせて一〇二人。下院と一院制議会のランキングでは、一九〇カ国中一六七位である(九・九%)[1]。女性大臣は一九六〇年以来、のべ八〇人ほどいる。しかしまだ女性首相はいない。これから土井たか子と小池百合子を比較していこうと思うが、それは、この二人が最もその座に近かったからである。

社会党の委員長だった土井は、一九八九年七月の参議院議員選挙に勝ち、八月九日、参議院で首班指名を受けた。しかし衆議院では自由民主党の海部俊樹が多数を得て指名され、衆議院の優越の原則によって海部が首相となった。そしてその後の衆議院選挙で自民党の固い守りを破れず、政権交代を実現できず、首相になれなかったのである。また、一九九三年八月六日から一九九六年九月の衆議院解散まで、衆議院議長という三権の長の一角を務めた。憲法四一条どおり「国会が国権の最高機関」であるとすると、議長は行政の長である首相に優位することになる。しかし、議長と首相の実権を比べれば、容易に後者の重いことがわかる。こうして土井は、二度「ニアミス」したのである。

一方小池は、二〇〇八年九月、福田康夫首相辞任後の自民党の総裁選挙に立候補した。自民党結党以来、女性の総裁選出馬は初めてであった。当時自民党は与党であったため、総裁選挙の勝者はすなわち首相であり、事実、勝利した麻生太郎は首相となった。しかし、この総裁選挙に立候補するためには、自民党所属の国会議員二〇名以上の推薦という高いハードルがあり、小池はギリギリでこれをクリアして出馬した。他に意欲を見せている野田聖子は、推薦人二〇人のハードルをまだ超えたことがない。このハードルをクリアした女性は小池のみであり、その選挙で五人中三位を得たのであった。

また小池は、二〇一六年に東京都知事となったのち、二〇一七年九月末の衆議院解散に先んじて、二五日に「希望の党」を立ち上げ、民進党議員を受け入れる姿勢を示した。この時、当初は民進党国会議員がすべて流入できるかのような印象を与え、解散を宣言した安倍晋三首相の自民党に対抗しうる一大勢力となって政権を脅かすかのように思われたのである。しかしそれは二重に裏切られた。二九日になって小池は、すべての民進党議員は受け入れられないと「排除の論理」を持ち出して選別を行い、受け入れられそうにない、あるいは受け入れられたくない議員は別途「立憲民主党」を起こし、「希望の党」への大結集はなくなったのである。さらに希望の党は、小池が衆議院に立候補しないことによって首班候補を持たない党になってしまい、実際選挙に負けたが、たとえ勝っても「小池首相」はあり得ないことになった。歴史に「タラ・レバ」は禁句だが、もし小池が民進党議員に対してもっと受容的であり、適切な都知事後継者を見つけて衆議院に立候補していれば、女性首相誕生となっていたかもしれないのである。[2]

この「惜しい」二人の軌跡は、少し重なっている。土井は神戸、小池は芦屋という、関西の隣り合う地区の出身である。国会議員としては、すでに土井が衆議院議員であった国会で、小池が参議院議員に当選した一九九二年七月から、土井が引退する二〇〇五年九月までの一三年にわたって重なり合っており、うち一二年は同じく衆議院議員であった。二人は、一九九三年七月、衆議院の中選挙区時代最後の選挙である第四〇回総選挙に同じ旧兵庫二区から立候補し、両者とも当選した。一九九六年以来、小選挙区比例代表並立制の新制度下では、土井が兵庫七区、小池が兵庫六区と分かれた。

終戦五〇年決議をめぐって

土井の衆議院議長時代、一九九五年の終戦五〇年決議に関して、小池が土井衆議院議長不信任決議の賛成討論をしている。また、小池が環境相時代、土井は二度環境委員会で質問に立っている（二〇〇四年五月一一日、二〇〇五年四月二六日）。他は、委員会所属などが異なり、同じ衆議院議員だが議論を交わしたことは少ない。これらの重なりについては、後で詳しく述べる。

土井は「護憲」をモットーとし、自衛隊の存在には懐疑的で、日米安保条約についても軍事的な部分は廃棄して友好条約とすることを目指していた。また、朝鮮民主主義人民共和国との友好路線を取る社会党の方針に従っていた。小池は、憲法なんか全部取り替えたらどうかと軽く口にするし、自衛隊を肯定するどころか防衛相を務め、日米安保体制の強化にも肯定的だ。一九九〇年代末の金融危機の際、朝銀信用組合に国の救援資金が注入されることに厳しく反対し、日本の安全保障問題の第一に北朝鮮の脅威をあげる。

こうした政治路線面で対照的であるばかりではない。性格を見ても、「要領が悪く」、男性政治家と特に強く結ぶことはなく、他にかつがれて断れずポストについて、「強きをくじき弱きを助ける」侠気を持ち、憲法や党に奉仕する土井と、「要領がよく」「自己マーケティング」に努め、転身の決断がクリアで速く、付き従う男性リーダーを次々と変えていった小池は、好対照である。小池は、東京都知事への転身や二〇一七年の衆院選で、自らの政治生命を賭け金として、勝負に打って出た。こうした対照的とも言える二人に焦点を合わせることによって、日本の女性政治家の振れ幅にも、かなり接近できるものと考える。

女性の不安定雇用が人材プールを薄くする

とくに、土井の活躍した一九八〇年代後半から一九九〇年代初頭は、日本では「女性の時代」と呼ばれ、「女性初の〇〇」が相次ぎ、社会における女性の進出と政治における女性の進出とが共振して前進するかのように思えた。しかし、バブル経済崩壊後、女性の経済進出が鈍った。男性正社員にのみ終身雇用・年功賃金を保障していた日本型経営は行き詰まったが、女性の平等な進出を受け入れるようには変容しなかった。正社員としてエリート待遇を与える男性労働者を絞り込み、他の男性は非正規など従属した地位に押しやられ、多くの女性と同様に不安定な立場に追いやられた。企業による福祉は削減された。ほんの一部の女性がエリートに取り入れられたが、大半の女性は、一般男性よりも更に従属的な形で不安定雇用に追い込まれた。一家を養える男性は減り、彼に養われる専業主婦も減った。女性たちはケアと不安定雇用に追われ、社会的活動をする余地が狭まった。企業での管理の経験や社会運動の経験を基礎に政治に進出することも、容易ではないことに陥った。こうした候補者の候補とでも言うべき人材プールの薄さは、選ばれる側になかなか人物が見出せないという事情を招き、女性リーダーの少なさや、質の問題に帰結するのである。

この頃から海外では女性の政治進出が相次ぎ、一九九〇年代後半には、北欧ばかりでなくクオータ制を採用する国が増え、多くの国で女性議員の比率が二〇%を突破した。下院または一院制の一院で世界平均が二〇%を超えたのが、二〇一二年である[3]。日本の衆議院では二〇〇九年民主党の勝利で一一・三%に到達したが、二〇一二年末に安倍自民・公明政権に戻って、七・九%に減った。二〇二一年現在は、五一カ国が三〇%を超えて、世界平均は二五・五%となっている[4]。

女性の国家リーダーは、珍しくなくなった。一九七九年のイギリスのサッチャー首相に留まらず、アイスランドのフィンボガドティル大統領・シグルザルドッティル首相、ノルウェーのブルントラント首相、フィリピンのアキノ大統領、ニカラグアのチャモロ大統領、チリのバチェレ大統領、アイルランドのロビンソン大統領とマッカリーズ大統領、カナダのキャンベル首相、ニュージーランドのシップリー首相・クラーク首相、フィンランドのハロネン大統領・ヤテーンマキ首相、ドイツのメルケル首相、オーストラリアのギラード首相などである。サッチャーのように新自由主義的で市場を重んじる女性リーダーもいるが、社会民主主義的に、市場をコントロールして福祉を重視するリーダーもいる。今般のコロナ禍では、国民に寄り添うタイプの女性リーダーが成果をあげており、注目されている。メルケル首相（田口二〇二二）、台湾の蔡英文総統（蔡二〇一六）、ニュージーランドのアーダーン首相（クローディアー真理二〇二一、Chapman 2020）、アイスランドのヤコブスドッティル首相、デンマークのフレデリクセン首相、フィンランドのマリン首相などである（ブレイディ二〇二二）。[5]

女性首相や大統領は、二〇二一年一月時点で二一人である。女性首脳の成功率は高い。[6]

低迷する日本のジェンダー政策

ところが日本では、二〇〇〇年代には男女共同参画に反対する「ジェンダーフリー・バッシング」の勢いが強く、自治体の男女共同参画条例や性教育などが足止めを食らった。クオータ制は二〇一八年の「政治における候補者男女均等法」まで持ち越されており、この法律は男女候補者の「平等」でなく「均等」を各政党に求めるだけで、数値目標や、罰則がない。二〇〇五年の小泉純一郎首相による郵政民営化をかけた選挙や、二〇〇九年の民主党による政権交代選挙以降、女性の政治進出は頭打ちになってしまった。土井によるマドンナ・ブームに加え、小泉シスターズや小沢ガールズなど女性政治家の増加の後には減少期があるのだが、減少はニュースになっていないので、一九八九年以来女性議員が増え続けたのではないかという「何とはなしの誤解」が拡がっている。

たとえば世界経済フォーラムの「ジェンダー・ギャップ指数」において、日本は二〇二〇年も一二〇位と低迷している。この指数は、日本における女性議員・女性大臣・女性元首の不振を大いに反映しているのだが、先の誤解を共有している人には、何のことやら響かない。女性大臣は多くても五人、大概二人で、田中真紀子外相や小池百合子防衛相など引き立てられた例はあったが、前者は組織の掌握ができず、後者は事務次官と対立を起こして、十分に役割が果たせなかった。現在も小池は都知事として存在感を見せているが、土井と違ってジェンダー平等政策には熱心でない[7]。小池は、「ジェンダー平等政策なき女性の進出」の象徴なのである。

小池には一貫した政策がなく、パフォーマンスになりがちだという批判がある。確かに一九八〇年代の「女性の時代」とは異なり、今は「ポスト・女性の時代」といってよいのかもしれない。他国ではフェミニズムの第三波・第四波などと言われるが、日本のフェミニズムは弱い。だからといって、二一世紀の日本でのリーダーシップは、小池的なもののみが可能なのだろうか。新しい時代の、女性のリーダーシップのあり方が問われている。

片方は、マドンナ・ブーム(一九八六〜九〇年)を起こし「女性の政治」を訴えた。もう片方は新党ブームの風に乗り(一九九二〜三年)、クールビズ・ブームを起こし(二〇〇五年)、小泉郵政選挙の刺客ブームに乗り(二〇〇五年)、都知事選のブームを作った(二〇一六年)。二人とも女性であり、政治の本流からすればアウトサイダーであり、アマチュア的である。だからといって、同日に論じられるものであろうかというのが、本書を書いた私の問いである。

地盤・看板・カバンなしでリーダーを目指す者には、人的コネしかないと、フランスのポピュリスト、サルコジ元大統領を取り上げた吉田徹は言う(吉田二〇一一 四〇)。閨閥を作るのである。小池には地盤もカバンもなく、テレビ東京という弱小キー局のキャスターだったので看板も小さかった（テレビ朝日のキャスター、小宮悦子に間違えられたりした。ただし、「若くてキレイ」という看板はあった）。小池は結婚を利用しなかったが、男性リーダーとの親しさを演出することによって、セカンド・リーダーの座を得た。日本新党の細川護熙・新進党の小沢一郎・自民党の小泉純一郎である。土井には、男性リーダーとの距離は関係なかった。土井には、政策とイデオロギーがあった。小池にはそれはなく、自分がピンチを切り抜けてきたというストーリー・テリングと、自分の達成を邪魔しようとする敵の名指しがある。現代ポピュリストに共通する手法である（吉田二〇一一 四五—五六）。「政治家総とっかえ」「刺客」「ブラックボックスに対するジャンヌダルク」、小池は、イメージ作りの達人でもある。

鉄の塊を真に突破するために

二〇二〇年の都知事選で再選された小池は、もう一度国政で勝負するのかもしれないと思われ続けている。その時私たちは、女性リーダーだからと言って小池を歓迎するのだろうか。二〇一六年の最初の都知事選の時、彼女が右派の新自由主義者であるがゆえに支持しないという、フェミニストたちの小さな運動(8)があった。ただし、他の選択肢であった鳥越俊太郎候補に過去の女性への性暴力スキャンダルの話が出て、フェミニストとしてはそちらも支持しにくく、運動は拡がらなかった。自民党生粋の女性衆議院議員最古参である野田聖子は、自民党総裁選挙への挑戦を公言しているが、前述のようにいまだに必要な二〇人の国会議員の推薦人を集められないでいる。彼女は、日本にはガラスの天井ではなく、鉄の塊（権力トップの周囲で男性が徒党を組んで固まっている）があるという（古谷二〇一八 二七四―二七五）。それを真の意味で突破できる女性リーダーは出てくるのであろうか。それを考えるためにも、二人の女性リーダーを追いかけてみたいのである。

先行研究として、『講座 臨床政治学 第三巻 日本の女性政治家と政治指導』（濵賀編二〇一三）所収の、単独論文としての藤本一美「土井たか子」（藤本二〇一三）と濵賀祐子「小池百合子」（濵賀二〇一三）がある。本書では、ジェンダーの視点をもって両者を比較したことと、資料として週刊誌などの雑誌を多用したところに特色があるが、土井・小池の二人の政治的経験の確認には同書を参照した。記して謝したい。

（1）「世界女性国会議員比率ランキング」『女性展望』二〇二二年一／二月号、二四―二五頁
（2）二〇二一年現在、参議院議長の山東昭子は、女性でただ一人派閥の領袖を経験したが、「総理になるなんてだれも思っていない」（御厨他二〇二一 九七）
（3）「世界女性国会議員比率ランキング」『女性展望』二〇一三年一月号、一二―一三頁
（4）https://data.ipu.org/women-averages?month=6&year=2021&op=Show+averages&form_build_id=form-trxpIAASVO1viS7Y1SiyqNNuRTvOCCqZiWstUaxgxVA&form_id=ipu__women_averages_filter_form（二〇二一年六月二七日）
https://www.ipu.org/news/women-in-parliament-2020（二〇二一年三月八日）
（5）柴山由理子「マリン政権はフィンランドの未来を切り開けるか」『世界』二〇二一年四月号、一七三―一八二頁
（6）ＩＰＵ（列国議会同盟）の 'Women in Politics: 2021' https://ipu.org/women-in-politics-2021 では、国連加盟国中二〇カ国を挙げているが、これに台湾を加えて、二一カ国・地域になる（二〇二一年七月六日）
（7）「日本初の「女性総理」誕生の可能性は…」『女性自身』二〇一六年一一月二二日号、一一〇―一一一頁にお

ける竹信三恵子の発言

（8）「東京から男女平等を実現するネットワーク」。竹信三恵子「女がマスメディアで生きるということ②」『くらしと教育をつなぐWe』二二八号、二〇二〇年一〇／一一月号、七四―七七頁。同「「小池都知事」で見えたクオータ制の重要性」『シモーヌ』三号、二〇二〇年、九二―九五頁

目次

第1章

神戸大空襲を生き延びて

戦後憲法を生きる少女

1969年夏の土井たか子
(『やるっきゃない!——吉武輝子が聞く 土井たか子の人生』
パド・ウィメンズ・オフィス、2009年より)

開業医の娘

土井多賀子は、一九二八年一一月三〇日、神戸市の開業医の家に生まれた。女・女・女・男・男の五人姉弟の二番目である。一方小池百合子は、一九五二年七月一五日、芦屋市の貿易商の家に兄・妹の下の子どもとして生まれた。土井と小池の二人は二四歳違い、つまり親子ほど年が離れているということだ。土井にとって「戦争」とは、日本が負けたアジア太平洋戦争であるが、小池にとってはエジプトで体験した一九七三年の第四次中東戦争である。二人にとって戦争体験は原体験として重いものだが、そこから引き出される教訓は大いに異なっている。

土井の父方の祖父は広島県の農家だったが、その息子、仁良市《にろいち》は、神戸で内科・小児科を開業しており、堅実な町医者で患者から慕われた。土井は、『日本経済新聞』に一九九二年九月に連載された「私の履歴書」で、父は人前に出るのが苦手で、石橋を叩いても渡らないような、保守的で几帳面な性格だと描写した。『土井たか子 政治とわたし』では、「相当なリベラリスト」と表現した（土井編著一九八七 一二）。また、政治家は嫌いであった。家庭で政治の話をすることはなかったであろう。母方の祖父は軍人だがこれも早く亡くなっていた。しかし母、貴代《きよ》は高等女学校の専攻科まで進み、キリスト教系の幼稚園の教員をしていたこともあり、大正デモクラシーの息吹に触れたようなところもあった。母方の祖母の嬢《じょう》は娘の貴代夫婦と同居していた。姉も多賀子も、嬢がしつけを行った（土井一九九二・九・一、大下一九九五 六六）。

土井は人見知りをする子どもだったが、幼稚園に入る頃には男の子を従えて歩く陽性のガキ大将となった。ブランコの順番待ちの列に入れなかった男の子に、半ば強引に順番を譲った話や、一九三五年四月の小学校入学初日に、いじめられていた小児麻痺の女の子をかばって、男の子と取っ組み合いのけんかをした話は有名である。土井自身が、弱い者いじめを許さない「意地」だと言っている(土井編著一九八七　五五)。社会党委員長時代、「強きをくじき弱きを助ける」という土井神話が女性週刊誌などでもてはやされたことが想起される。しかし五歳のころ、サーベルをぶら下げた軍人スタイルで写真を撮っており(土井一九九二・九・二)、後の「反戦平和のおたかさん」を思うと、時代の影響の大きさがうかがわれる。

父母は「教育で男女の区別をしなかった」と土井はいうが、土井が落ち着きのない子どもだと学校で指摘されると、対策として両親は家に講師を招いて、娘三人にピアノを習わせた。土井はレッスンをすっぽかそうとして失敗ばかりしていた(土井一九九二・九・三)。妹はピアニストになっているから、本格的なレッスンだったと思われる。この話と、姉三人とは違って弟二人は医者になっていることを考え合わせると、強い押しつけはなかったにしても、男女で異なる育ち方をしてほしいと考えていなかったとは言えないであろう。しかし、よくいえば「自由放任主義」、悪くいえば「放ったらかし」で、自分のなしたことには必ず自分で責任を持つことを強く命じていた(毎日新聞社編一九八六　三二)。また、土井は読書好きで、自宅にあった一〇〇巻近い小学生全集を読破した。

小学校に上がる前に満州事変が勃発し、卒業の年に日米戦争が始まった。国定教科書は「ススメススメ　ヘイタイ　ススメ」の時代である。しかし日曜などに両親は、子どもたちを連れてフォードのクーペで海水浴に行ったり、洋画を見に行ったりしていた。土井は、本編前のベティ・ブープやミッキーマウスが好きだった。中流の上のモダンな家族だったといってよいだろう(土井一九九二・九・四)。おしゃべりなのは「突然変異」と言われたが、父母の慈愛に恵まれて、まっすぐに育っている。

一九三八年、土井が小学四年生の時、四二歳の父が軍医として召集されたが、翌年無事帰還した。父は戦争の話はしなかったが、「やっぱり嫁にやる時には、相手に凶暴性があるかどうかを、相当調べなきゃ駄目だ」(土井/吉武二〇〇九 二二)と言った点に、戦場の性暴力を見て、かつ批判的であったことが推察される。

神戸大空襲 逃げまどう地獄図の中で

土井は、一九四一年四月、新設の県立第三神戸高等女学校に入学した。新設なので、第一高等女学校に間借りしていた。二年生になると、なぎなたの練習や分列行進が増えた。三年生・四年生は勤労動員である。県立第三高女の生徒は、初めは小泉製麻で糸くずのもうもうと舞う中、麻工場で弾丸などを入れる袋・戦艦などの床板に敷くリノリウムの裏材料に使う麻布を織った。半年後には東洋ベアリングの工場に移り、鉄球の検査や研磨に当たった。旋盤の仕事が割り当てられたが、旋盤工場がなかなかできないので、防空壕を掘る日々だったという(土井一九九二・九・五)。

一九四五年三月、女学校は五年を四年に切り上げられて、土井は卒業となった。三月一七日、自宅で「神戸大空襲」に遭遇する。当日の死者は二五九八人、負傷者八五五八人、被災者二三万六一〇六人に上った。神戸は、五月六月の空襲を含め、東京、大阪、名古屋に次いで焼失家屋が六一％と高率で、死者七四九一人、負傷者一万七〇〇二人に上ることになる。土井は、三月一七日に家が直撃され、火の粉を避け倒れている人々の間を縫って、母・姉ともはぐれ、海岸にたどりついた。そこも機銃射撃されたので、父が応急医療を行っている緊急避難所の小学校に行ったが、黒焦げの人や負傷者に満ちて修羅場であった。父の命令で治療を手伝い、腕を切断される人の腕を持って介助したりした。この体験について土井は、「戦争は人間を人間でなくしてしまう。人を狂わせてしまう。天寿をまっとうしないで命を落とす人たちが、どれほど多いことか。最初に犠牲になるのは、罪のない子供や女性である。私は逃げまどう地獄図の中で、明日の生命は知れないと思った。私がのちに「反戦」を唱えるようになった原点である」（土井一九九二・九・六、土井一九九三　一六六）と述べている。

一九四五年四月、京都女子専門学校（現・京都女子大学）の外国語科に進学した。高槻の女子医学専門学校には、戦時中の混乱のためか期日までに願書が届かなかったという。外交官になりたいとも考えていた（田中一九八九　三三）。進学したくても親に許されなかった女学校の同級生のことを思い、そういう人のことを考えて仕事をしなければと思った（土井他一九八七　一九二―一九三）。京都女子専門学校では、中国語・英語の他、国文学・哲学など色々な科目で勉強の面白さに目覚め、自他共に「ガリ勉」と認めるほど懸命に勉強した。

夏休みに、神戸の自宅で玉音放送を聞いた（土井一九九二・九・七）。占領軍が日本に上陸し始め、父親は京都に行くことに反対したが、母親は学校を信頼して任せようと言った。京都では、食糧難ではあったが、自由な学生生活を謳歌した。中国語から、再び学ぶことができることになった英語コースに切り替え、専攻科で一年余分に学んだ(大下一九九五　九七)。落語や映画にも通い、ヘンリー・フォンダ主演の『若き日のリンカーン』で、弁護士であったリンカーンが貧しい黒人を助けたのに感動し、三回見て、弁護士になろうと思った。「強きをくじき弱きを助ける」である(土井一九九二・九・八)。その直後、同志社大学で憲法学の教授、田畑忍の「平和主義と憲法九条」という講演を聴いて感激した。土井は国家には軍備と戦争がつきものだと考えていたが、それらを放棄することに意義があるというのである。コペルニクス的転回であった(田中一九八九　一一三)。

同志社大学法学部へ　野に放たれた虎

法学部を目指すことにして、京都大学と同志社大学で転学試験を受けて受かり、後者に学士入学した(一九四九年)。同志社には男女共学の歴史があり、温かみのある印象だったのに対し(大下一九九五　一〇二)、京大は男子ばかりで、雰囲気が暗く、冷たく、固かったという(田中一九八九　三七)[1]。同志社大学の正面には、新島襄の「良心之全身ニ充満シタル丈夫ノ起リ来ラン事ヲ」という石碑があり、心を動かされた。女子専門学校の担任から、「トラを野に放つようなものですナー」と言われたという(田中一九八九　三七)。

三年生約一五〇人のうち、女性は二人だった。であるにもかかわらず女性の姿がキャンパスに少なくなかったのは、同志社女子大があったからと、文学部などに女性が多かったからである。土井は女子寮に入って大学に通った。自治会役員に女性も一人出すということになり、欠席裁判で決められた。イヤなら女はゼロだと言われ、決められた以上逃げるのは嫌だと思った。いざやり始めると、いい加減にできない(土井一九九二・九・九)。これは、土井に役職が回っていくときの決まったパターンとなる。自分でなく他人に決められても、逃げない。断りつつ受け入れる。逃げるには要領が悪い。しかしやる以上は、懸命に取り組むのである。

自治会にはさまざまな党派の論客がいて、激しい議論をした。ラグビー部の応援をし、女性問題研究家の帯刀貞代を呼んで講演会を開いたこともあった。学部内に女子学生のための控え室や更衣室を獲得する交渉に当たった(大下一九九五　一〇五―一〇八)。

弁護士志望であったので、司法試験の勉強をするための法学研究会にも参加した。司法試験のための勉強は、裁判所の判例を扱い、既存の法律の解釈が中心となるのだが、土井は、なぜその法律ができたのかという立法政策論に、しばしば「脱線」した。また、女性だけ離婚後六カ月空けないと再婚できないのはなぜか(待婚期間、現在は一〇〇日)、妻の相続分が三分の一しか認められていないのはおかしくないか(法定相続分、現在は二分の一)など、女性同士でも議論した(土井一九九三　一七三―一七四)。

学費値上げに反対して、自治会で、授業も試験もボイコットを決めたことがあった。土井は「完全なボイコットは無理だから思いとどまるべきだ」と主張したが、容れられなかった。ちゃっかり講義に出て試験を受けた学生もいる中、土井は授業も試験も受けず、あとで単位をとるのに大変苦労した。土井は、「おひとよしだから、そういう時には人の前に出て勇ましくやるけれども、要領がいいというのとはまるで反対なの」(土井／吉武二〇〇九　六八)と述べているが、ここでも「要領の悪さ」が土井理解のキーワードであることがわかる。

結局司法試験は受けず、一九五一年大学院法学研究科に進学した。法学研究会に指導に来る民法や刑法の教授たちのアドバイスに従ったという(土井一九九二・九・一〇)。当時の司法試験は、受からないといつまでも挑戦を続けることが多く、下手をすると、土井は何年でも研究会にいることになる。教授たちは、それを避けたかったのではないか。筆者は、大学院に行けというのは、教授たちによる土井の厄介払いであろうと考える。当時関西では、まだ女性の弁護士が出ていなかった。[2]他方、当時の大学には、女性を大学院で研究者として育て、修了後研究者として受け入れようという土壌はなかった。にもかかわらず大学院行きを勧めたのだから、教授たちは無責任だと言っていいと思われる。

父は、大学院にも学費を出してくれた(田中一九八九 八八)。母親は、結婚して幸せな家庭を築くことを望んでいたし、後には、社会党委員長立候補にも反対であった。[3]土井は女子寮を出て、大学院には神戸の自宅から通った。憲法を専攻し、田畑の指導を受けることが決定した(田中一九八九 一〇〇)。修士論文のテーマは、「国会両議院における国政に関する調査権」とした。大学院の講義が終わると田畑研究室に通い、教授の資料や原稿の整理を手伝った。大学院には院生が二〇人おり、うち女性は三人だった。[4]田畑の指導は厳しく、土井は四苦八苦した。しかし、田畑は土井の修士論文を評価したが、教授会の他の教授が土井の論文を認めなかった。「まだ論の進め方が幼い。緻密性に欠ける。これでは、学士論文としてはいいかもしれんが、修士論文としては合格点を与えられない」とされた(大下一九九五 一一六)。結局土井は五年かけて、一九五六年、修士論文がパスすることになる。これも一種の要領の悪さであろう。

講師として年を重ねる

土井は、同志社大学の非常勤講師として一〇〇〇人の前で憲法を講義することになった。一九五八年、法学部の法学演習のクラスを持つようになった。その後、西宮の関西学院大学、同じく西宮の聖和女子大学の非常勤講師にもなった。一九六二年に田畑が憲法研究所を開設し、土井は専務幹事となって忙しくなった。「憲法研究所講座」を開いて毎週土曜日の午後はかかりきりであった。講座のチケットも売らねばならず、講師の接遇もした。ここで護憲運動との接点ができたのである。一九六三年には護憲連合の下部組織「憲法を守る会」兵庫支部(一九五八年設立)の事務局長に請われた。一九六五年前後には、京都放送で毎週日曜日、毎日放送では毎週土曜日、ラジオ・パーソナリティーを経験した(京都放送はかけあい)(土井一九九二・九・一二)。

このように、土井はかなり多忙であった。神戸の自宅から京都に通う時間もバカにならない。非常勤講師を続けながら専任職に決まるのを待っていたが、業績は多くない。国会図書館での検索結果では、田畑忍編『判例憲法学』(ミネルヴァ書房　一九五八)における日本国憲法解義や憲法判例批評の共著、田畑忍編『憲法判例綜合研究』(ミネルヴァ書房　一九六三)における「法の下の平等」「婚姻および家族生活における個人の尊厳と両性の本質的平等」「国会議員・選挙人の資格」のほか、論文「判例にあらわれた憲法第三一条違反の問題点」(『公法研究』二二号　一九六〇)、「両議院の国政調査権に関する憲法論的一考察(一)」(『同志社法学』一〇巻六号　一九五九)〔ただし(二)以降の続きがない〕、「衆議院解散論」(一円一億・黒田了一編『憲法問題入門』有斐閣 一九六三)、「インド憲法と積極的中立主義」(憲法研究所『戦争と各国憲法』一九六四)である。多作とは言えず、論文にあまり集中する時間を取れなかったのかもしれない。これも土井の「要領の悪さ」ではあるまいか。ひるがえって、助教授職に就けなかったから経済的に困窮していたという話は出てこない。あくまで「いいところのお嬢さん」であった。社会党委員長になってから、大学で教えている頃はもっとおしゃれで、自分でデザインをあれこれ考えて服をあつらえることが楽しみの一つだったと言っている(5)。

一九五七年生まれの筆者の大学院時代でさえ、「男は自身の収入で一家を養わなければならないのだから、女性に優先して就職させる」という話を、他大学の法学研究科では耳にした。講師で年を重ねる土井は結婚しておらず、父は三三歳の時に生まれた娘をいつまでも養えるものではない。四〇歳が近づき、土井は行き詰まりを感じていたのではないだろうか。定年が一九七二年に迫った田畑は、助教授になれず憲法研究所の幹事を続ける土井を、心配していなかったのだろうか。いや、いつまでも便利使いしていいとは思わなかっただろう。また、弟弟子たちが次々と専任職に就いていくのを見ると、土井も不安だったのではあるまいか。非常勤ばかりの掛け持ちだと、現在の金額にすれば年収二〇〇万円台であろうか。親元にいなければ、厳しい状況であったかもしれない。

講師時代にも武勇伝が残っている。京都の路面電車の中で、夜遅い帰宅中、女子学生にからんでいた酔漢を叱りつけて撃退したというのだ。勇ましくもあるし、土井の行動力の源泉に「怒り」があるということでもある。「カッとなる」タイプだと、自分で認めている(土井編著一九八七 五五)。後年議員になってからも、政府の答弁を聞いてムラムラと腹が立つと、これは許さないと、コワい顔で速いテンポで質問を畳みかけた。彼女のエネルギー源の一つは、「怒り」であった（田中一九八九　五〇―五一）。

（1）『月刊プレイボーイ』一九八七年三月号、三七―五一頁
（2）一九五二年に佐々木静子が関西の司法試験合格女性第一号となる。佐々木は弁護士となり、一九七一年から六年間、社会党の参議院議員だった（佐々木静子『もえる日日』ミネルヴァ書房、五九―六六頁）
（3）「六〇でも嫁に行って欲しかった」『FOCUS』一九九二年一月三一日号、一二―一三頁
（4）「美智子さまとおたかさん」『サンデー毎日』一九八九年八月二七日号、二六―二九頁
（5）「土井たか子さんが林真理子さんと語り合った「女の生き方」」『With』一九八九年一一月号、二〇―二七頁

第2章

法学者から衆議院議員へ

公害と安保と国籍法

土井は1969年12月27日の
第32回衆議院議員選挙で初当選した
1970年2月20日撮影(共同)

青天の霹靂

一九五〇年代末から一九六〇年代の土井は、大学で講師をしながら研究生活を続けていた。女性の権利や組合の問題で講演することも増えた。一九六五年、神戸市職員組合の推薦と社会党神戸市議団の提案を受けて神戸市議会で承認され、三人の人事委員の一人に決定した。日本初の女性人事委員である。人事委員会とは独立性の高い行政委員会で、市職員の採用試験の管理・監督、給与の決定などを行う。他の二人は、神戸市の元総務局長と、元検事の弁護士であった。週一回通い、反学力テスト闘争の処分に対する教職員組合の不服申し立てを審査したりした。市職員の採用において、すべての職種が女性に開かれているわけでないことが疑問だった。また面接で、他の男性委員が女性受験者だけに「結婚しても辞めませんか、子どもができたら?」と問うのでカチンときて、男性受験者に同じ質問をしたこともあったという(土井一九九二・九・一二)。女性差別には、敏感であった。さらに、尼崎市の社会保障審議会や労働問題協議会のメンバーにもなった。

一九六八年の一二月初旬、当時の成田知巳社会党委員長から直接の電話があり、「衆議院選挙に出て下さいよ」と言われた。土井は青天の霹靂だったと言っている(土井一九九二・九・一二、土井一九九三　四八)。成田は、社会党の弱さを、「労組依存・日常活動の不足・議員党的体質」と「三原則」にまとめ、克服しようとしていた。この時は、土井の他に、看護学の金子みつ東京大学助教授(1)と政治学の嶋崎譲九州大学教授にも立候補を勧めており、土井以外は一九六九年には落選したものの、一九七二年に当選した。

社会党は、一九六三年までは神戸市(旧兵庫一区)の隣の旧兵庫二区で、定数五のところ二議席を得ていたが、一九六七年の選挙で五期務めた現職が敗れ、堀昌雄の一議席になっていた。二人立てるのか一人で行くか、支部は長い討論の末、二人擁立の方針を決めたのである。そして、白羽の矢が、同志社大学講師の土井に立った。土井のところには、成田から朝晩電話がかかってくるようになり、地元兵庫県議の魚谷時太郎も、土井邸に日参した。そして成田からの頼みを受けて、田畑教授からも「土井さん、立候補したらどうかね」と声をかけられた(土井一九九二・九・一二、大下一九九五 一二九―一三六)。

田畑は、社会党などから、市長・知事・参院議員への出馬を促されていたが、断り続ける一方、「弟子の中から誰か必ず出す」と約束していた。それが土井に回ったのである。また、土井が大学の助教授になる見込みは立たず、同志社大学・関西学院大学では非常勤講師止まりであった。田畑は龍谷大学の新設の法学部から招聘を受け、代わりに土井を推薦したが実現しなかった。田畑は、政界の方が、明るく、強くて優しく、討論にも強い土井を生かせるのではないかと、一九六五年頃から考えていた(田中一九八九 一二四、大下一九九五 一三六―一四〇)。田畑の息子の田畑耕治は、社会党本部国民運動局に勤めていた。成田は、田畑耕治に、父である教授を通じて土井に立候補を飲ませるよう依頼した(大下一九九五 一四〇―一四一)。

一九六九年の元旦、京都の田畑邸には学界で活躍している田畑門下生が集った。土井は遅刻魔なので最後に来る。田畑耕治は、それまでに土井の衆議院出馬の話を根回しした。土井が到着すると、門下生たちは土井に立候補を勧めた。田畑耕治も、大学は男社会で閉鎖社会だから、政治の方に可能性があるという話をした(大下一九九五 一四一―一四八)。政界の実態もけっして男女平等ではないのだが、ここでは措く。土井は断り切れずに田畑邸を辞すことになったが、断りたいと思っていた。

押し切られた負けず嫌い

土井は、金銭的に心配することはないと言われても、断った。いや、断ったつもりであった。魚谷は、一月一〇日に県本部に顔を出した土井に、公認推薦を中央に出しておくからと告げていた。一月二四日に社会党が第一次公認を決定して二五日に新聞に載ったが、そこには土井の名前が含まれていた。電車の中で、隣の人の読む新聞に「立候補決意か？」の大見出しで自分の名前のついた記事を見かけた土井は驚愕し、まず新聞社に、本人への確認がないことを告げて抗議した(土井一九九二・九・一三)。

また、神戸市の人事委員であるにもかかわらず政治色がついてしまったことを申し訳なく思い、市長宛に辞表を出しに行った。市長は外遊中で、助役の宮崎辰雄に相対した。宮崎は、選挙に出ないのなら辞めなくてよいと、そして、女だてらに「(当選するなんて)誰も思わないようなところ(選挙)に出て、地盤もない、カバン(資金)もない、看板もない。ナイナイづくしで選挙に出る阿呆はいませんよ。だから…安心してこの辞表を撤回しなさい」と言った。これに土井は立腹した。「今まで絶対選挙に出ないと思ってきたけど、今「あなたは必ず負ける」というのを聞いたら「駄目もとでやってみよう」という気持ちがワーッと一〇〇%になった」(土井／吉武二〇〇九 七九―八〇)とタン力を切って、辞表を置いて出て行った。かなりの負けず嫌いである。また、決意までは時間がかかり、結局周囲に押し切られるという土井のパターンが見て取れる。もちろん決定すれば、一生懸命である。

中選挙区単記制（三〜五人を選ぶのに、有権者は一票しか入れられない）において、同じ政党から複数当選を狙うには、地区割りや、支持者を分けて割り付けることが不可欠だ。そうでないと共倒れの危険がある。現職の堀との調整では、堀に全国電気通信労働組合（全電通）がつき、土井に日本私鉄労働組合総連合会（私鉄総連）がついた。堀の地盤は尼崎と三田のみとし、西宮・芦屋・伊丹・宝塚・川西・猪名川・淡路を土井に振った。しかし地元からは隣の区とはいえ、土井は落下傘候補で無名であり、選挙が始まるまで自らの存在をアピールして回らなければならなかった。

一九六九年の衆議院選挙の公示は一二月六日で、定数五に対し、自民三人・社会二人・公明・民社・共産が各一人に加えて、「強力な保守系無所属候補」（大下一九九五　一五八）と、無所属三人が立候補した激戦であった。この保守系無所属候補が小池の父、勇二郎である。

土井は無我夢中で、もっぱら「憲法擁護」をアピールした。有権者の感覚から遠いのではないかと心配され、もっと生活に密着したアピールをするように言われたが、憲法の話しかできなかった。一〇日目くらいから、土井と同じく、同世代の男性が戦争で少なくなったために未婚であるような人を含め、女性の支持が出てきたという（土井一九九三　一八六、大下一九九五　一六三―一六四）。土井の父は立候補に反対だったというが、銀行通帳を持たせてくれ、患者のなかで旧兵庫二区に親戚などある人には、土井に投票するよう伝言を頼んでくれたという（土井一九九二・九・一三）。

一二月二七日の投開票日、社会党は全国的に低調で一三四議席から九〇議席まで落ち込んだ。旧兵庫二区では堀と自民党二人、公明党一人が当選を決めた後、土井は六万九三九五票を得て、民社党候補とシーソーゲームの末、全国最後の当選者として滑り込んだ。小池の父は落選した。当選翌日、阪神甲子園球場のマウンドに上がらせてもらい、収容人数に軽く余る人々に支持されたことをかみしめた(土井一九九二・九・一四)。土井は四一歳になっていた。「まず社会党を一四〇議席に戻す一員になろう」と決意した(土井/吉武二〇〇九 八七)。

この選挙の前には、社会党の女性衆議院議員は神近市子・山口シヅエ・戸叶里子の三人しかおらず、一九六九年一二月選挙では神近は引退し、社会党から当選したのは土井と戸叶(一九七一年一一月歿)だけであった。山口はこの選挙で自民党に党籍を変えていた。他党では、粟山ひで・松山千恵子(以上、自民党)、渡部通子・多田時子(以上、公明党)、小林政子(共産党)が当選したのみである。

なお、土井当選当時の社会党の女性参議院議員は、千葉千代世・田中寿美子・加藤シヅエ・藤原道子の四人で、三年ごとの各改選期に二人ずつである。他党は、横山フク・山下春江(以上、自民党)、中沢伊登子・萩原幽香子(以上、民社党)、小笠原貞子(共産党)、市川房枝・山高しげり(以上、無所属)という顔触れであった。

「質問魔」の土井

土井は、「質問魔」として知られた(資料参照)。質問の前日など、議員会館の門限を過ぎても作業を続けるので、「閉門破り」でもあった。

一九六〇年代の高度経済成長は、公害などの負の面を伴った。自民党政府は経済成長を重視したため、公害問題はなかなか解決しなかった。国会での社会党・共産党といった野党からの追及や、社会党・共産党に推薦された文化人などが知事や市長になる「革新自治体」が公害対策を取ったことにより、政府も姿勢を正さざるを得なくなった。一九七〇年一一月に始まる第六四臨時国会は、環境を重視するよう公害関係法令の抜本的な整備を目的としており、「公害国会」と呼ばれた（なお、革新知事・革新市長は女性有権者に支持されたが、女性は一人もいなかった）。

土井は、その前の第六三通常国会で、地方行政常任委員会（地行委）と、産業公害対策特別委員会（産特委）でデビューした。地行委は、地方自治が民主主義のかなめだからと思ったのと（土井一九九二・九・一六）、革新自治体を応援したかったからである（板垣一九九三 一二三）。公害関係と、一九七三年から所属した外務委員会で、とくに熱心に活動した。政治ジャーナリストの板垣英憲は、京都女子専門学校時代に外交官になりたかった心理が働いているかもしれないといっている（板垣一九九三 一七一）。政治学者の藤本一美は、一九八九年までの野党衆議院議員の発言回数をまとめているが、土井は通算三位である（藤本二〇一三 八七）。

地行委では、税金・公務員給与・地方ギャンブル・地方自治の質問もしているが、やはり公害の追及が中心であった。産特委は、「公害対策特別委員会」・「公害対策並びに環境保全特別委員会」・「環境委員会」と名称変更して常任委員会になるが、常に土井がいた。

一九七〇年一二月五日に、「産業公害対策特別委員会・地方行政委員会・法務委員会・社会労働委員会・農林水産委員会・商工委員会・運輸委員会・建設委員会の連合審査会」に文部大臣を呼び、

土井が、小学五年生の教科書に、「公害はふせがなければならないが、工場がつぶれてはこまる」と書かれた部分があるが、審議中の公害基本法改正の趣旨に反するのではないかと質問している(土井一九九二・九・一七)。

大阪空港騒音公害、排気ガス規制、水俣病を始めとする公害病、瀬戸内海の水質汚濁、三菱石油の水島製油所の油流出、国道四三号線における自動車公害、志布志湾の石油国家備蓄基地計画、合成洗剤による水質汚染、食品添加物の問題などについても熱心に質問し、社会党の瀬戸内海環境保全特別措置法案や環境アセスメント法案も、議員提案として提出した。「公害の土井」であった。

また、一九七三年からの外務委員会での土井の質問のテーマは次のようなものであった。

領海一二海里・日ソ漁業交渉、日朝漁業交渉、日中平和友好条約、非核三原則に関する特に米軍艦船による核持ち込み反対、韓国・フィリピンへの経済援助問題、韓国政府による在日韓国人の逮捕、韓国政府による日本領土内の拉致である金大中事件、国際人権規約、女性関係のILO条約批准、尖閣列島の実効支配、国際婦人年・女子差別撤廃条約とそれに関わる雇用機会均等法導入・国籍法改正・家庭科男女共修、ソビエトのアフガン侵攻問題、日本企業の海外進出、日本人男性の海外買春ツアー批判、難民条約、在日米軍基地経費負担、シーレーン防衛と日米安保条約の極東の範囲、イラクの原子炉爆撃事件、イスラエルの核兵器、中国・韓国からの歴史教科書への申し入れ、武器輸出三原則を国是とすること、朝鮮半島をめぐる緊張緩和、日米関係(レーガン)、日ソ関係(ゴルバチョフ)、冷戦後の秩序、従軍慰安婦への謝罪・賠償、地球環境保全、子供の権利条約と日本人の父親を持つ海外非嫡出子

土井たか子国会発言

議長就任まで

地方行政委員会	8
公害関係委員会	116
外務委員会	198
法務委員会	9
社会労働委員会	7
物価問題等に関する特別委員会	11
運輸委員会	6
建設委員会	3
商工委員会	3
文教委員会	3
政治改革に関する調査特別委員会	1
対フィリピン経済援助に関する調査特別委員会	1
大蔵委員会	1
決算委員会	1
本会議	20
予算委員会	11
予算第１分科会	10
予算第２分科会	15
予算第３分科会	4
予算第４分科会	10
予算第５分科会	12
予算第６分科会	2
予算第８分科会	1

議長引退後

環境委員会	2
憲法調査会	15
同　公聴会	5
同　安全保障及び国際協力等に関する調査小委員会	3
同　基本的人権の保障に関する調査小委員会	4
同　最高法規としての憲法のあり方に関する調査小委員会	4
同　統治機構のあり方に関する調査小委員会	2
国家基本政策委員会合同審査会	26
日米防衛協力のための指針に関する特別委員会	1
武力攻撃事態への対処に関する特別委員会	1
本会議	16
予算委員会合同審査会	2

このように、安全保障・外交問題について、多岐にわたって質問しているが、憲法の平和主義の立場で一貫していた。

「日本が核兵器を持てるか」を質問

白眉は、一九七八年二月二二日に行った、日本が核兵器を持てるかという質問であろう。伊藤圭一防衛庁防衛局長の「一部の戦術核は持てる」という二月一八日の答弁に対して、土井は、核拡散防止条約と日本国憲法上の条約遵守原則を持ち出し、園田直外相から「いま御指摘の核条約及び非核三原則という二重に制約をされておりますから、私としては、核兵器は小型であろうと大型であろうと持ってはならぬ」という答弁を引き出したのであった。

また土井は、父親が日本人なら日本国籍が引き継げるが、母親のみが日本人の場合、子は日本国籍を持てないという、国籍法の父系主義に基づく差別を、一九七七年三月一二日に取り上げている。以降、政府による一九八四年の改正まで、社会党による議員提出法案を出すなどして、外務委員会や法務委員会で圧力をかけ続けた。

土井は、一九八二年一二月から、第一次中曽根内閣の間、衆議院物価問題等に関する特別委員会委員長を務めた。公害関係や外務委員会以外の質問では、女性の権利問題に関しては、女性差別撤廃条約批准に必要な、国籍法改正、雇用機会均等法導入や、女子のみ必須だった家庭科の男女共修化について追及した。優生保護法における人工妊娠中絶の合法事由(刑法堕胎罪の例外となる)から経済的理由を削るという改悪問題については、一九七四年五月(社会労働委員会)と一九八三年三月(予算委員会第四分科会)において他の女性議員とともに質問し、改悪したい自民党政府の意図をくじいた。妻の相続分が三分の一と少なく(当時)、二分の一にするべきではないかとも質問した。こうした、注目を集めていた問題のみでなく、教科書検定調査審議会に女性が少ないという問題を追及したり、中国残留孤児による日本での親探しの際の支援の男女格差問題(孤児が男性である場合は、その妻の旅費も経費も一切面倒を見るが、孤児が女性の場合は、夫である中国人の旅費も経費も一切面倒を見ない、子供の経費も見ない)を取り上げて改善させたりと(一九八三年三月四日予算委員会第四分科会)、細かい目配りを見せた。

土井は、社会党内では「新しい流れの会」という超派閥的グループに属した以外は、グループ・派閥に属したことはない。土井を担ぎ出した成田も無派閥であったので、その影響かもしれない(藤本二〇一三 八八、板垣一九九三 一三三—一三四)。後に委員長になるような人物が、無派閥であったのは、土井のみの例外である。

土井は、社会党のなかの男女不平等について、間接的な表現ながら、厳しく批判している。吉武輝子との対談で、社会党の議員になって一番驚いたこととして「男の人が、男女平等という問題について、どこまで考えて今までやってきたんだろうと思った」ことを挙げている(藤本二〇一三 八八、土井/吉武二〇〇九 九一—九二)。ブレーンの俵萌子に対して、あなたは保守的な俵孝太郎との結婚を悔いたら離婚したからよいけれど、「私には一〇〇〇人の孝太郎がいて別れられない」、とも語っている(土井/吉武二〇〇九 一三一—一三二)。また、政策決定をする場所から女性が知らず知らず排除されるような形になっていても、それが自然な状態だと男性が思っていることを、批判した(土井

他一九八七 一四二)。

副委員長時代には、結党四〇周年記念事業として女性だけの反核と軍縮の国際フォーラムをやりたいと言ったとき、男性の理解を求めることに大きな困難があったと語っている。[2] 改憲派には女性蔑視論者が多いが、社会党の中の護憲派にも、女性蔑視の封建性は色濃くあった(土井/佐高二〇〇七 一一)。土井が委員長になった一九八六年、社会党の女性国会議員は衆参合わせて六人しかおらず、新人一人を除き全員中央執行部に入れなければ、女性役員の数が揃わなかった。

生活保護と国籍法における男女不平等を是正

土井の政策実現についてはどうであったか。土井は「質問魔」であったが、長い間野党に所属していたため、質問を通じて政策を実現させた例は多くない。ここでは、生活保護費の男女格差廃止の実現と、繰り返しになるが国籍法改正に着目しておこう。

一九八一年二月二六日、土井は衆議院予算委員会で、園田直厚生大臣に、生活保護費の男女の食費格差による保護費の差について質問した。これは男女の必要カロリーを論拠にして差をつけていたと称したものであったが、園田厚相は土井の「おかしい」という指摘に応えて改めさせ、翌々年度から実現した。

また、日本の国籍法が血統主義を取り、しかも父系主義であって、女性が自分の国籍を子どもに引き継ぐ権利を奪われていることの是正は、土井にとってライフワークであった。

一九七七年三月一二日、土井は衆議院予算委員会第一分科会で、国籍法における男女差別について質問した。福田一法務大臣は、憲法上平等原則があるが、日本では妻が夫に従う慣行があることと、父母平等にすると二重国籍問題が起こるという点から、現行国籍法は憲法違反ではないという姿勢を示した。とくに沖縄で米兵と日本人女性との間にできた子どもが、米国は出生地主義なので、無国籍になっているケースがあった。域内で生まれた子には米国籍を与える一方、米国人の子であっても域外で出生した場合は国籍付与に制限があり、母の国籍も父の国籍も受け継ぐことができないケースである。この土井の質問以降、土井のところには国籍法の父系主義で苦しんでいる人々からの問い合わせや支援要請が相次いだ。衆議院議員会館の部屋は、国籍法問題の運動体の事務所のようなありさまになってしまった（土井編一九八四）。一九七七年八月三〇日に衆議院の社会労働委員会が沖縄で、無国籍児の現地調査を行っている。憲法第一〇条で、「日本国民たる要件は、法律でこれを定める」となっているので、この国籍法に女性差別があるのは、憲法にいう国民の規定に差別があることを意味し、憲法学者としての土井には許せなかったことであろう。

一九八四年にようやく父母両系制度に改正

一九七九年三月一六日の外務委員会では、園田直外務大臣から、国連人権規約批准に際して国籍法が問題となりうるという認識を引き出しているが、事務方は父母両系制度に変更すると二重国籍問題が頻発しかねないということを盾にとって、改正に消極的であった。法務当局は、「日本の慣習には、妻が夫に従うということもある」とも言った。

一九七九年三月二〇日には、社会党による国籍法の一部を改正する法律案を提出しているが、採択されない。その後も土井は質問を続けたが、政府による、父系主義の国籍法は憲法違反ではないという態度は変更されず、ようやく一九八四年五月に、女子差別撤廃条約批准のために父母両系制度に改正されて、決着を見たのである。土井の力だけが改正を実現したのではなかったが、改正のための市民社会の力の結集の焦点となったという意味で、土井の力を過小評価するべきではないだろう。

しかし、土井の存在は、女性運動家としては知られていなかった。評論家の小沢遼子は、『女の戦後史I』のなかの「婦人議員」において、「一九八三年の田中寿美子参議院議員の引退で、婦人運動のイメージを重ね合わせることのできる女の議員は、ひとりもいなくなった」と述べている(小沢一九八四 七三)。

(1) 成田委員長の女性候補を増やしたいという希望で、白羽の矢が立った(金子一九九四 一六〇)
(2) 土井委員長を囲む「仲間の会」世話人座談会「女たちに新しいうねりが始まった」『月刊社会党』一九八八年九月号、五八頁

第3章

政治好きの「父の娘」

エジプト帰りのキャスターから政界へ

第16回参議院選挙で大健闘、
4人の当選が確実となった日本新党。
(左から)寺沢芳男、武田邦太郎、細川護熙代表、小池
(1992年7月27日未明、共同)

政治好きの父と独立心の強い母

小池は一九五二年七月一五日、芦屋生まれである。父方の祖父喜兵衛は渡米し、神戸で海運と貿易を営む会社を設立した進取の経営者であったが、三〇代で亡くなった。その次男の勇二郎、つまり小池の父は、敗戦時に海軍中尉であったというやや怪しい話があるが[1]、敗戦後抗生物質のペニシリンで財をなした。しかし、それは長くは続かなかった。石油がらみの仕事をベースに、関西経済同友会の幹事を務めたこともあり、大阪青年会議所の創設メンバーとなった。海外出張にもしばしば出かけ、息子の勇と小池には、日本が資源小国である問題性を話し続けた。後の彼の立候補もあるが、小池の家庭では政治が語られることが多く、土井の、いや普通の家庭とは違っていた[2]。

母恵美子は若いときに父を亡くして寡婦の母を見て育ち、独立心が強く、娘に「結婚は最終目標ではない」と、また女性は外観のみではないとも言い聞かせた。それには、小池の右頰に決して消えない赤いアザがあることも影響していた。子ども時代の写真を見ると、確かに右目の下にアザがある[3]。子どもの頃小池は、医師がこれ以上は毒になるというまで、レーザー治療のために近畿大学医学部に連れて行かれたという[4]。その母が「外見にこだわるな」と諭したのは[5]、矛盾したメッセージという意味のダブル・バインドだったかもしれない。外見にこだわる女性に育ったのである。さらに母は、「人と同じことをやるな」ともよく言った。好きなことをやり、誰にも負けないようにとも、方向を与えた。

小池は、一九六五年、中高一貫の甲南女子中学に進学した。母は小遣いを月一万円にするかわりに授業料もそこから納めるようにいった。中学ではソフトボール部、高校では英語が面白く、ESSのクラブに入った。父が作家で政治家の石原慎太郎――一九六八年の参院選全国区でトップ当選――に入れ込み、一九六九年一二月の土井が初出馬した衆院議員選挙に、同じ旧兵庫二区から出ており、小池と兄は手伝ったが惨敗している。その後も選挙に出ようとするのを、母と兄は必死で止めた。選挙は家計の打撃となった。経済的には、かなり豊かとは言えない育ちであった(大下二〇一六　五六)。

同じ一九六九年の七月、高校生の小池はテレビでアポロ11号の月面着陸を見た。その時の同時通訳が神業のようで、自分は英語では身を立てられないと思った。家には、父の『中東・北アフリカ年鑑』があり(日経ウーマン編二〇一〇　八六)、アラビア語が国連の公用語に追加されるニュースも聞いた。小池はアラビア語を自立の手段としようとした。

日本にいては英語ですら身には付かないという現状を批判的に捉えると、アラビア語を学ぶならアラビア語が話されている現地に行こう、と考えた(大下二〇一六　六〇―六二)。国内でアラビア語習得の数少ないチャンスを提供していた大阪外国語大学は国立であり、入試には数学が必要だったので諦めた。二〇二〇年に『女帝　小池百合子』を書いたノンフィクションライターの石井妙子は、カイロでは日本の高い学費を避けて大学教育を受けられ(学費は私立のカイロ・アメリカン大学を除けばほぼ無料)、父が陥るかもしれない倒産の影響を避けることができ、また父の知り合いがカイロにいたことが小池の動機かもしれないと、二〇一七年に述べている(石井二〇一七a　五五―五六)。けれども石井は、二〇二〇年の『女帝』では、娘にアラビア語を習わせたくて、しかも学費の安いエジプトに留学させたのは父の差し金だったのではないかとしている(石井二〇二〇 五五―五六)。

一九七一年、単身エジプトへ

一九七一年、小池は、兄と同じ関西学院大学に入学していたが、半年で退学した。休学手続きに行ったら必要な額の持ち合わせがなく、退学は無料だと言われて退学したという。決断が早いし、退路を断つのである。そして、単身エジプトに渡りカイロ大学に入学しようとした。アラビア語の未修者は入れないと断られたので、カイロ・アメリカン大学アラビア語速習コースに入った(「東洋学科」とも言っていたが、日経ウーマン編(二〇一〇)などでは「アラビア語速習コース」と改めている)。エジプト入りして八カ月後の一九七二年に、カイロ大学文学部社会学科に入学が決まったという。

一〇月入学直後には、男性は匍匐前進など軍事訓練、女性は、駆け足・負傷者運搬の要領・応急手当の仕方などを習ったと、自身の著書『振り袖、ピラミッドを登る』(小池一九八二 一六―一八)には書いている。エジプト入りした最初の数カ月は元貴族の未亡人宅に下宿したが、家賃が比較的高価だとわかって、アメリカン大学の寮に引っ越した。そこでは本人の承諾なく持ち物を借り出す慣習があって、閉口したと言う(小池一九八二 二九―三七)。

小池は、一九七二年一〇月カイロ大学文学部社会学科に入学したとしている。

カイロ大学の授業が始まっても、なおアラビア語がわからなくて苦労した。『挑戦 小池百合子伝』(大下二〇一六 六七)には、アメリカン大学で新聞が読めるようになったとあるが、マスコミ初登場の『サンケイ新聞』一九七六年一〇月二二日付朝刊には、アメリカン大学で日常会話は身につけたと書いてあり、ギャップがある。はたしてアラビア語を数カ月学習した程度で新聞が読めるのか、大いに疑問である。

カイロ大学では、友人のノートを借りまくって丸写しさせてもらった。教科書は日本語に全訳した。心理学や統計学・社会学など日本語のテキストがある場合は取り寄せ、英語の本も使って、講義についていこうとした（小池二〇〇七a 二四八）。カイロに行ってから「アイ・ハブ・ア・ペン」レベルから始めた知恵であろう。

日本人が英語圏の大学に留学する場合、「アイ・ハブ・ア・ペン」は中学一年で教わり、中学・高校の六年間で文法はみっちりやっている。留学先では会話や聞き取りに苦労するかもしれないが、読み書きの学問は英語ベースでやり、わからないところがあれば別の英語の本で何と言っているか探すであろう。ところがアラビア語はアルファベットやキリル文字（ロシア語など）、ハングルのような、普通日本で知る文字ではない。初めて見るアラビア語では、まず辞書が引けるようになるまで三カ月かかるという。小池の一見「賢い」やり方は、アラビア語の読み書きが十分身についていない証拠である。そのようなレベルから始めて、四年で大学が卒業できたとしたら、ものすごい才能に恵まれ、かつすさまじい努力が注ぎ込まれたということになる。アンミーア（口語）はどうにかなったかもしれないが、公式の授業やコーランで使われるフスハー（文語）はどうにもならなかったかもしれない。

留学中に小池は、三歳年上の日本人と結婚している。この結婚について、『振り袖、ピラミッドを登る』は一行も書いていない。一九七六年の帰国後も独身イメージを振りまいたが、一九九二年に政界入りした頃から、元留学生たちの話から結婚経験が知られるようになった。(6)

小池は、戦争が怖かったので結婚したとも語っていたが、第四次中東戦争の開始は結婚後である。一九七三年一〇月六日、エジプト・シリア両軍がイスラエル軍を奇襲攻撃し、イスラエルも反撃してきた。小池は、大家から、「電気を消せ、水をためろ、窓を補強しろ」と言われ、ベッドを壁の方に移した。小池は、スーパーマーケットに行ったら、食料はすでに買い占められており、ナツメヤシを食べて飢えをしのいだという。小池はこの体験を、戦争・危機管理を語るときの原点だとしている(大下二〇一六　八〇―八二)。米ソ対立の冷戦の線上で起きた戦争ではない。小池には、一九八九年の冷戦終焉後の国際紛争に対する勘が養われていたのかもしれない。

結婚は一年ほどで解消された。離婚した理由について小池は、自分は進級できたが夫が落第してしまい、大学を辞めて一緒にサウジアラビアに行こうと言われたが、カイロ大学を続けたかったために、断って離婚したとしている(大下二〇一六　八三―八四)。他方、カイロにおいて小池とアパートが同室であった石井への証言者は、元夫はカイロに留まったとしている(石井二〇二〇　九四―九五)。

一九七六年、サダト大統領夫人アテンドで一時帰国

小池の公式プロフィールでは、どれも一九七二年一〇月にカイロ大学入学となっている。また、カイロ大学では一年目は留年したと書いてある(小池一九八二　五八)。後者が正しい場合、一九七六年には四年生として卒業しえない。また小池は卒業論文の制度はなかったというが、卒論があった

という者もおり、[7]もしそうならかなりのアラビア語力が必要であったであろう。一九七六年の「四回目」の学期末には卒業ということになって——留年が事実であれば、どこかでつじつまを合わせていないと五回目でないと卒業できないが——記念にピラミッドのてっぺんに登り、着物姿でお茶を点てた（小池一九八二　五八—六四）。これが、一九八二年の小池の著書『振り袖、ピラミッドを登る』のクライマックスである。「卒業」後、ピラミッドに登って写真を撮ったのである。

大学を出た小池は、日本航空カイロ支局で現地採用の社員として働き始めた（と元同居人女性は言う）（石井二〇一八b　一七三）。ところが、小池の父から、エジプトのサダト大統領のジハン夫人の来日が決まったのですぐ帰国するように連絡があった。夫人の来日日程は一九七六年一〇月二五日から一〇月三一日までで、小池のアテンドは、国内で新聞記事になっている。[8]

その後、エジプトから本格的に帰国した小池は通訳の仕事を求めて東京に出た。母は、カイロ大学在学中の小池を訪ねた際、すき焼きにキャベツが使われているのを見て憤慨したことを契機に、カイロで日本料理屋を始めることにした。準備に一年かけ「なにわ」を開店したと小池は言う[9]（小池二〇〇六　八〇—八二）。しかし父の会社の倒産により、小池は芦屋にあった思い出の品々を失った。そんな状況の父が、はたして母の開業費用を出すことができたのか、疑問は残る。

一九七六年、小池は日本アラブ協会——父も会員であった——に出入りし始める。通訳の他にアラビア語講座の講師も務め（小池一九八三、第二版一九九八）、一九七七年五月には、日本アラブ協会の中谷武世会長・中尾栄一自民党衆院議員らの総理特使とともにエジプトを訪問した。小池はアラビア語と英語で仕事を片付けた。ついでに、簡易版しか手にしていなかった正式なカイロ大学の卒業証明書を、手に入れたという(大下二〇一六 九一―九二)。

また小池は、サダト大統領の妻ジハン夫人と、一九七八年一月にも単独会見している(『朝日新聞』一九七八・一・一夕刊)。写真入りの八段の記事だ。石井は、朝日新聞が小池兄妹によるこのインタビューを載せた(朝日新聞の人間が同席していない)ことに、疑問を呈している。これをもって小池の「中東通」という評判が定着したのである。このことについて、石井は日本のマスメディアの男性記者たちの甘さを指摘しており(石井二〇二〇 一二五―一二七)、元朝日新聞記者の竹信三恵子も賛同している。(10)

異色の肩書をひっさげてテレビに登場

小池の最大の強みは「カイロ大学卒業」という異色の肩書である。著書『3日でおぼえるアラビア語』(小池一九八三)のカバーにも、「日本人としては二人目、女性では初めて卒業」とある。エジプト方言(アンミーア)の話す・聞くがカタカナとアルファベットで書いてあり、アラビア文字は基本的に用いてない。

小池はまた、あわや命を落とすかという経験についてもしばしば語っている。一九七三年二月二一日、リビアの国営石油会社と日本の商社との交渉に、通訳としてカイロからトリポリまで同行した際のことだ。交渉が長引き、すでに予約してあったカイロへの帰りの便をキャンセルした。そのリビア航空機が、イスラエル空軍のファントム戦闘機に撃墜され、五人を除き一〇八人の乗員乗客が死亡したというのである。また、一九七六年一二月二五日、一〇月の追試を経て卒業した後、帰国するのに卒業証書を待っていたが(『サンケイ新聞』一九七六年一〇月二二日には、卒業式を終えて一〇月一一日に日本に帰国したとあり、その後もう一度カイロに戻ったということになる)、仮証書でさえなかなか発行されず、時間的余裕を見て予約していたクリスマス便をキャンセルした。そのエジプト航空機が、タイのドンムアン空港の手前の工場に突っ込み、乗員乗客全員が死亡した。この経験が、人生で大きな賭けをすることを恐ろしくなくさせたという(小池二〇〇七a 二五五—二五九)。

さらに、一九七八年八月、ＰＬＯ(パレスチナ解放機構)のアラファト議長の単独会見のコーディネーターとしてレバノン・ベイルートに行った時も、取材クルーと一緒に会見の日程が決まった翌日に、会見場と目されたビルが丸ごとプラスティック爆弾で破壊された。会見日程が違っていれば、その中にいたかもしれないという体験もしたと書いている(小池二〇〇七a 二五九)。こうした「自分語り」は、作り事だと、石井は見ている(石井二〇二〇 一一四—一一六)。

小池の父は、大阪青年会議所の縁で、政治評論家の竹村健一とも知り合いであった。竹村はカイロ大学を卒業したという小池に興味を持ち、自分のラジオ番組「ミッドナイト・プレスクラブ」にゲストとして何度か招いた。竹村は、一九七八年四月に日本テレビのモーニングショーである「ルックルックこんにちは」内の「竹村健一の世相講談」をスタートさせたところで、女性アシスタントを差し替えることになっていた。小池は、カイロ滞在経験もあるジャーナリスト若宮清の紹介で、日本テレビのスタッフと知り合い、後に彼らと組んで前述のＰＬＯアラファト議長やリビアのカダフィ大佐とのインタビューに成功している。テレビ朝日との競り合いに勝ってこれらの会見を放送したことに機嫌をよくした日本テレビの重役が、小池に目を付けたのである。竹村にも異存がなかった。

一九七九年より「小池ユリ子」の名前でキャスターを始めた。自分の意見を言ったり、竹村に反論したりしたことで、局には苦情が寄せられた。女性のアシスタントキャスターは、おとなしく相槌を打っているべき時代だったのである。小池はそこに限界を感じる一方、ゲストと一緒の写真を撮って送るなど、着々と人脈を拡げた。経済について学びたいと、ゲストの経営者や経済学者に教えを請うたこともある。「耳学問」である。「経済学」を学んだわけではなかった。フィクション・ノンフィクションを問わずビジネス本を読みあさり、城山三郎や堺屋太一、清水一行の経済小説を読んだ(日経ウーマン編二〇一〇 九五)。また株の動きに関心を持つため、三菱重工株を購入した(大下二〇一六 一一五—一一七)。小池がモデルである北岳登『虚飾のメディア』(二〇〇四 一七一)では、「円高と円安を取り違えるほどの経済オンチ」と揶揄されている。

「トルコ風呂」改名の「実績」

小池は、自分のことを「プロデュース力がある」と言っている。政策の成功例は多くなく、後で見るクールビズや特定外来生物リストにオオクチバスを入れたことの他には、政治家になる前、「世相講談」時代の「トルコ風呂改名問題」が注目される。

一九八四年八月、イスタンブールでの日本語弁論大会で優勝したヌスレット・サンジャクリが来日した際、かつて(一九八一年から一九八三年まで)東京大学地震研究所に留学した時「トルコから来た」と言ったら笑われた経験を語った(『朝日新聞』一九八四・八・二三)。当時「トルコ風呂」とは個室付き浴場という性産業の名称だったからである。小池はこの記事を読んで（『朝日新聞』の「顔」欄だと言っているが、「顔」ではない）、サンジャクリとコンタクトを取った。そして「トルコ風呂」という名称を変えることを思いつき、厚生省・電電公社・トルコ風呂業界の三者に働きかけることにした。毎日新聞の友人に頼んで第二次中曽根内閣の厚生大臣である渡部恒三にアポイントメントを取り、厚生省の記者クラブにも話を通してテレビカメラが入るようにした。『朝日ジャーナル』一九八四年一〇月五日号[11]では九月一八日（なぜか大下二〇一六　一〇九―一一四では一九八四年一月初め）、小池はサンジャクリとテレビカメラを率いて渡部に会った。『朝日ジャーナル』では、その時は色よい返事ではなかったとしており、変更はうまくいかないままサンジャクリは二一日に離日したとされているが、『小池式コンセプト・ノート』（小池二〇〇七a　二三四―二三七）や『挑戦』（大下二〇一六）では、トントン拍子に話が進んだことになっている。後二者によれば、外国人と若い女性による日本の風俗店の改称問題の提起はマスコミの目を引き、とくにトルコ風呂をはじめ性売買産業の広告を出すスポーツ新聞が飛びついた。渡部は小池の改名提案に賛同し、電電公社は電話帳のトルコ風呂の項目をすぐに変えると言った。それに代わる名称は何がよいかとブームのように盛り上がり、運動は広まった。

渡部は、風俗店のオーナーを集め、「トルコという言葉はもちろん、世界のいかなる国の名前も店で使用しないように」と説得したという。トルコ風呂は、当時、売買春ないしそれに準じるものとして、営業内容について厳しい批判を浴びていた。その中身についてまで騒がれてはたまらないと思ったのか、オーナーたちは直ちに渡部の言うことを聞き、一カ月後にはソープランドと改名された。小池は、「大義」と「共感」があればキャンペーンは成功すると強調している(国家の尊厳を守るという「大義」と、サンジャクリへの「共感」があったと言う)が、これは性の売買そのものが問題になったら業界は大変だという事情があって成功したものである[12](大下二〇一六 一〇九—一一四、小池二〇〇七a 二三四—二三七)。この改名問題は、彼女自身の手柄として何度か言及されるが、性産業自体を問うこともなければ、「トルコ風呂」で働く女性たちへの「共感」も少しもない。粘り強い根回しも必要なく、打ち上げ花火的に成功した事例である。おそらくサンジャクリ離日前は成果が上がるかどうか不明で、その後勢いがついたものであろう。始めから快調だったような書きぶりは、少し「盛って」いる。

一九八五年三月、小池は「世相講談」を「卒業」した。七月から、平日はテレビ東京の朝の「マネー情報」での「株式ニュース」、さらに土曜は「トップ登場」、日曜は「新グリーン放談」という三つの番組のキャスターを務めることになった。そしてこの時期、憲政史上初の女性党首、土井社会党委員長が誕生し、一九八七年四月の統一地方選挙に大勝するのである。

「ワールド・ビジネス・サテライト」の初代メインキャスターへ

さらに小池は、一九八八年四月、「株式ニュース」を発展させた「ワールド・ビジネス・サテライト」(平日夜)の初代メインキャスターとなった。為替相場をチェックし、デトロイトなど現場を取材し、国際会議も仕切ったりした。アップル創立者のスティーブ・ジョブズにインタビューしたこともある。日曜には「新グリーン放談」にキーマンとともに出演した(大下二〇一六 一二〇—一二四)。

小池は、間違いなく「女性の時代」のテレビ人の一人だったのである。ただし、当時テレビ東京は全国をくまなくネットしてはおらず、「知っている人は知っている」存在だった。

一九九〇年八月二日、イラク軍機甲師団がクウェート侵攻を始め、湾岸戦争が始まった。冷戦終了後の初の地域紛争であった。クウェート在留日本人三〇〇人は、日本大使館の地下で共同生活を強いられた。八月二二日、帰国だとだまされた邦人は、バグダッド市内のマンスール・メリア・ホテルに移され、「人間の盾」となった。小池は、日本アラブ協会特別顧問で一九九〇年の衆院選挙で落選していた佐藤文生――中曽根派所属で、渡航の許可を離党中の中曽根から取った――とともに、一〇月二〇日、イラクのバグダッドに飛んだ。小池は、「ワールド・ビジネス・サテライト」にバグダッドからのリポートを送りつつ、イラク政府関係者・議会・軍部・赤新月社と交渉を重ねた。窓口となった国際友好協会の女性幹部と、人質を何人返すかについて厳しい交渉を続けた。イラク側は、与党の要人の訪問を人質解放の条件とした。アメリカは小池などの行動に、足並みを乱すとして厳しい対応だった。

一一月三日、佐藤孝行団長は、中曽根康弘など八人の自民党議員団を連れてイラクに到着した。当時、クウェートから移送された一三九人の人質と、出国を認められないイラク在住者一六六人の日本人がいた。サレハ国民議会議長との交渉で、解放されるのは七八人と決まった。一一月七日、彼らと中曽根ミッション、小池らは帰国した。残り二三三人が解放されるのは、一二月にアントニオ猪木がイラク訪問した時であり、一二月七日、イラク国民議会が人質などの外国人全員を解放すると決定した時である(小池二〇〇七a 二六〇―二六一、大下二〇一六 一二七―一三三)。多国籍軍がイラクを攻撃するのは、翌一九九一年一月の一七日となる。

小池は、停戦後、戦後風評被害で観光客が激減していたエジプトを救うべく、「いつもと違うエジプトツアー」を組み、閑古鳥の鳴いていた現地から大きく感謝された(小池二〇〇七a 二六一、大下二〇一六 一三四—一三五)。

この時点で、小池は三八歳である。「ワールド・ビジネス・サテライト」「トップ登場」「新グリーン放談」とテレビに出続けてはいたが、当時はまだ「女性キャスター四〇歳の壁」などと言われていた。もちろん、技能などではなく、男性向けの「商品」としての壁である。年齢を重ねた小池を、テレビ局は「賞味期限が近づいている」(北岳二〇〇四 五七)などと言って、差し替えを検討するようになっていた。細川護煕から日本新党で参議院議員選挙に出てくれる人を探してほしいと言われた一九九二年五月、政界進出の話は「渡りに船」だったのかもしれない。

「清水の舞台から飛び降り」、細川新党に賭ける

順序は逆になるが、土井の社会党委員長就任と女性議員が一気に増加したマドンナ・ブーム(一九八六〜一九九〇年)より先に、小池の立候補の方を見ておこう。

マドンナ・ブームは、一九八六年の土井の委員長就任に始まり、一九八九年七月の参議院議員選挙でピークを迎えた。一九九〇年二月の衆議院議員選挙では社会党も伸びたが、自民党の安定多数を招いたことで失望をもたらした。

一九九一年になると、消費税廃止のもたつき、一九九〇年のイラクによるクウェート侵攻に対し

従来の社会党の非武装中立政策では事態を動かせなかったことや、春の統一地方選挙での敗北などで、社会党を中心とした勢力では政権の代案たり得ないことが明らかとなった。また、東西冷戦が終焉したことで、もはや資本主義vs.社会主義で覇を争う時代でもないという時代認識が訪れていた。

そのような中、保守二党による政権交代ある民主主義を唱えて、細川護熙が、一九九二年五月初頭発売の『文藝春秋』六月号に、「「自由社会連合」結党宣言」を発表した。細川は熊本藩主の系譜に属し、朝日新聞記者をへて、自民党の参議院議員を二期、熊本県知事を二期務めていた。細川は、五月七日の記者会見で、夏の参議院議員選挙に向け新たな政党を結成することを表明した。その日、細川はマスコミで奪い合いの状態となり、小池がキャスターを務める「ワールド・ビジネス・サテライト」にも出演した。「竹下(登)別働隊ではないのか」などといった小池の質問への答えは曖昧で、明確な計画性がなさそうだと、小池は思った(大下二〇一六 一三九)。

それからほぼ一週間後、細川の朝日新聞記者時代の上司である『朝日ジャーナル』編集長の伊藤正孝から、小池に対し、細川に会うよう要請があった。伊藤は、小池が立候補するように推し、細川は小池に、「誰か候補者がいませんかねぇ」とだけ言い、小池は「探すだけ探してみる」と答えた(大下二〇一六 一四〇―一四一)。

細川は、五月二二日に正式党名「日本新党」を決定、東京都選挙管理委員会に届けた。「立法府主導体制の確立」「生活者主権の確立」「地方分権の推進」などを基本政策とし、夏の参院選挙に、確認団体となる一〇人を超えるできるだけ多くの候補を擁立するとした。

小池による候補者探しは難航した。誰もみな、日本新党が確かな組織になったら立候補するが、と尻込みするのである。小池は、父の選挙を見て政治に嫌悪感を持っていたが、「新党なのだから、組織が完全であるはずがない。完全でないから、やりがいがあるだろう…よし、立ち上がろう」と決心したという(日経ウーマン編二〇一〇 九八―九九)。

もちろんキャスターを続けるべきだという忠告もあった。しかし小池は決意した。格好いいキャスターから、右に行くのか左に行くのか、はたまた浮くのか沈むのかわからない、細川の揚げた旗について行くことにしたのである。転身の決意は早い。マスコミは皆辞めなくてはならなくなるので、安全ネットもない。ただし当初は立候補の意志を隠し、比例名簿の順位を上げるよう、伊藤を通じて細川と交渉していた(石井二〇二〇 一六五)。後の小池流の言葉によれば「自分が、いわゆる清水の舞台から飛び降りることで、風を起こしたかった」(大下二〇一六 一四五)のである。生産者や既成団体を守り抜くというこれまでの発想から、消費者、生活者の代弁者として、新しい発想を政治に埋め込みたかった(小池二〇〇八 一八―一九)とも語った。

六月二九日、小池は立候補を表明した。キャスターを急に辞めたことで話題となり、出演番組がネットされていない地方でも知名度が上がった(大下二〇一六 一四七)。日本新党は「政治家総とっかえ」というスローガンを掲げ、比例代表のみに一六人候補者を立てた。そのうち五人が女性(ニコニコ離婚相談の円より子、市民運動家の藤田綾子、経企庁官僚の川名英子、福祉評論家の大川優美子・兼間道子)だったが、小池は、候補者の当選順位が定まっていた当時の拘束式名簿で、細川に次いで二位であった。この時プロテニスプレーヤーの佐藤直子は、小池より順位が低くなったことを不満として立候補を見送った(13)。小池は、しばしば同性との競合を引き起こす。あるいは起こしていると、マスメディア（男性誌）が面白おかしくもてはやす。後によく目にすることになる小池の「女の戦い」の、政界での第一弾であった。

世論調査では、前回の参院選挙で社会党に向かった支持が日本新党に流れていることがわかった。小池は、候補者風の話し方や手の振り方には慣れていないが、華があり、人が集まり、演説もうまかった（大下二〇一六　一四八）。公示日に大相撲名古屋場所の開催地で演説してメディアに取り上げられるなど、全国を戦略的に回った。小池の母は、父の立候補の際に苦労したことから小池の立候補には反対であった。また父は、日本新党のような先のわからない党から出るのではなく、自民党から立候補しろと言い、自民党の知人に電話まで掛けた。そして小池には内緒で支援を行った（小池二〇一四　一一〇―一一一）。

七月二六日の投開票日、日本新党は四議席を獲得し、小池は参議院議員になった。政治のノンフィクション著作の多い作家の大下英治は、四〇歳の小池が、年齢が高くなると女性は使われなくなるテレビから、年齢が若いと受け入れられない政界に転身したタイミングが非常によかったと述べている（大下二〇一六　一五〇）。

この時当選した女性議員は、小池の他、南野知恵子・森山真弓・小野清子（以上、自民党）、大脇雅子・川橋幸子・千葉景子・大渕絹子（以上、社会党）、武田節子・広中和歌子・浜四津敏子（以上、公明党）、西山登紀子（共産党）、栗原君子（護憲・ヒロシマの会、社会党に入る）である。

参議院議員になった小池はマスコミ露出を続けたが、キャスター出身だけにタレント議員とカテゴライズされないため、「初恋」とか「宝物」といったテーマは避けた。テレビ朝日の「朝まで生テレビ」では議論に加わり、ワイドショーのコメンテーターをし、政治面の細川、社会面の小池と、棲み分けた（大下二〇一六 一五二―一五四）。女性政治家が「政治家」というステイタスでメディアに出るのは、もちろん土井が先鞭をつけたことである。

政治改革論を背景に躍進した日本新党

参議院選挙が終わっても、日本新党は注目を浴び続けた。一〇月一一日には街頭で、東京佐川急便から五億円をもらいながら二〇万円の罰金で済ませた金丸信を標的とした「政治改革キャンペーン」を行った。これには多くの聴衆が集まり、金丸は一四日に議員を辞任した。さらに金丸は、翌一九九三年の三月六日に、一八億五〇〇〇万円の所得隠しによる脱税容疑で逮捕されることになる。

ゼネコンの中央・地方政界の献金が明るみに出たことで、政治改革論議は再び盛り上がった。日本新党は、一九九二年の地方の首長選では連戦連敗であった。しかしガチガチの保守基盤にあっても風向きの変化が感じられるようになり、九三年一月一七日には新潟県白根市長選挙に、日本新党単独推薦の候補者が勝利した。一月二四日の東京都保谷市長選挙、さらに二月一四日の山形県知事選挙にも勝利した。四月一一日、伊丹市長選挙も推薦候補が勝利した。

この間小池は、五月三一日に、参議院予算委員会で、ＰＫＯ（国連平和維持活動）について積極的な立場から宮沢喜一首相に一五分質問をしている。六月二七日の、議会ぐるみ汚職の出直し尼崎市議選挙では、日本新党から一〇人の候補者を出し八人が当選した。日本新党には立候補希望者が押しかけるようになっていた。小池は政策的なことでなく、来る衆議院選に向けて、候補者を選挙区に割り振る仕事をしていた。小池は、安全保障政策で候補者の整合性を求めたが、細川は「間口を広く開けておくこと」を望んだという(大下二〇一六 一六七—一六八)。尼崎市議会と同日投開票の東京都議選では、三二人を公認・推薦し、公認二〇人、推薦二人が当選した。

衆議院議員となった小池

一九九三年四月、自民党が単純小選挙区制を柱とする政治改革法案を国会に提出し、社会・公明両党は、それぞれドイツ型の小選挙区比例代表併用案を提出したが、小渕派の自民党執行部、梶山静六らは先送りをはかった。一九九二年末に小渕派から分かれた羽田派が、宮沢首相の責任を追及した。宮沢首相はテレビで「改革を必ず成し遂げる」と言ったが、梶山らが阻止に回って改革を遂行できず、宮沢首相は約束を破ったことになり、自民党内改革派と野党は反発して内閣不信任案が上程された。自民党内で羽田派ら三八人が賛成に回り、一六人が欠席したことで不信任案は可決された。宮沢首相は、六月一八日に衆議院を解散した。日本新党は、追加公認を含めて五七人を立てた。そして、細川と小池はこの選挙で衆議院に鞍替えした。

小池が立候補したのは、土井と、そしてかつて父が苦杯をなめたのと同じ旧兵庫二区であった。共産党の藤木洋子も加わり、最大の「マドンナ選挙区」と言われ注目を集めた。小池は、土井について、冷戦も終わり平和協力の時代になったのに、「古い政治家、いまだに子どもたちを戦場に送らないようになどと時代錯誤なことを言っている」と批判して、土井支持者からは激しい反発を招いた(14)。土井以外の女性候補についても、派手なスーツを着て、女性だということを売り物にしていると、否定的だった。また、「父が選挙に負けた時のくやしさは今も残っている」と語ったが、[15] 同時に同じ選挙区で戦い、話題性で自分を売り出すということを考えていたはずである。選挙中ミニスカートを通した小池に対しては、女性を売り物にしているという見方と、これが彼女の「自然」だからという説があった。たすきや白手袋はなしで、選挙カーでは連呼をやめ、合間に鳥の声を流した。この戦術は、結果的には有権者の心を摑んだ。

小池は、自民党政治をひたすら批判した。しかし、自衛隊の中東への派遣については、土井とは正反対であった。自分が出たことで土井が選挙区（旧兵庫二区）に張り付かなくてはならなくなり、全国に遊説に行けなくなって社会党の議席を減らし、その歴史的惨敗に貢献したとしている（大下二〇一六 一七〇―一七一）。ところが土井は、連合の選別推薦から外されていたのである。多くの労働組合は、新党側、つまり小池についた（『朝日新聞』一九九三・七・三、吉見二〇一九 八三）。また、社会党は、旧兵庫二区で二人でなく土井一人のみ擁立した。土井は地元をなかなか離れるわけには行かなかったが、前半は、同じく選別推薦を外された同志を応援に行っている。選挙結果は、小池が一三万六〇〇〇票を獲得し、土井の二二万九七二票に次いで二位であった。

日本新党は、新党さきがけ・新生党とともに新党ブームに乗って、一気に三五議席を獲得し、小池は衆議院議員となった。さきがけは一三議席、新生党は五五議席であり、自民党は二二三議席で過半数を割り、社会党は六六議席減の七〇議席、公明党が五一議席、民社党が一五議席、社民連四議席となった。日本新党と新党さきがけが政治改革断行を条件としてキャスティングボートを握る形となり、七月二九日に社会党、新生党、公明党、日本新党、民社党など八会派が、連立政権樹立で合意した。裏で非自民連立を仕掛けたのは、自民党から新生党に移った小沢一郎だとされた。小池は、細川首相にプロンプター[16]の使用や、服装の色やスタイル、話し方をアドバイスし、テレビ向けに演出した（大下二〇一六　一七八）。また、外務大臣や外務政務次官を狙っていたとされるが、総務政務次官として入閣し、携帯電話や地ビールの規制緩和に加え、地方分権の推進にあたった。

一九九三年総選挙で当選した女性議員は、小池の他、野田聖子（自民党）、伊東秀子・岡崎トミ子・土井たか子（以上、社会党）、青山二三・大野由利子（以上、公明党）、武山百合子（日本新党）――つまり、クオータを入れるといっていた日本新党は、三五分の二しか女性を当選させられなかったということである――、岩佐恵美・藤田スミ（以上、共産党）、無所属は田中真紀子（自民党に入る）・岡崎宏美（社会党に入る）・高市早苗・石田美栄であった。細川政権で大臣になった女性は、社会党の久保田真苗参議院議員、公明党の広中和歌子参議院議員と、民間から元労働官僚の赤松良子であった。

短命だった細川政権

細川政権は、小選挙区比例代表並立制導入を核とする政治改革四法案の成立を図ったが、一九九四年一月二一日の参議院本会議で社会党からの造反が出て、否決された。細川と自民党総裁の河野洋平の調整をへて、一月三〇日に自民党に譲って小選挙区が増えた案が成立した。

その後、細川政権は迷走気味となった。四月八日、佐川急便献金問題などで追及された細川首相は辞意を表明、二五日に辞任し、小池は、政務次官の職を解かれた。細川内閣の後を継いだ羽田孜《つとむ》少数内閣は四月二八日から六月三〇日まで続き、その後、村山富市、自民・社会・さきがけ連立内閣ができるが、小池は日本新党と民社党の有志で「リフォーム21」を作った。また七月初め、小池は日本新党の副代表になる。この時は自分で党を率いるつもりもあったというが、羽田内閣の終わり頃にはじめて小沢と会い、それまで金権政治家と毛嫌いしていたが、日本の将来を憂う気持や強烈な危機意識に惹かれた(大下二〇一六 一八三—一八四)。年末にできる予定の新進党の小沢のリーダーシップに従い、一九九四年の夏から秋口の時点で、新党準備会の広報活動委員長となったのである。(17)

(1) 勇二郎の選挙を手伝ったことがある元東京都副知事の浜渦武生は、勇二郎の経歴で海軍中尉まで立身することは、あり得ないと語った(浜渦武生「百合ちゃん、今幸せか?」『週刊ポスト』二〇二〇年七月二四日号、四〇頁)

(2) スカアードは、女の子だからと言って政治の話を抑制された例外はあるが、女性リーダーの家庭では、父母が政治の話をすることが多かったことを指摘している(Skard 2014 467)

(3) 「小さな大物」『文藝春秋』一九九三年五月号グラビア。『小池百合子写真集』(鴨志田二〇一七)ではわかりにくいが、乳児期の写真で、かなり大きかったように見える

(4) 宇都宮直子「現代の肖像 小池百合子 私はゴルバチョフの気持ちがわかる」『AERA』一九九二年一一月五日号、五七—六一頁

(5) 「百合ちゃんは美人系ではない。顔で仕事をするようなことをしちゃダメよ。それに若さが通用するのはわずかな期間なんだから人生全体で考えなさい」(「母への恋文」『女性セブン』二〇〇八年五月二二日号、七五頁)

(6) 「小池百合子 私のバツイチ体験」『女性セブン』一九九二年一二月一〇日号、二五四—二五七頁

(7) 黒木亮「小池百合子「カイロ大卒」の経歴にさらなる疑問」『サンデー毎日』二〇一八年一一月二五日号、一四—一八頁

(8) 『サンケイ新聞』一九七六年一〇月二二日のほか、『東京新聞』一九七六年一〇月二七日

（９）小池百合子「素人のクソ度胸」『文藝春秋』一九九二年五月号、四四三頁
（10）前掲竹信三恵子「女がマスメディアで生きるということ②」
（11）小池百合子「トルコ人学者のトルコぶろ「反対」行脚同行記」『朝日ジャーナル』一九八四年一〇月五日号、九九―一〇〇頁
（12）同前、九九―一〇〇頁
（13）「女たちの熱い戦い」『FLASH』一九九二年七月二八日号、一〇―一三頁
（14）「小池百合子vs土井たか子マドンナ比べ「兵庫の陣」」『週刊ポスト』一九九三年七月一六日号、二二五頁。「小池百合子vs土井たか子の兵庫二区を行く！」『週刊大衆』一九九三年七月二六日号、一九七頁。島崎今日子「兵庫二区を揺がせた一四日間」『婦人公論』一九九三年九月号、一九八―二〇五頁
（15）今西憲之「小池百合子仇討選挙区兵庫二区」『週刊朝日』一九九三年七月一六日号、三三頁
（16）演説の時に顔の左右ななめ前に透明な板を設置し、そこに原稿の文字を映し出すことによって、顔を上げて演説できるようにする装置。アメリカで用いられていた
（17）「小池百合子さんが狙う外務大臣のイス」『週刊大衆』一九九四年一二月五日号、二〇二―二〇三頁

第4章

「やるっきゃない」 憲政史上初の女性党首

「女の時代」の「おたかさん」

1986年、土井が憲政史上初の
女性党首となったことを記念して
社会党が作成したテレフォンカード

「死んだふり解散」ダブル選の大打撃

一党優位を続ける自民党は、一九七〇年代から八〇年代にかけて、田中角栄内閣以降、三木武夫、福田赳夫、大平正芳、鈴木善幸、中曽根康弘と、政権をタライ回しにしてきた。対する社会党は、成田知巳、飛鳥田一雄、石橋政嗣を委員長とした。土井は、女性の副委員長ポストとして田中寿美子がその任にあったのを引き継ぎ、石橋委員長時代の一九八三年から、社会党の副委員長であった。しかし、党務や閥務は得意ではない。県本部委員長も経験しておらず、派閥にはそもそも入っていない。土井は、選挙が弱かった。委員長になるまでは、旧兵庫二区でトップ当選したことがない。私鉄総連がついていたが、ドブ板的な選挙活動はやらないし、演説は憲法一本である。望月優子・中山千夏・左幸子・三國連太郎・中村敦夫・小沢遼子・吉武輝子・小田実・田英夫・秦豊・横路孝弘・宇都宮徳馬といった有名人を応援に投入した。副委員長になる時には、地元が、土井は選挙が弱いのだから全国への応援をしないことと、外務委員会を中心に委員会活動を続けることを条件にしたほどである。(1)副委員長の座も自分でもぎ取ったものではなく、「受けないと、女性副委員長のポストを空けておく」と石橋に言われて、しぶしぶ就いたものだ。しかし、党務はさっぱりわからない(土井一九九三 二一三―二一四)。

一九八六年六月二日、中曽根内閣主導の、衆参ダブル選挙はないと思わせておいて結局「死んだふり解散」がなされ、これを受けて七月六日、衆参ダブル選挙が仕掛けられた。社会党は、石橋委員長の下、「新宣言」を出して社会主義革命路線と絶縁し「ニュー社会党」をうたった最初の選挙であった。さらにこの選挙で、社会党は国政選挙では初めて「マドンナ作戦」を言い出した(当選したのは参議院議員の千葉景子一人であるが、女性候補を出したところでは得票が増えている)[2]。また、翌一九八七年の統一地方選挙では、国鉄・電電・専売の三公社の民営化によって、公社時代のように労働組合から在職専従者で議員を兼任することができなくなり、候補者の減少・高齢化に直面した。それを打破するものとして、地方議員の低報酬にも対応できるような、自身の収入で一家を養わなくてもよい、結婚している女性を議員に担ぎ出すようになり、彼女たちもマドンナと呼んだのである(岩本二〇〇〇 二二七—二二八、二四六)。

自民党は、「中曽根政治」そのものが選挙のテーマであり[3]、農家や中小企業者のみでなく、都会のサラリーマンの「柔らかな保守票」(左へのウィング)をゲットした。「生活保守」化が、中曽根を利したのである(が、これは一九八九年選挙での土井社会党の勝利という揺り戻しをも用意することになる)[4]。また、ポスト中曽根を目指す安倍晋太郎・竹下登・宮沢喜一の三人のニューリーダーが、各自の派閥メンバーの拡大を競い合って票を伸ばし、自民党は衆議院五一二議席のうち三〇四議席を獲得した。社会党は壊滅的な打撃を受け、衆議院は二七議席減の八六議席となった。責任を取った石橋執行部は、七月二八日、総辞職を表明した。この後のマドンナ・ブームで、後になってみれば一過性の光芒を見ることになるが、本格的な党改革ができなかった従来型の社会党の命運は、この時に尽きていたともいえるのだ。

ここで逃げれば女がすたる

委員長選挙の最初の立候補の締め切りの八月一一日には、候補者はゼロであった。第二回の立候補受付がなされたが、一八日になって中央執行委員の上田哲が立候補した。これに執行部は慌てた。立候補なしを見越して、談合で新執行部を選出しようとしていたからである。無派閥の上田に対しては反感が強かった。混沌とした党内で、明るいイメージの土井によってイメージ・チェンジを図りたいという空気が、消去法によってわき上がっていた。[5] 土井を支持していたのは、左派・中間派が多く、女性委員長による意外性、女性の支持の獲得、離れていった市民グループの引き戻し、「委員長は女性にして、人気取りをしてもらう。政治は自分たちでやる」[6] こと、つまり党内でニュー社会党路線を進めないことなどが策謀されていた（上田は選挙運動で「新宣言」に触れたが、土井は触れなかった）。

土井は、二〇日からの固辞・逡巡ののちに、二三日に委員長選挙への立候補を引き受けた。それは、委員長となることと同義であった。三年前のポスト飛鳥田を決める際に言われた、「女性に委員長を頼むほど党は落ちぶれていない」という言葉への、反発心でもあった（土井一九九二・九・二六）。土井は、委員長を引き受けた動機を、「ここで逃げたら女がすたる」と思ったことと、一九八六年の衆参ダブル選挙で自民党は衆議院に三〇四議席を持ち、あと四〇議席で憲法改正発議に必要な三分の二議席に届くのであり、憲法が危ないと思ったから、と述べている（土井たか子を支える会編一九八七　五四―五五）。土井はその決心を、京都で田畑と会うことで固めている。田畑は社会党・共産党連携派で、非武装・永世中立を強く勧めた。土井は、立候補を、つまり委員長を引き受けた

(土井一九九二・九・二六)。その時のせりふである「やるっきゃない(やるしかない)」は、この年の流行語となるのだが(新語・流行語大賞特別賞受賞)、土井の決心が巨大な政治の渦を巻き起こし、一九五五年体制の崩壊の前奏曲となることを見通すことは、まだ困難だった。

委員長選応援集会に詰めかけた女性たち

八月二三日には、国会内で委員長選への出馬の記者会見を開いた。土井は、「いま、社会党は結党以来の危機にあります。が、党の基盤、党の存続理由が消えつつあるのではありません。憲法の精神を生活の中に実現していくという、社会党結党の初心に戻って党の再建に当たりたい」。「動かざる初心、確かな目と耳、しなやかなステップです」と、述べた(『朝日新聞』一九八六・八・二四)。この最後のフレーズは、のちに岩波書店の社長となる安江良介から授けられたものだという(土井/佐高二〇〇七 一九七)。安江は、非核三原則堅持の[7]、「現実化反対派」であった。非核三原則は、文字通りに「米艦船による核を持ち込ませず」を厳格に守ろうとすると、ニュージーランドのようにアメリカとの安保条約を維持できなくなるような、センシティブな条項である。

上田は全国遊説に飛び回ったが、土井はあまり動かず、「静」の構えであった。二九日、立会演説会が行われ、三〇〇〇人の聴衆が集まり、NHKで放映された。九月三日、お茶の水の総評会館で「土井たか子さんを励ます各界女性のつどい」が開かれた。ここに三〇〇〇人、社会党とあまりつながりのない女性たちが詰めかけ、土井に思いを語りかけた。教員の坂本ななえは、「女性委員長がテレビに登場する、それが日常的な風景になったとき、子供たちにどれだけ影響を与えることか」

と発言した(8)。

九月五日の開票日、「土井、五万八六七〇票、上田、一万一七四八票」の結果が出た。土井は、目標を社会党の議席を一四〇に戻すこととしていたが、彼女に対する期待は、党外で盛り上がった。カラオケ・パチンコ・阪神タイガース・ヤキイモ好きという明るいキャラクターが人気を呼んだ——一九八六年一一月一三日、パチンコ文化賞を受賞した——。しかし党内では、三カ月もてば、半年もてばいい方だという冷たい言葉が聞かれた(9)。けれども、土井人気を党の財政につなげようと、早速公衆電話で使うテレフォンカードが作られ、第一弾だけでも三〇万枚を売ったのである。

土井は、平和運動、フィリピン・韓国の民衆運動との連帯、「買春ツアー」問題、環境問題、既に述べた国籍法改正問題など、市民運動と結びついていたが、そのことを報じたのは『朝日新聞』記者の松井やよりだけであった(10)。

九月一六日、土井は早速、代表質問を行った。老後、国鉄改革、円高不況、農業、大型間接税導入・マル優制度廃止、公共事業、アジア諸国との関係、アメリカのSDI(戦略防衛構想)計画、防衛費のGNP比一%突破問題について中曽根首相に尋ねた。女性の代表質問は九年ぶり七人目だった。とくに「女性は老後を三度見る(父母・義父母、夫、自分)」のくだりは、女性有権者の共感を集めた。当時の数少なかった女性政治学者の一人加藤富子も、女性たちの一番の怒りは高齢化社会への政府の無策にあるとしていた(11)。

高齢者の介護は、育児・家事・病人の介護など、女性が引き受けさせられていた「社会的再生産労働」(工場やオフィスでの生産労働と対比させられる)の象徴でもあった。西欧福祉国家では、高度成長期に政府が主として女性を公務員として雇用してサービスを社会化し、個々の女性の負担を軽減していた。日本では高度成長期にはそのような福祉政策は問題にならず、バブル時代になっても、リハビリなどなく、「寝たきり老人の介護」は家庭内で女性の無償労働に頼るものだった(大平正芳・中曽根康弘内閣の「家庭基盤充実政策」など)。土井の質問での老後発言は、無償で「社会的再生産労働」を強いられていた女性の叫びとして、共感を呼んだのであった。

吹き荒れた土井フィーバー

土井はマスコミに追われ、就任二〇日で取材が一〇〇件を超え(『読売新聞』九・二八)、海外からも一三〇件に及んだ(保坂一九九〇 六二)。土井の第一のハードルは、一九八七年四月の統一地方選挙であった。土井は、テレビや雑誌に出まくった。いわばメディア・ジャックである。九月二八日放映の、「三枝(現・桂文枝)の爆笑美女対談」(三枝から出演依頼の電話がかかってきた)を皮切りに、硬軟のテレビ番組に出まくった。タモリ司会の昼番組「笑っていいとも」中の「テレフォン・ショッキング」や、「天才たけしの元気が出るテレビ」、「クイズダービー」や「世界まるごとハウマッチ」といったクイズ番組、「ニュースステーション」や「報道23」といったニュースショー、歌番組の「ザ・ベストテン」にも出ている。さらに外国紙にも取り上げられたが、雑誌は女性誌から『中央公論』に至るまで特集が組まれ、『月刊プレイボーイ』にも写真と人となりが載った[12]。後のことであるが『女性セブン』では連載で人生相談も行った[13]。スケジュールを握った社会党本部の積極姿勢もあったが――そしてそのことは土井から党改革にかける時間を奪ったのだが――、売れないとこうした現象は起こらない。まずメディアで、土井フィーバーが吹き荒れたのである。コラムニストの天野祐吉は、『私のＣＭウオッチング』で、土井のＣＭ価値を、「美女対談」で一億、その他で一億、計二億円と見積もっている(『朝日新聞』一九八六・一〇・三一、天野一九八八 七二―七三)。一九八六年一一月一四日、西武セゾングループがスポンサーの番組での、人間紹介的なＣＭに出た(土井他一九八七 一一七)。一九八七年四月一日には、『朝日新聞』において、リクルート社のイメージ広告にも載っている。化粧品の全面広告にも出た(保坂一九九〇 一六五)。

「土井好き」も「橋本(龍太郎)好き」も変わらないという説もある。確かに土井フィーバーを担った社会党系組合の婦人部の女性が、自民・社民・さきがけ政権で自民党と組んだので、遊説に来た橋本首相に黄色い声をあげたという事実はある。しかし橋本では、女性誌の人生相談の連載を持ったり、『主婦の友』で三〇ページも「総力特集　女は政治に向いている!」を特集させたり(一九九一年一月号、八五―一一五)はできない。また、「女性が党の責任者になってがんばっているのだから、私でもできるかもしれない」と、女性が思うことはない。他方、委員長就任当時、土井が独身で子どもがいないことで、女性の人気が取れない悪い選択だというコメントが、社会党内外にあった(14)。しかし夫や子どもがいないことは、土井を「みんな(我々女性)のおたかさん」とイメージさせることにプラスになったのではあるまいか。「宝塚の男役スターのようだ」とよく言われたことも、この事情に当てはまる。

「いま始まります女の政治」

土井は、統一地方選挙勝利を目指し、全国各地をキャンペーンして回った。土井の講演会を「土井たか子と○○(地名)女性の会」などと称して組織したのである。[15] 現地の女性党員・組合員、つまり日教組や全電通の婦人部の女性たちが舞台裏を担って、地元に宣伝をし、場所を設定した。すると、主催者が一〇〇〇人と見込めば二〇〇〇人、二〇〇〇人と見込めば三〇〇〇人の女性聴衆が押しかけたのであった。土井はもみくちゃとなった。その報道が、また別の地での女性の人出を生み出した。

一〇月八日には、土井の友人で評論家の吉武輝子がプロデュースした「いま始まります女の政治――土井たか子とともに」の集いが、東京の日本教育会館で開かれ、一〇〇一人を集めた。呼びかけ人の女性は二五三人、その中に政治学者では武田清子と水田珠枝が入っていた。吉武は、「「万年野党の女性」から抜け出して、女の政治を作ろう、困ったときの「女頼み」としての利用は許さない」と呼びかけた。評論家の樋口恵子は、「普通の市民の政治を作ろう」と挨拶し、岩波ホールの高野悦子は「女は期待されないだけに自由にやれる」と述べた。作家の林真理子・漫画家の池田理代子などの著名人も詰めかけた。画家の丸木俊は、中曽根首相の「米国の知的水準は低い」(という差別)発言・藤尾正行文部大臣の「侵略戦争ではなかった」発言を取り上げ、戦前のナショナリズムが継続していると警鐘を鳴らした。総評婦人局長の山野和子は、女たちの手で新しい政治を作るチャンスが来たと述べた。土井は、「党派を超え、女性が歴史を作っていくということでがんばろう」と挨拶した。また地元宝塚でも、一〇月二〇日に「すきやねん　おたかさん――土井たか子をささえる女たちのつどい」が開かれた(土井たか子を支える会編一九八七)。女性が政治を変える、そしてその先頭に土井が立つという期待が、ふくれあがったのである。

また、一九八六年は、チェルノブイリ原発事故の年でもあった(四月二六日)。これにより、ソ連のゴルバチョフ連邦共産党書記長は、改革(ペレストロイカ)のスピードをあげることになる。土井は、「日本のゴルバチョフ」として、社会党を変革することも期待されたが、これは難渋した。

「女性の時代」といわれた時代があった

ここで前後するが、土井フィーバーを生んだ時代を概観しておきたい。

米倉久邦編『女の時代がやってきた』(共同通信社 一九八六)は、一九八〇年代前半の女性相手のビジネスの成功例を列挙している。スポーツクラブ、カルチャーセンター、パチンコ、懐石料理やフランス料理、株式投資、保険外交員、パーティコンパニオン、パートタイマー、JRナイスミディパスの旅行企画——フルムーン旅行という中高年夫婦の旅行企画がヒットしたが、結婚できなかった年代の女性が、女性だけの旅の企画を求めたので——、海外旅行、女性専用ホテル、女性専用転職雑誌『とらばーゆ』、HONDAのミニオートバイ「ラッタッタ」、お総菜材料宅配サービス等々、バブル経済が始まる前の八〇年代前半、既に女性市場は大きな注目を浴びていたのである。

さらに一九八〇年代半ば、マーケティング業界では「大衆vs分衆・少衆論争」が起こっていた。電通の広告プロデューサー藤岡和賀夫が『さよなら、大衆。』(PHP研究所 一九八四)において、大量生産とマスの時代は去り、感性によって把握すべき分衆・少衆の時代がやってきたと主張した。また、博報堂生活総合研究所編『「分衆」の誕生』(日本経済新聞社 一九八五)も、一九七〇年代から感性の満足を求める分衆が出現したとして、「個性化・多様化の時代傾向を反映して、多種多様な文化、趣味・娯楽、スポーツなどの遊び仲間、あるいは消費者・市民運動といったコミュニティ活動を行う仲間等など、人々の価値観の変化と個人を取り巻く社会環境が複雑になったことを反映した大きな広がりをもつ、アメーバ状の世間が出来上がっている」と論じている。さらに同研究所は、『時流は女流』(日本経済新聞社　一九八七)でも、女性がリードする分衆・少衆現象を強調した。他方、エコノミストの小沢雅子は、『新「階層消費」の時代』(日本経済新聞社　一九八五)において、人々は水平的に多様化したのではなく、所得格差に応じたグルーピングが起こっていると述べた。反対にTBS調査部は『「新大衆」の発見』(東急エージェンシー　一九八六)で、新しい大衆商品は発見されるのを待っているので、むやみに分衆・少衆論に走ることは縮小再生産を招くマーケティングの失敗だとした。

燃え広がる女たちの熱い思い

久田恵編著『女のネットワーキング』(学陽書房　一九八七、新版は一九九一)という本も刊行された。この本では五四八のグループが取り上げられ、こころとからだ、結婚制度を超える、子育て、主婦の自立、新しい働き方、老後、職場の性差別、女の解放、女性史、女性学、エコロジー、反核平和、第三世界との連帯、情報、そして「議会に出る女性たち」のグループの紹介もあった。カネを払ってサービスを買うのでなく、仲間を集って広い意味で地域活動をする女性たちである。これからみると、女性に焦点を当てた分衆・少衆論が、非商業分野でも当てはまっているようであった。これを、社会学者の上野千鶴子は「女縁・選択縁」と呼んだ。女性たちが切実な動機に基づいて行動を起こしていることについて、哲学者の金井淑子は、「政治でも不倫でもいい、関係性への飢え」と呼んでいる。一九八〇年代後半には、こうした女性たちの、火をつければ燃え広がるような、熱い思いや関係性が存在していたことになる。

ただ注意しなければならないのは、その中心となっていたのが団塊世代の専業主婦であったということだ。専業主婦の第二世代であった欧米のベビーブーマー女性は、一九六〇年代後半からアイデンティティ危機に陥り、第二波フェミニズムを支持した。日本では、団塊世代の女性は専業主婦の第一世代であった。専業主婦になれることはうれしいことであった。不満は少なく、また子どもの受験競争に強く巻き込まれた。子どもの手が離れて、欧米から二〇年弱遅れでアイデンティティ危機を起こし、女性の連帯を求めたのである。働いている時間が長い女性は、参加できなかった。

日本の一九八〇〜九〇年代に女性たちの運動が燃え上がり、また女性学講座などで「性別役割分業」への批判が拡がった。このことをあるアメリカ人女性に話したところ、では彼女たちは家父長制を批判して離婚したのかと尋ねられて、面くらった。彼女たちは、家庭外での社会運動などへのコミットメントを強めたが、それが可能であったのは、彼女たちの夫が「家族賃金」を稼いでいたからであった。夫と離れて自活しながら社会運動をしようという層は、多くなかった。

彼女たちが老いて父母・義父母・夫の介護や自分の病院通いに追われるようになったとき、その下の世代は同じようなネットワーキングや情熱を維持することが困難になっていった。つまり、短い育児のインターバルの後、夫の収入の減少もあってパートに出る女性が増加した。日本のパートは勤務時間が長い上に均等待遇がはかられていないから、収入も少ない。時間においても収入においても、女性たちはスポーツクラブやカルチャーセンターのみならず、地域活動に割ける余裕を失っていったのである。――しかしなお、それがゼロにならなかったことは、『女たちの便利帳』(一九九〇、九一、九四、九六、九八、二〇〇〇、〇二、〇四、〇九)に見て取れる。けれども、女性たちの自発的ネットワーキングの力は衰え、そこから政治の担い手を出していくことも困難になった。二〇〇〇年代に入ると、男女共同参画の動きを攻撃するジェンダー・バックラッシュもあり、反フェミニズムの女性運動・女性議員が伸張してくるのと反対に、フェミニズムの系統を引く女性たちの活動は停滞していく。

土井というアイコンが引き寄せた欲求

一九八〇年代には、女性の社会進出が進み、とくに後半には男女雇用機会均等法に後押しされたが、「女性初の〇〇」という現象が相次いだ。土井は「憲政史上初の女性党首」をキャッチフレーズとした。小池は、単独ではなかったが、「女性初のキャスター」の一人となった。

マーケティングから離れて政治現象を見れば、「新中間大衆」(村上一九八四)や「柔らかい個人主義」(山崎一九八四)などが注目されていた。「多様な」「大衆」というものが成立しつつあったと述べつつ、この二人の男性学者は、女性にほとんど言及していない。しかし「多様な」「大衆」の半数は女性なのであって、彼女たちは多様でありながら、土井・マドンナという一つのアイコンに強力に引かれていくのである。

土井というアイコンは、少衆ではなく、非商業的なマスの繋がりたいという欲求を、大量に引き起こした。地域活動や市民運動はエンパワーメントされ、分衆・少衆現象と大衆現象は対立するのでなく、相互強化の関係にあったのである。もちろん土井支持の中核部には、確信的な護憲派や、社会党の男性中心体質を変革して、女性のための政策を打ち出せるようにしようという支持者がいた。しかしそれを取り巻いた「フィーバー」の部分は、大衆としての特質、つまり熱しやすく冷めやすい性質をも持っていたのである。成果を出せなければ、その部分が容易に離れていくのは、田中角栄ブームでも明らかなことであった。

先んじて述べておくと、一九九一年の自民党による消費税改正・一九八九年の社会党パチンコ疑惑(後述)・一九九〇〜九一年の湾岸危機という一九九〇年前後の逆三点セットで離れた支持者たちは、土井が社民党党首になっても帰ってこなかった。土井は、フォロワーのエンパワーメントを目指していたが、社民党になってからは、女性たちに与えるものが少なくなって、フォロワーは減少した。一九九四年に社会党が自民党と連立したことで「革新」の輝きが薄れ、二〇〇二年の辻元清美の秘書給与問題と北朝鮮による拉致問題で、支持者は離れた。ただ一九八九年に、女性の力で政治と社会が変わるかもしれないと思ったことと、そのリーダーに土井がいたことは、現在五〇歳以上の女性には忘れられないことであろう。

小池の時代には、女性が政治に出ることは、もう少し「普通」のことになっていた。しかし「普通の女性」がチャレンジできるほど、日本の政界は女性に優しくなかった。何か売りを持ち、打たれ強い心を持った女性でなければ進出できない。小池は強い上昇欲求とアラビア語という武器を手に、果敢に政界に殴りこんでいく。女性であるから、ということは容易に排除の理由になった。しかし第一関門を突破した女性は少ないから、ある種重宝される。土井は、与えられたポストがあったが、そういうもののない小池は、「女性の時代」を味方にしながら、階梯を飛び上がったりねじり上がったりしなければならなかったのである。

エンパワーとしての「女の政治」

土井は、藤本一美が注目するように(藤本二〇一三 九五―九六)、「男の政治」と「女の政治」を分けて語っている。いまやジェンダーに理解を示す男性が増えたり、逆にジェンダー平等に反対でタカ派の女性議員が増えたり、女性政治家が金銭スキャンダルを起こすこともあり、「女性イコールクリーン・母性・平和」の図式はあてはまらない。一九八六〜七年の土井の言葉は紋切り型に過ぎる面もあるが、彼女の考えをよく表わしているし、当時の女性たちが土井政治に何を期待したかよくわかるので、見ておこう。

「[女性参政権獲得]から四〇年、三〇四議席を誇る自民党には一人の女性代議士もおらず、全体としても減少していることでもわかるように、国会＝国政の場は、いぜんとして典型的な男社会です。男(の論理)による政治の性格は、一言でいえば、強いものが勝つということです。正義よりも利益が優先され、良心よりも保身がのさばっています。特権や利権を得たものは決して手放そうとせず、にぎっているもの同士が屁理屈をこねてかばい合うことさえしています。その結果、少数者・政治的代弁者を持たない庶民・地方(過疎地)在住者など、いわゆる〝弱者〟の声はかぎりなく無視されてきました」（土井編著一九八七　二二一―二二二）。

「仕組みやあり方を変えていこうとすると、その中の矛盾にあえいでいる、しわ寄せを受けている、その中で押さえつけられている、痛みを知っている、その存在であって、しかもなおかつその矛盾やしわ寄せを是認するのではなくて、それを何とかしなければならないとあがき悩んでいる立場でないと、変えていくことはできない…これからの社会のあり方とか政治の中身を変えていけるのは男性に比べると女性の側にある」（土井編著一九八七　四一）。

「女性であるがゆえに粘り強い、女性であるがゆえにうそは大嫌い、女性であるがゆえに汚職を許すわけにいかないというきれいな気持ちをもつ、女性であるがゆえにいったん言いはじめたことはやめない。そして正しいと思ったことに対しては絶対にひきさがらない。そして権威とか、地位とか、名誉とか、そんなものはいらない、ただ、人間らしく生きること、これがどこまでいっても大事な問題だということを私は女性の共感として大切にしていきたいと思っています」（土井たか子を支える会編一九八七　一二三）。

この土井の「女の政治」は、「男の政治」の対極に位置づけられたと同時に、女性たちを大いに力づけようという励まし（エンパワー）であった。たくさんの女性の政治決定への参加も提唱した。

岩井奉信は、一九九一年の論文でマドンナ・ブームを分析するために女性政治家にインタビューし、彼女たちが異口同音に女性政治家の特徴として「真面目さや清潔さや純粋さ」を挙げるとしている。ただしこの論文では、「女性政治家というのは、家庭を持ち、子どもを生んで一人前という傾向が強い。その意味では、政界では、「女性」というのは「主婦」と同義であるといっても過言ではない」と言っており、土井が「主婦」ではないということに触れていない。「妻として母としての本能的姿」とも言っており、[16]土井が「女性であること」に込めた「少数者」・「弱者に寄り添う者」とはズレを生じている。[17]「マドンナ」と呼ばれた女性候補・議員たちを、無知で未経験で政治を誤ると決めつけた、保守的な男性の論者の見方に近寄ってしまっているのではないかと、思われる。

しかし、マドンナたちは、「ただの主婦」ではなかった。二期目の久保田真苗は元労働官僚、糸久八重子は日教組の運動家だった。新人は、清水澄子が田中寿美子元参議院議員の秘書で日本婦人会議の議長、堂本暁子はTBSのディレクター、肥田美代子は児童文学者、三石久江は女性運動家、前畑幸子は税理士、西岡瑠璃子はNHK高知放送局勤務で女性運動・労働運動家、篠崎年子は市議・県議経験者、森暢子は日教組、日下部禧代子は福祉を専門とする大学教授、「・《ポツ》子」の竹村泰子は元アナウンサーで市民運動家であった。[18]

(1) 竹内一夫「土井たか子との幻滅の二〇年」『CREA』一九九〇年一月号、六五―六六頁
(2) 「マドンナ」というネーミングには、票集めが露骨でみっともないという批判(当時埼玉県議の小沢遼子など)もあった(土井他一九八七 一六〇)
(3) 松崎哲久「「声なき声」がかついだ自民大勝」『諸君!』一九八六年九月号、一九六―二〇二頁
(4) 高畠通敏「「保守化」とらえた中曽根演技」『エコノミスト』一九八六年七月二二日号、一二一―一二四頁
(5) 「党再建の「救世主」になるか」『政界ジャーナル』一九八六年一〇月号、六三頁
(6) 小林峻一「社会党の人・金・政策を裸にする」『文藝春秋』一九八九年一一月号、一三一頁
(7) 『婦人展望』一九九一年八月号、一頁

（8）『婦人民主新聞』一九八六年九月一二日
（9）「土井たか子社会党委員長は一年もたない」『週刊読売』一九八六年九月二一日号、一五八―一五九頁
（10）青柳基法「土井体制と記者の感覚」『世界』一九八六年一一月号、二五八頁
（11）加藤富子「女たちが日本を救う」『正論』一九八九年一〇月号、九四―九九頁
（12）「PLAYBOY INTERVIEW 土井たか子」『月刊プレイボーイ』一九八七年三月号、三七―五一頁
（13）土井たか子「『人生答弁』がんばろうやない」『女性セブン』一九八八年五月五日号～一九八九年一二月二一日号。女性政治家と身上相談という組み合わせは、回答者に人気が出て選挙での当選の基盤になることがあり、河崎なつや山本杉、福田昌子、萩原幽香子など「よく見られる現象」であった。円より子の「ニコニコ離婚相談」の長い活動も、彼女が参議院議員になる資源だった。雑誌連載していたこともあるが、一九九二年の日本新党からの立候補時(比例順位七位)には、小池が「世相講談」コーナーに出演していた「ルックルックこんにちは」で「円より子のニコニコ離婚講座」のコーナーを持っていた
（14）俵孝太郎「土井たか子さんの異性交際法」『週刊読売』一九八六年八月二四日号、一六四―一六七頁。前掲「党再建の「救世主」になるか」六二―六三頁。「パチプロもマッ青のおたかさん」『Emma』一九八六年一〇月一日号、五六―五七頁
（15）前掲土井委員長を囲む「仲間の会」世話人座談会「女たちに新しいうねりが始まった」五二―六三頁
（16）岩井奉信「女性議員を徹底調査する」『文藝春秋』一九九一年三月号、三三八―三五四頁、Tomoaki Iwai, "'The Madonna Boom': Women in the Japanese Diet", "Journal of Japanese Studies", 19(1), 1993, pp. 103-120
（17）土井たか子「第五三回定期大会あいさつ」『月刊社会党』一九八八年三月臨時増刊号、六頁
（18）たとえば「救国のマドンナ図鑑」『SPA!』一九八九年六月二八日号、六〇―六三頁などは、野党各党の女性候補の経歴を並べた

第5章

「山が動いた」マドンナ旋風と女性初の首班指名

燃え上がる戦後世代女性の情念

1989年7月の第15回参議院選挙で社会党、
女性が大躍進、与野党が逆転した。
当確者にバラを付ける土井委員長(右)と山口鶴男書記長
(7月23日、共同)

公約違反の売上税法案

中曽根内閣は一九八七年二月に「売上税法案」を国会に提出した。これは、明らかに一九八六年ダブル選挙における間接税は導入しないという公約に反しており、三月八日の自民党の岩動《いするぎ》道行の死去に伴う参院岩手補欠選挙で、故議員の夫人の岩動麗候補が社会党の小川仁一に敗れるという「岩手ショック」が起こった。農産物自由化も農民の自民党離れの一因だが、このときは売上税が重かった。

続く四月の統一地方選で、社会党は大勝した。一二日の前半戦開票では、北海道・福岡知事選で勝利し、前半では公認・推薦で一二一議席を増やした。女性候補は二三勝四敗で、政令市議では七人完勝であった。革新系無所属の女性候補を労組が推す、「社会党・女性市民団体」推薦の「・《ポッ》子」方式」が取られた。

四月一五日、自民党が衆院予算委員会で、売上税を含む予算を強行採決し、二二日には衆院本会議で野党による牛歩戦術が取られ、徹夜国会となった。結局、中曽根内閣は、二三日に原健三郎議長の調停案を受けて、売上税の通過を断念した。ただしこの調停案には、「税制改革問題は、今後の高齢化社会に対応する等、将来の我が国の財政需要を展望するとき、現在における最重要課題の一つである」と、再び大型間接税導入の火種になる文章が残されていた。二六日の地方選挙後半の開票でも社会党は好調で、公認・推薦した女性候補は一四七勝六敗であった。[1] こうして「委員長」

土井は、最初のハードルを越えたのである。

女性の意識が底流で変わり始めた

この一九八七年の地方選挙だけをとれば、社会党勝利が大きな契機となって、女性地方議員が増えたように見える。確かに女性議員は、一九八三年の一・八％から一九八七年の二・六％に増えている[2]。しかし、女性地方議員を増やそうという動きについては、一九八三年の増加に注目するべきである。この動きの担い手である団塊世代の主婦たちは三〇代後半に達しており、子どもたちの手が離れる年齢になっていた。先にも述べたように、欧米のベビーブーマーの主婦たちは専業主婦二世代目でもあり、一九六〇年代後半からアイデンティティ・クライシスを感じて、第二波フェミニズムを含む社会運動に乗り出したが、同世代の日本の団塊世代女性は、四年制大学進学率が一七・一％と低く、全共闘運動の影響を受けた女性は多くなかった。

また、専業主婦第一世代であったため、「幸福なマイホーム」は憧れの対象であり、彼女たちが自己存在を疑い始めるのは欧米より遅かった。しかし、生活は欧米と同様に都市化・機械化していた――三種の神器（白黒テレビ・洗濯機・冷蔵庫）、３Ｃ（カラーテレビ・クーラー・自動車）の他に、電気炊飯器の販売が一九五五年である――。子どもたちの受験競争が一段落したとき、スポーツクラブやカルチャーセンターばかりではなく、地域活動・市民運動にひかれる主婦が、層として出現した（第４章参照）。下村満子は、日本の女性の意識が底流のところで大きく変わり始めたのは、一九八二年頃だと言っている[3]。

生活者としての運動は、学校給食の自校方式からセンター方式への変更反対、合成洗剤使用反対(粉せっけん運動)、環境運動のほか、行政改革の地方への波及にも向けられた。保育・老人福祉・医療、児童扶養手当、生活保護への国庫支出削減への反対である。女性たちは、「日本型福祉」「家庭基盤強化」に反対した。また、アメリカのレーガン政権時代から始まったSDI(戦略防衛構想)によるINF(中距離戦術核兵器)配備に反対し、それと連動した中曽根政権の軍備強化にも反対する、「戦争への道を許さない女性たちの会」が作られ、「戦争への道を許さない○○(地名)女性のつどい」が各地で組織されていた(久田編著一九八七 二四八―二六三)。

食の安全や合成洗剤反対には、生活クラブ生協が取り組んだ。各地で「生活者ネット」「神奈川ネットワーク運動」などを組織し、一九七九年から議会に女性限定の「代理人」を送り、かれらの主張を実現しようとした(佐藤編著一九八八、大海二〇〇五)。「活動専業主婦」の運動だった。

優生保護法「改悪反対」

さらに、リプロダクティブ・ライツをめぐる問題があった。優生保護法は、刑法の堕胎罪の例外となる合法の不妊手術・人工妊娠中絶を定めていた――このうち、本人の同意によらない優生事由の不妊手術・中絶条項を削るのは一九九六年(母体保護法に改称)、強制不妊手術の被害者の救済が問題となるのが二〇一八年である――。一九八二年には、一九七二年に続いて、「身体的または経済的理由」による中絶事由から「経済的理由」を削除することが、宗教団体「生長の家」系の政治家から提起され、厚生省からその線に沿った「改正法案」が出されようとしていた。アメリカの中絶反対運動に学んだ「生長の家」は、草の根保守を組織しようとした。一九七九年に元号法の制定に成功した手法である、地方議会からの意見書提出を一九八二年秋から行った。当初は「改正派」の意見書がリードしていたが、その危険性に気づいた医師会・労組・女性グループが地方議会に働きかけ、「改正」意見書を差し止め、「改悪反対」意見書を通そうとした。一九八三年の統一地方選挙前に「改悪反対派」が意見書や署名で逆転し、女性票が逃げることを恐れた自民党が、この争点を回避することになったのである(ノーグレン二〇〇八)[4]。

生活者としての、たとえば合成洗剤に代えて粉石鹸を使用する問題、また中絶の権利を求めた女性たちの議会内外の運動に対して、地方の男性首長たちや男性議員たちは、「女性は、たいしたことのない問題にこだわる」と見下して、なかなか正面切って取り組もうとしなかった。彼らにまともな争点として取り上げさせるには、自ら議員になるしかない――。女性たちはそう考えて、選挙に取り組むようになった。『女のネットワーキング』(久田編著一九八七)中の「議員を出そう」のセクション(二八二―二九五)には、一九八二～三年にできたグループが多い。したがって、後に見るように一九九一年の統一地方選挙で社会党は敗北するが、議会に出ようという女性の勢いは止まらなかったのである[5]。ただ、この時期から女性地方議員は増加し続けているが、二〇〇〇年代に入ると増加の勢いは弱まって、二〇一九年の統一地方選挙の後、一四・〇%に留まっている[6]。

一九八七年五月二日、憲政記念館で「土井たか子の憲法講義――日本国憲法の逆襲」という講演会が、「土井たか子を支える会」(ブレーン団体の「土井たか子を囲む会」よりファン組織的である)主催で開催された。土井はまず、憲法が大好きと切り出した。そして人間らしく生きることを憲法が定めているとし、平和でなければ自由もないと、憲法前文の平和維持を憲法全体の土台とする。憲法以前の問題として、独立国に自衛権はあるとしながら、自衛隊は違憲であるとし、国会論戦で核兵器が持てるという政府見解をひっくり返した一九七八年のことを述べた。そして人権を保障するための三権分立があるとし、憲法違反の国籍法を改正させたこと、逆に婚姻年齢の男女差や夫婦同姓強制などに違憲の不平等が残ることを指摘した。そして、一人ひとりの自由と人権を守るという努力を通じて平和を確立することが、国民のいちばん大きな課題だとした(土井たか子を支える会編一九八八)。土井の、憲法への非常に強い思いが込められている。

一九八七年九月、土井はアメリカを訪問した。土井はアメリカに友人が多く、歴代の社会党委員長とは異なっている。ジャパン・ソサエティで、自分の名前は「たか子」だが、タカ派でなくハト派であると述べ(7)、憲法と結婚したので独身だと自己紹介した(土井一九八九 一一七―一一九)。また、北朝鮮にも行った。拿捕されていたことが明らかであった第一八富士山丸の紅粉船長ら二人の解放問題に注力した(彼らが帰国できたのは、金丸信・田辺誠の訪朝の後で、一九九〇年一〇月に、再度北朝鮮を訪れた土井たちの帰路と一緒だった)。党首外交はさらに展開され、ソ連にも行き、ゴルバチョフとも会談した。

それに加えて土井は、一一月、神戸で開いたアジア人権フォーラムで「アジア人権基金」の設立を提唱し、一九九〇年一二月に民間基金としてスタートした(土井他編二〇一〇)。土井は、先の戦争における日本の侵略をわびる気持と共に、現代の日本のアジアへの経済進出が現地で招いている人権侵害にも、心を痛めていた。社民党委員長辞任後も、体調が悪くなるまでこの基金の活動を続けた。基金には、土井のテレフォンカード第二弾の売り上げやカンパなどが集められた。護憲とアジアが、女性の権利・公害に加えて土井の活動の主軸であった。

無投票で委員長再選

中曽根首相は、自民党の党則による総裁任期の二年を二期までの例外として、もう一年務めた。それが終わる一九八七年一〇月に竹下登を後継首相に指名し、一一月六日に竹下内閣が誕生した。土井は、一二月四日に無投票で委員長に再選される。一一日の『社会新報』は、土井委員長二期目の課題として、社会党の支持率二〇％台回復、党首の個人的人気だけに頼らない党づくりを挙げ、課題として、①憲法体制を守り抜く、②「現実的」な既成事実に屈服しない、③日本経済の現状の検討、④労働者、市民・女性をつなぐ党再生、⑤国会における野党共闘――社公協力が軸――と言っている。一九八八年一月には、党員の一割減少が問題になっている(『社会新報』一・二六)。女性比率が一割強(七九一三人)なので、女性二割の党を目指すとしている。そのために党費が安く、権利の限定された――しかし委員長選挙には参加できる――「協力党員」を創設した(二月一三日党大会)。このことからも、土井人気は「党外」が主流であったことがわかる。土井人気を社会党への強固な支持に組み替えることは、容易ではなかった。

一九八八年五月二四日、『社会新報』は一九八七年一一月二九日に北朝鮮のスパイが引き起こした大韓航空機爆破事件について、韓国の陰謀とする記事を載せた。当時の社会党と北朝鮮の距離の近さを物語る事件だった。もちろんこの記事は取り消されたが、これにより土井の訪韓はなくなった。

同年二月一五日、竹下首相が「女性は衆院には無理ではないか」との問題発言をし、土井は、早速抗議をしている。首相は「私の選挙区は山峨で、体がきついということがあって」と弁解したが、土井は、許さない、と言った。土井は熱心に各地の「土井委員長と仲間をつくる○○(地名)の会」を回っており、竹下の選挙区回りどころの勢いではなかった。また、ブレーン団体として「土井たか子を囲む会」や「社会党に政策を提言する会」(環境公害・田尻宗昭、暮らしと経済・岸本重陳、高齢化・久場嬉子、女性政策・駒野陽子の四プロジェクト)を組織し、話を聞いた。その他にも、以前から土井と関係があった市民運動団体が勢いづいた。しかし、これらは党外のメンバーによるものであって、提言が党内に受け入れられるかは不確定であり、反感を呼ぶこともあった。しかも、ブレーン団体でも必ずしも十分意見がまとめられているわけでなく、土井は議会質問の直前に知り合いの専門家に電話をかけて、知恵を借りるなどしている。社会党のスタッフ機能が働いていなかったのだ。

また、この期間、一九八九年の参議院議員選挙の候補を発掘するべく、いろいろな人物、とくに女性と対話している(連載「おたかさんいきいき日誌」『社会新報』より)。[8]

土井は、社会党の組織と向き合う時間を取ることができなかった。土井は、①社会党を国民に開かれただれでも参加できる党にすること、②市民と共同作業で政策を作る社会党にすること、③女性の政治参加の道を開くことを目指していたと、党中央執行委員(当時)の久保亘は言う。[9] しかし社会党は、一九八七年の統一地方選と一九八九年の参議院議員選挙の間、土井に時間を与えることも、組織検討委員会などを設けはしたが、名目ではない実質上の自己変革に踏み出すこともなかった

――女性候補にしても、増えはしたが、絶対数としてあまりに少なかったと評価することも可能である――。派閥に属していなかった土井は、「党経営」を考えることができなかった。[10]

「ダメなものはダメ」

竹下首相は、間接税の導入を諦めていなかった。売上税の失敗は、中小業者の不安が自民党からの離反を生み出したゆえと捉え、業者とのすりあわせを綿密に行った(一九八八年四月、五月)。また、消費税導入に伴う「六つの懸念」を自ら指摘し、それらを考慮して導入を図るという態度で、世論を鎮めようとした。帳簿方式を止め、売り上げ三〇〇〇万円以下の業者は免税、五億円以下の業者は簡易課税制度とした。一方サラリーマンには、所得税・住民税減税を先行させた。土井は、この七月、消費税について「ダメなものはダメ」と言っている。

竹下は、消費税法案を一一月一六日、自民賛成、公明・民社反対で衆院本会議を、一二月二四日には参院本会議を通過させた。土井も一〇月二四日に公明党の矢野絢也委員長と党首会談を行っているが、「自公民」で消費税導入が進むことを阻止できなかった。日米農産物交渉は、一九八八年六月二〇日、牛肉・オレンジ・サクランボの輸入自由化が決定した。肉牛肥育の畜産地帯、ミカン・柑橘栽培地帯の農家から、激しい反自民党感情が、一九八九年参議院議員選挙で噴き出すことになる。

一九八八年六月一八日、『朝日新聞』は、川崎市助役がリクルートコスモス社(リクルート社の子会社の不動産会社)の未公開株の譲渡を受け、二年後の株式公開時に売り抜いて、元値の数倍の利益を得たと報道した。三〇日までには、同じ未公開株が、森喜朗(元文相)、渡辺美智雄(自民党政調会長)、加藤六月(前農水相)、加藤紘一(元防衛庁長官)らに渡っていたとされた。七月六・七日には、中曽根・安倍・宮沢・竹下の秘書に譲渡されていたことが報じられた。リクルート社の江副浩正会長は、広く政・官・学・マスコミに、リクルートコスモス社の株を譲渡していた。一〇月一九日、東京地方検察庁がリクルート本社などを強制捜査した。江副は、一九八九年二月一三日に逮捕されることになる。一九八八年一二月九日、宮沢喜一蔵相が、この問題での発言が二転三転したことの責任をとって、大臣を辞任した。野党では、民社党委員長塚本三郎の関与が発覚し、二月に委員長を辞任した。社会党では上田卓三衆議院議員が関与していたが、議員を辞職し、党の傷を浅く留めた。公明党はリクルート事件ではないが、矢野絢也委員長が明電工事件に関与していたとして辞任した。こうしたことから吹きつけることになった反自民党の風は、一九八九年六月四日の、中国での天安門事件(後述)が共産党への逆風になることもあり、社会党に集中して押し寄せることになる。

この時期、子連れ出勤の是非を問う、「アグネス論争」が起こっている。『社会新報』は、男性の役割が問われていないと、論争の構造を批判した(七・一五)。

自民党の不覚　「消費税・農産物自由化・リクルート事件」

一九八八年九月一九日、昭和天皇が吐血した。絶対安静となり、バブル経済で浮き足立っていた世間が、一転自粛ムードとなった。一九八八年九月二〇日、土井は天皇へのお見舞いの記帳をしたことで、天皇の戦争責任を問うている女性グループなどから批判された。天皇制は、日本社会の差別の根源であるという点と、昭和天皇は、第二次世界大戦におけるアジアの犠牲者に責任を負うべきであるという主張からである(保坂一九九〇 二二六―二二三)。しかし土井は、象徴天皇制を含めて現行憲法を守るという立場であり、矛盾はないと述べた。一一月二三日の「このままでいいの？天皇の問題」という女性集会に参加している(『朝日新聞』一九八八・一一・二四)。一九八九年一月七日、昭和天皇が逝去し、元号が平成と変わった。土井は、天皇の戦争責任について一月一八日に日本記者クラブで言及し、保守論壇から反撃を受けた。

激動の年である。一三日ソ連はアフガニスタン撤兵方針を示し、一五日、東ドイツのライプチヒでは民主的改革のためのデモが、チェコスロバキアでも数千人の反政府デモが起こる。一八日、ポーランドでは条件付きで「労働組合連帯」が合法化された。

二月一二日の参議院福岡補欠選挙では社会党の渕上貞雄が勝利し、「岩手ショック」に続く「福岡ショック」となった。四月一日、三％の消費税がスタートしたが、外税方式にしたこともあり痛税感が避けられず、とりわけ主婦層から激しい怒りを買った。七日、久々に社会・公明・民社・社民連の四野党党首により京都会談が開催され、連合政権協議会が設定された。同日、自民党竹下派実力者の金丸信が、「サッチャーは男性を知っている。土井さんにはお旦那がねえじゃねえか」と述べ[11]、女性たちから総スカンを食った。

竹下首相は、四月一一日、衆院予算委で自分と秘書などがリクルート社から一億五一〇〇万円を受け取っていたが、これ以上はないとの調査報告をした。しかし、『朝日新聞』が二二日、竹下の秘書が一九八七年の総裁選の時期にリクルート社から五〇〇〇万円借り入れをしていた(返済済み)

と報道し、二五日に首相辞任を表明することになる。その翌日、竹下の秘書が自殺した。第二次中曽根内閣の官房長官だった藤波孝生は、五月二二日に受託収賄で東京地方検察庁に在宅起訴され、後に有罪判決を受ける。中曽根前首相は、二五日に衆院予算委員会で証人喚問された。三一日には、自民党を離党した。

竹下首相の後任は、他のリーダーもリクルートで汚染されており、有力視された「クリーンな」伊東正義が「表紙が変わるだけではだめだ」と固辞した末、中曽根派のナンバー2で、竹下内閣の外務大臣の宇野宗佑が、二日の自民党両院議員総会で「先進国サミット要員」として選ばれた。リクルートの関連は薄かった宇野だが、首相就任直後に、神楽坂芸者を三〇〇万円で愛人にしたとの売買春スキャンダルが、六月六日発売の『サンデー毎日』六月一八日号(「宇野首相の醜聞」二六―三一)で報じられた。これを『ワシントン・ポスト』など外国紙が報じ[12]、静観していた国内紙も追随した。六月九日、参議院本会議で、社会党の久保田真苗が、『ワシントン・ポスト』の記事が事実でないなら抗議しないのかと、質問している。こうして自民党は、「消費税・農産物自由化・リクルート事件」の三点セット・プラス首相の醜聞という超向かい風のなか、七月二三日の参議院議員選挙を迎えることになった。

他方、土井は、五月一二日に女性だけの模擬内閣を伴う、「いま、だから女が政治を!」という集会に招かれた(暉峻淑子:大蔵大臣、北沢洋子:南北問題大臣、中島通子:労働大臣、俵萌子:教育大臣、福島瑞穂:法律大臣、藤井治枝:平等大臣、樋口恵子:福祉大臣、吉武輝子:軍縮大臣、日下部禧代子:住宅・土地問題大臣、池田理代子:文化大臣、綿貫礼子:環境大臣)[13]。土井は、この内閣をエキスパートによる適材適所内閣だとして、派閥順送りの自民党内閣を批判した。女性が変われば政治が変わる、としたのである。

中国では、民主化を求めて学生たちが四月から北京の天安門広場に集まっていた。かれらは五月一五日のゴルバチョフ訪中を喜んで迎えた。日本で首相の醜聞が伝えられる直前、六月四日未明、人民解放軍が武力で学生たちを排除した。犠牲者は何千人か、未だ調査も行われていない。この事態により、流血の変革は避けようと、同年後半には東欧での静かなる自由化革命が試みられることになる。

都議選での大躍進から参院選へ

六月二五日、参議院新潟補欠選挙で、社会党の「普通のおばさん」こと大渕絹子が、亡くなった知事の息子であった自民党の候補に勝利し、「新潟ショック」と呼ばれた。七月二日投開票の東京都議会議員選挙では、一二八議席のうち、社会党が一一議席から三六議席（推薦含む）へと躍進し、その三分の一の一二人を女性（無所属で、社会党と会派を組んだ人「・《ポツ》子」を含む）が占めた。『朝日新聞』は、「マドンナ台風、自民直撃」と報じ、土井は、「山が動いている」と、一九一一年に初の女性による文芸誌『青鞜』の創刊号に掲載された与謝野晶子の詩を引用した。東京都議会議員の女性は、全党派で七人から一七人に増えた。都議選の投票率は、男五六・一六％、女六一・二九％と、女性の方がかなり高かったが、参議院選挙では、男六四・三五％、女六五・〇一％と、必ずしも女性が高いわけではない。岡野加穂留・明大教授は、「女性、ことに二〇、三〇代の若い層が自民党政治にノーを突きつけた。争点はリクルート事件や消費税と国政レベルの問題で、女性の〝生活リアリズム〟がストレートに出た」と語っている(『東京新聞』七・二)。

社会党選出の女性都議会議員は、大渕とともに「ミニ土井」として、参議院議員選挙に向けて全国を飛び回ることになる。自民党は「マドンナ対策」として、看護職の新人、清水嘉与子を参議院比例拘束名簿順第一位とし、「福祉」の八代英太を二位、タレント議員で現職の扇千景は票集めを狙って当落ギリギリの一六位とした(14)(次点となり、後に繰上当選)。

七月五日公示の参議院選挙には、候補者は空前の六七〇人、女性も一四六人と史上最高であったが、これは女性候補も多いミニ政党が乱立したからに他ならない。その公示日、土井は、名古屋駅前で、社会党の愛知選挙区の女性候補である前畑幸子と比例区の女性候補全七人(比例候補者は全員で二五人)、合わせて八人と街頭宣伝車に並んで立ち、全国遊説の第一声を上げた。同地で記者会見して、「政権交代と女性の(政治)参加で日本の政治は新しくなる」と述べ、党の「女性の政治宣言」を発表した。

各地の社会党候補の応援には、土井や大渕など女性国会議員・女性都議らが出向いたため、他党でも応援に女性を動員するようになり、候補夫人・地方議員夫人の露出を多くした候補もあった。群馬県内の八農協でつくる県興農政治連盟太田・新田支部は、選挙区の七候補者のうち、初めて社会党候補を推薦し、その他自民一、保守系無所属一を推薦し、もう一人の自民候補を外して、自民党農政への怒りを表した。社会党から遠いと思われていた農民も、農産物自由化などの農政への反発から、土井社会党を支持したのである。

「女性が政治の世界で使いものになるのだろうか」

「女性が感覚的にとらえて消費税批判に共鳴した」と宇野首相は見解を示したが、七日夜、三重県員弁郡東員町において、自民党候補の個人演説会で、応援演説した堀之内久男農水相が女性軽視発言をした。堀之内は、「マドンナ作戦というが、女性が政治の世界で使いものになるのだろうか」と述べ、「家の中には女房がいて、(家庭を)コントロールしてきた」と、男女の性役割を強調し、「英国のサッチャー首相は夫と子どもがいて別格だが、独身の土井委員長にはそういう感情が理解出来ないだろうから、首相は務まらない[15]」(『朝日新聞』『毎日新聞』『読売新聞』一九八九・七・八)などと、土井を批判した。これには、全国の女性から批判が殺到し、宇野首相は遺憾の意を表明、橋本龍太郎幹事長も訂正を求め、本人も取り消すことになった。

活発化している女性の動きについて、市川房枝記念会の山口みつ子事務局長は「女性がおかしいことはおかしいと主張を始め、ようやく効果が出てきた」と分析し、顕著な地方議会への女性進出の波が国政にも及びつつあると見た(『読売新聞』七・一〇)。この選挙での女性の活躍は、米『ワシントン・ポスト』や『ニューヨーク・タイムズ』でも伝えられた(『読売新聞』七・一二)。

一四～一六日フランスで、主要先進国首脳会議(アルシュ・サミット)が開催された。そこでは、天安門事件以後の対中国政策、途上国の債務、環境がテーマとなり、中国をめぐって国際的に孤立させるべきでないとする日本と欧米との対立があったが、他にトラブルもなく、経済宣言を発表して終幕した。宇野首相は「サッチャー首相に握手してもらえるか」などと国内で疑問の声が挙がっていたが、英・仏・米などの首脳との懇談をこなした。しかし、レームダックとして存在感がなかった。帰国後、宇野首相は、地元の滋賀(二〇日)と塩川正十郎官房長官の地元の大阪(一七日)のみの遊説をこなした。大阪では野党陣営や「宇野総理に一言いいたい女の会」など女性グループが盛り上がり、反宇野のデモなどで気勢をあげた。近鉄河内小阪駅前のビル屋上には、「消費税・女べっ視の宇野やめよ」とのアドバルーン二本が浮かんだ(『朝日新聞』七・一九)。これに対し、政治学者の勝田吉太郎・京都大学教授は、政治家を選ぶ基準は、国際社会の中で日本をいかに安全に導いていくかが最大のポイントであり、女性スキャンダルなど感情的な問題で判断するのはおかしいと論じている(『朝日新聞』七・一九)。前東京大学教授で評論家の西部邁も、主婦候補・女たちは愚かであるとして、同意見であった。[16]

一七日、社会党静岡選挙区候補の桜井規順が、新幹線ひかり号を本来停車しないはずの三島駅に停車させ、土井が訪れる演説会に向かった。演説会終了後この「ひかりストップ事件」が明るみに出、土井は直ちに公認を取り消した。このすばやい対応は、むしろ好感を持って迎えられ、桜井は当選することになる。

一八日、自民党は、今回の選挙は、自由主義か社会主義かの選択の選挙だとの声明を出した。有権者が三%の消費税という身近な問題で動こうとしているとき、また、「消費税・農産物自由化・リクルート事件」三点セット以外では福祉・教育に注目しているとき(『読売新聞』七・二二)、自民党は目標を見失っていた。国や社会よりも個人、将来よりも現在を大事にしようとする、有権者の「生活保守主義」(『読売新聞』七・二四)に反したのである。この争点設定のミスについては、政治学者の小林良彰(一九八九 一八四)も指摘している。生活保守主義によって国民の支持が自民党から剝がれ、社会党に向かったことについての論評は多いが、特に市民の政治的動きに注目した政治学者の高畠通敏「国民の〝反乱〟に応えよ」(『社会新報』九・八)や、選挙政治学者の川人貞史[17]などが挙げられる。

「山が動いた」　沸き立つ女性・市民のエネルギー

七月二三日、第一五回参議院議員選挙の投開票が行われた。選挙結果は、社会党が前回二一議席から四六議席に伸ばし、野党全体では、全一二六議席中九〇議席を獲得、非改選議席との合計で、社会党は六五議席、全野党は一四二議席(二五二議席中)となり、与野党が逆転した。女性は、それまで最高の一〇人の二倍増以上の二二人が当選し、うち社会党が一一人・社会党系無所属一人、連合二人で、女性は非改選と併せて三三議席となった。また社会党は、女性だけでなく、「社会党「・」護憲協同」という「ポツ」方式でも伸びた。

土井は、二三日夜、「山が動いてきた」と勝利宣言し、消費税と、自民党一党支配の是非が問われたとの認識を示した。反消費税の女性パワーが社会党に集中した理由は、土井の存在だった。行く先々で「女性が変わるとき政治は変わる」「オバタリアン[18]は、元気です」と説いた。若い女性・中年女性は「土井さーん」と声を上げ、年配の女性の中からは「神様、仏様、たか子様」との声も上がったという(田中一九八九 八三)。女一匹、男社会で対等に渡り合うカッコよさが評価された。土井は一万五六〇〇キロの遊説の旅を行った[19]。一九八六年選挙の社会党への投票者は、「いわゆる

「オジさん」で、五〇歳以上の男性で、しかも労働組合員」だったが、八九年では、「女性…三〇代や四〇代といった人達、また自営業といった保守的な人達が新しく加わったのである[20]」。

政治学者の蒲島郁夫は、一九八九年参議院議員選挙を典型的な「争点選挙（消費税）」だと言い、平素は自民党支持だが、そのおごりが目につくと野党に投票してバランスを取る「バッファープレイヤー」の行動を中心に、社会党支持の増大・支持なし層からの得票のゆえだと言っているが、それだけでは市民運動・女性運動・住民運動のさまざまなエネルギーが沸き立っていたことは理解できないであろう[21]。ただし、社会党も積極的な政策を掲げたのではなく、反消費税、反リクルート、反農産物自由化というアンチで、批判票を集めたことは確かであった。また、この時期社会党の体質をめぐる記事も増えたが、社会党には政策審議に当たる政策審議委員が一七人しかおらず、一省庁当たり一人以下であり、また、予算は一三〇〇万円で国会対策委員会の一〇分の一以下と、ヒト・カネともに公明党・共産党にさえ遠く及ばないことも指摘された[22]。

「本院は土井たか子君を内閣総理大臣に指名する」　女性初の首班指名

宇野首相は、七月二四日退陣を表明した。自民党の後継総裁は、八月八日に両院議員・都道府県代議員によって選出されることになり、河本派の海部俊樹に決まった。八月九日の臨時国会での首班指名では、まず第一回から社会党・社民連・連合の会のみならず、公明党が「土井たか子」と記名した。民社党は永末英一、共産党は不破哲三に投票した。参議院では決選投票になり、社会党・公明党・社民連・連合の会・共産党が土井に投票した。民社党は白票であった。労働組合をバックとする社会党と民社党で割れたのだ。民社党は、一部企業からも支持を受けており、土井に投票したら献金を断つと言われた民社党議員がいたという(大下一九九五 一九)。

午後二時二分「土井たか子君、一二七票、海部俊樹君、一〇九票、本院は土井たか子君を、内閣総理大臣に指名する」と、土屋義彦参議院議長が発表した。首班指名は「衆院・海部、参院・土井」となり、両院議員協議会では当然調整がつかず、衆院本会議に差し戻された。午後五時三七分、田村元《はじめ》衆院議長が「憲法第六七条第二項により本院の指名の議決が国会の議決となりました」と告げた。片方の院であっても、女性が首班指名されたことは初めてである。女性が政治の頂点に最も近づいた瞬間であった。なお、衆参の首班指名が異なったのは、一九四八年二月、衆院芦田均、参院吉田茂となって以来であった。土井は、約三〇〇件の取材を受けることになる。

社会党は、来る衆議院議員選挙で少しでも多くの議席を取り、政権に迫ることを目指していく。八月二一日、静岡県伊東市での全国選対責任者・書記長会議で、土井は、政権の交代を求める世論に応えて、総選挙で勝利する必要があると述べた。大胆に女性の手を借り、「開かれた幅広い政党」に生まれ変わり、文化的多元主義と情報化社会という現代社会に対応する、最も先進的な党になる、とした。また、公明・民社両党に配慮して、日米安全保障条約を維持し、自衛隊の存続を認めることとした。しかし、各党固有の政策は尊重されるのであり、社会党の安保破棄・自衛隊違憲の立場は保持されることを確認している。

そして、衆議院の五一二議席の過半数を野党で占めるためには、社会党だけでも一八〇議席は必要であった。擁立候補の目標を一五〇から一八〇に改めたのである。約一三〇の選挙区の七割以上で、二人当選させなくてはならない。しかし一九六九年の大敗以来、一選挙区に一人を立てることが常習化しており、共倒れの危険がある中選挙区で、複数擁立は容易ではなかった。とくに社会党は、落選した場合の候補者の経済的手当てが不十分で、立候補を説得するのに苦労した。また派閥が弱体化していることが、複数擁立にとってはマイナス要因だった。

土井は、女性候補の目標を、与野党逆転を可能にする四四人にしたいともしていた。[23] 一八〇人を分母とすると二四％に当たる。土井はもちろん、オーストリア社会党やスウェーデン社会民主労働党などが加入する社会主義インターナショナルでの交流や、とくにドイツ社民党との交流で、政治における女性のクオータが北欧・西欧を中心に広がり始めたことを知っていた。

ところが当時の日本社会党では、女性衆議院議員は土井と金子みつの二人のみであり（金子は一九九〇年に引退する）、女性参議院議員も一四人で、うち新人が九人だった。クオータを推進しようにも、下から原動力になる勢力がなかったのである。土井は、女性候補者集めに獅子奮迅の働きをしたと思われる。しかし一九九〇年一月の解散までに、無所属の外口玉子・岡崎宏美を入れて一三人しか女性候補を集められなかった。九人が当選したが、これは、社会党・社会党系無所属計の一三九議席に対して六・五％であった。

進まなかった党内変革

先進国では、イギリス・フランスで女性議員が少なかったが、その後伸びた（有限責任監査法人トーマツ二〇一九）。イギリス労働党は、一九八七年の選挙で、当選者二二九人に対して女性は一割弱であった。フランス社会党は、一九八八年選挙で、二七五人当選のうち女性は一七人で、六・二％であった(Sineau 2011)が、その後、女性議員の数は、イギリスでは労働党、フランスでは社会党を中心に、三〇％を超えて伸びていく。土井時代の社会党内部で、女性の抜擢の必要性がもっと共有されていたなら、その後の日本における女性の政治代表の様相も変わっていただろう。

また、社会党にとって社会主義を目指す党から西欧の高度成長期の社会民主主義型の党へと変身することが、石橋執行部の「ニュー社会党」路線でようやく認められたものの、なかなか進まなかった。社会民主主義は、拡大するパイを労働者に分配し福祉を拡大することを核としていたが、低成長期に入って従来のような再分配路線は行き詰まった。社会民主主義政党に替わり、イギリスのサッチャーや西ドイツのコールのような、新自由主義・新保守主義が台頭した。これを克服するには、政治学者の真柄秀子のいうように、労組への過剰な依存を止め、女性・市民と結び、労働組合がボランタリィグループなどと提携し、失業を時短などにより回避し、労働の細分化を防ぐラディカル・リベラルな路線を取ることが求められていた(真柄一九九八　一八六―一八七)。

しかし、市民運動や社会運動を惹きつけ、議員が増えて路線転換に有利な状況であったにもかかわらず、土井委員長時代にこうした転換は起こらなかった。土井が無派閥で党内に基盤がなく、どちらかといえば左派に支えられていたからである。また、彼女は路線問題について、かたくなであった。野党共闘については、土井が、憲法との関係で安保・自衛隊を認めなかったり、朝鮮半島に韓国の存在を認めなかったり、原発の稼働を認めなかったりと「現実主義化」に抵抗したため、一九八九年九月の公明党・民社党・社民連との政権協議に向けた「土井ビジョン」(後述)は、各論ではこうしたものを認めたにもかかわらず、他の野党を惹きつけることができなかった。

参議院選挙で多くの党外候補が当選したが、それに対して党内は複雑であり、衆議院選挙に向かって、女性を含む新しい種類の候補の擁立に、必ずしも積極的ではなかった(椎橋一九八九 四七)。また、次の委員長になる田辺誠などは、一九八九年の勝利を、女性や市民と結んだことではなく、右傾化しながら連合に統一された労働戦線の動きに求めた(真柄一九九八 一九二)。つまり、労組と強く結び、社公民の枠組みでの連合型候補を出そうとした。

このように、保守化する労組に固執するという誤った路線により、女性を候補者にリクルートし、市民と結んでいく土井路線は、ポスト土井において引き継がれなかったのである。

(1) 社会党推薦や革新系無所属の女性候補の闘いぶりについて、『あごら』一九八七年二号
(2) 『女性参政資料集一九八七年版 全地方議会女性議員の現状』市川房枝記念会、一九八七年
(3) 下村満子「静かに進んでいた女性の意識革命」『朝日ジャーナル』一九八九年八月四日号、一三頁
(4) 岩本美砂子「人工妊娠中絶政策における決定・非決定・メタ決定」『年報行政研究』一九九三年二八号、一一九―一四三頁
(5) 「生活クラブ生協」からの「代理人」として地方議会に出る女性が注目されたが、笹倉尚子はそれ以外の女性議員の増加にも注目している。一九九一年選挙での、女性を出そうという動きに社会党が乗ってうまくいかなかった例にも触れている(『エコノミスト』一九九一年五月二一日号、八六―八九頁)。横浜女性フォーラム編著『女のネットワーキング』(新版一九九一)では、政治に挑戦するグループも数を増している。生活クラブ生協から「代理人」として議会に出ている女性には優秀な人が多いが、組織としての決定は男性が握っているという批判がついて回っていた(菅原和子「草の根の女性議員たちがこの国の政治を支える」『主婦の友』一九九〇年二月号、一一二―一一三頁)

(6)『女性参政資料集二〇一九年版 全地方議会女性議員の現状』市川房枝記念会女性と政治センター、二〇一九年
(7) サッチャー、インディラ・ガンジー、ゴルダ・メイアなど、初期の女性リーダーは好戦的だった(土井他一九八七 六三)
(8) 田尻宗昭「「提言する会」と社会党の環境政策」『月刊社会党』一九八八年六月号、一七―二一頁
(9) 久保亘「迫られる党改革の実行」『月刊社会党』一九八八年六月号、三三―三六頁。保坂展人「内と外から卵を割って」同上二五―二八頁
(10) 小田隆裕「社会党委員長の土井たか子さん(現代の肖像)」『AERA』一九八八年一〇月一八日号、五三―五七頁
(11)「土井にはお旦那がねえじゃねえか」『週刊朝日』一九八九年四月七日号、一七四頁。「土井たか子は男を知らん」『週刊文春』一九八九年四月六日号、一八九―一九一頁
(12) 東郷茂彦(ワシントン・ポスト極東総局記者)「Mr.宇野の女性問題をなぜ送稿したか」『文藝春秋』一九八九年九月号、一一八―一二九頁
(13)『婦人民主新聞』一九八九年五月二六日。「ニッポンの政治は女性に任せなさい」『週刊大衆』一九八九年六月五日号、グラビア
(14)「宇野自民党唐突の「女性」と「福祉」」『サンデー毎日』一九八九年七月二三日号、二六―二九頁
(15)「堀之内農水大臣の「暴言撤回」は腰抜け」『週刊ポスト』一九八九年七月二八日号、五二―五四頁
(16)「メンドリ政治をあおるバカマスコミ」『週刊ポスト』一九八九年七月二八日号、五五―五七頁
(17) 川人貞史「九〇年総選挙とナショナル・スウィング」『世界』一九九〇年五月号、二二三―二三四頁
(18)「オバタリアン」は堀田かつひこの四コマ漫画の主人公でパワフルな主婦であり、一九八九年の新語・流行語大賞流行語部門金賞を獲得、堀田と土井が共同受賞した
(19)「全国約一万五六〇〇kmで四六議席!」『SPA!』一九八九年八月二日号、一四―一五頁
(20) 小林良彰「分析的社会党凋落史」『正論』一九九一年八月号、八七頁
(21) 蒲島郁夫「社会党大勝は「争点選挙」化による一時減少」『エコノミスト』一九八九年一〇月二三日号、五六―六一頁。高畠通敏・山口二郎・和田春樹「戦後革新 総括と展望」『世界』一九九四年四月臨時増刊、二四

一頁

(22)　西井泰之・西前輝夫「社会党研究」『朝日ジャーナル』一九八九年八月一一日号、一四―一八頁。野田峯雄「絶頂・土井たか子も怯えるプロ対アマの軋轢」『宝石』一九八九年一〇月号、一一〇頁、一一七頁。「危うい社会党のペレストロイカ」『朝日ジャーナル』一九九〇年四月二〇日号、九八頁

(23)　社会主義女性インターナショナル執行委員会女性シンポジウム(一九八九年九月五日実施)「女性と政治」(下)『月刊社会党』一九九〇年一月号、一四三頁

第6章

社会党躍進の陰で忍び寄る困難

冷戦終結の激動の中で

1990年第39回衆議院選挙の応援で
鹿児島市に入った土井を応援しようと
花束やカメラを持って詰めかけた有権者たち
(2月4日、朝日新聞)

東欧のドミノ倒し　失われた社会主義の正統性

一九八九年八月一〇日にスタートした第一次海部内閣では、森山真弓環境庁長官、高原須美子（民間）経済企画庁長官の女性二人を閣僚にした。それまで女性大臣は合計で三人しか任命されておらず、一度に二人ということは初めてだった。[1]森山は、内閣発足後すぐに山下徳夫官房長官に愛人スキャンダルが発覚して辞任したので、海部と同派閥だったために官房長官に横滑りすることになった。森山も一五〇件くらい取材を受けたそうである。なお、森山以前も以後も、女性の官房長官は出ていない。第一次海部内閣の下、クリーン・イメージで自民党の支持率は回復の兆しをみせた。

社会党などの野党四党は、社会党の一人勝ちでぎくしゃくしたものの、九月二八日に参議院本会議に「消費税廃止法案」を提出した。一一月八日から審議が始まった。自民党からの質問に野党議員が答弁し、官僚からのサポートがなかったためアラも目立ったが、一二月一一日に参議院本会議で採決され可決された。しかし、衆議院では自民党多数のため、当然審議未了で廃案となった。

一九八九年後半、市民の関心を呼んだのは、東欧でドミノ倒しのように進んだ民主化であった。ポーランドでは、六月一八日の議会選挙によって統一労働者党が敗北していたが、九月七日には非共産党政権が成立してポーランド人民共和国が消滅した。ハンガリーでは、一九八九年二月に急進改革派が事実上の複数政党制を導入し、四月には円卓会議が遂行された。五月にはネーメト内閣がオーストリアとの間の国境を開放した。六月二五日、社会主義労働者党は一党独裁制を完全に放棄した。東ドイツでは、五月にハンガリーがオーストリアの国境を開放すると、多くの東ドイツ市民がハンガリー・オーストリア経由で逃げ出した。八月にはハンガリーで汎ヨーロッパ・ピクニックが組織され、九月、正式に東ドイツ国民をオーストリア経由で西ドイツへ出国させるようになった。一〇月七日に東ドイツ建国四〇周年記念式典に出席したソ連のゴルバチョフ書記長が、ホーネッカー社会主義統一党書記長兼国家評議会議長の演説を聞き、彼を否定する表情をしたのを機に、党幹部たちはホーネッカーを失脚させた(一八日)。後継者のクレンツ政権は、一一月九日、出国規制緩和策を決定した。「すべての国境通過点から出国が認められる」との発表を見た東ベルリン市民がベルリンの壁の検問所に殺到し、国境警備隊の現場指揮官が、当日深夜に独断で検問所を開放した。一二月には社会主義統一党が一党独裁制を放棄した。

ブルガリアでは、トルコ系住民のトルコへの大量流出、労働人口の減少などを招き、国内の不安定化と国際社会の反発を生んだ。危機感を抱いた共産党幹部は、一一月一〇日にジフコフ共産党書記長兼国家評議会議長を辞任に追い込んだ。市民側のデモが活発化し、一二月には党の指導性放棄や自由選挙実施などを決定した。チェコスロバキアでは、一一月一七日に、民主化勢力を中心にデモやゼネストが重なった。それらの事態を収拾できなくなった共産党政府は、なし崩し的に民主化勢力との話し合いによる解決を模索、両者は共産党による一党独裁体制の放棄と複数政党制の導入を妥結した。混乱の少なさから、チェコスロバキアの「ビロード革命」と呼ばれる。またルーマニアでは、一二月一六日に民衆蜂起が起き、治安維持部隊と市民が衝突、多数の犠牲者を出した。二五日には共産党の最高指導者チャウシェスク大統領夫妻が処刑された。社会主義共和国は崩壊し、民主政体が成立した。

こうして社会主義体制の正統性は失われ、日本国内の社会主義勢力も、それに頼ることができなくなった(三浦/山崎一九九二)。そのことは、西欧型社会民主主義よりも、現存する社会主義国家を手本と考えていた日本社会党への支持にボディブローのように効き、党はそのアイデンティティを、いっそう護憲に求めるようになったのである。

社会党に降りかかった「パチンコ疑惑」

国内では、社会党の進出を阻む三つの事象が進展していた。

一つは、『週刊文春』が仕掛けた「社会党パチンコ疑惑」である。八月一〇日発売の八月一七/二四日合併号に、「告発スクープ土井たか子社会党　カネまみれ醜聞」が掲載され(四四―五一)、第八弾(一〇月一二月号)まで続いた。

まず、一九八六年に話題になった土井の「パチンコ文化賞」受賞が、正式の手続きでなく、横槍で認められたというものである。そして、パチンコ業界は脱税の温床で、集められたカネは、パチンコ業界オーナーの四割を占める在日朝鮮人から北朝鮮に渡っているとする。そのような団体に土井を含む社会党議員が、パーティ券を買ってもらったり、衆参ダブル選挙に陣中見舞いをもらったりしているというのである。また、北朝鮮を支持する団体である在日本朝鮮人総聯合会(朝鮮総連)から献金をもらっており、外国人からの献金を禁じた政治資金規正法違反であるという。とくに、パチンコ店にプリペイドカードを導入すると売り上げが明確化するので、その導入を進める警察庁に反対する立場から、一九八八年から八九年にかけて国会質問を含めて圧力をかけ、引き替えに献金を受領したと、議員名を挙げて指摘したのであった。

社会党は、すばやい対応を見せず、「委員長は関わりない」「書記長に聞いてくれ」「過渡期だから〔団体献金も〕問題ない」、党内で調べたところ「法的には問題ない」「個々の議員については調べるつもりはない」と対応した(2)。リクルート事件についてはクリーンな政治を主張していたのに、これは大きなイメージ・ダウンである。

一〇月一日の参議院茨城補欠選挙をめぐり、社会党バッシングが起こっていた。社会党は、茨教組の婦人部長を務めていた、細金志づ江(県退職婦人教職員を結ぶ会会長)をマドンナ候補としたが、無所属とせずに社会党公認とした。これは野党連合を崩す暴走であった。自民党は、亡くなった岩上二郎議員の妙子夫人を下ろして、若い県議の野村五男を公認した。小沢一郎が夫人を説得し、来る衆議院選挙の前哨戦として党の全力を挙げて企業選挙に取り組んだのである(『朝日新聞』九・七)。遊説に来た土井は、九月一八日に「消費税を三月三一日に廃止する」と述べた。これは、参議院で可決されても衆議院で跳ね返されることを忘れた、「違反せざるを得ない公約」となってしまった。

社会党にはパチンコ疑惑もあり、自民党が七万票の差をつけて勝利した。それは、社会党の大量候補者擁立作戦にも影を落とした。しかしパチンコ疑惑のほうは、一〇月一一日になって、自民党議員への大量献金を含む献金者リストが『毎日新聞』に掲載された。社会党のパチンコ疑惑を批判するとしていた浜田幸一衆議院議員の国会質問は不発に終わった。山口鶴男書記長は、一〇月一三日になって、パチンコ疑惑をめぐる社会党の調査を明らかにした。しかしさらに、一〇月三一日、一一月一日には、パチンコ問題集中審議が行われ、自民党は、社会党と北朝鮮や朝鮮総連のつながりを印象づけた。一〇月三一日の『毎日新聞』は、一九八六年同日選挙の際、朝鮮総連から五県の社会党本部、一九八九年の参議院選挙では二県の本部に資金が渡っていたとした。

水を差された女性候補擁立作戦　チャンスを失う社会党

時期は戻るが、八月二八日にも大きな問題が起こっていた。二つめの事象である。

社会党は、来る衆議院議員選挙に向け、四人区・五人区を中心に、一選挙区に複数候補擁立の方針を立て、とくに幹部の選挙区でそれを実行しようとしていた。この方針に対し、前委員長の石橋政嗣が、野党共闘にとってマイナスになるとして、反対したのである。そして彼の選挙区である長崎二区(四人区)も複数擁立区となっていたが、共倒れ必至としてこれを嫌い、引退を表明した。幹部が説得に行っても聞かなかった。石橋は、今でも労組(総評)頼みなのに、一一月に労働戦線統一で「連合」になったら、足腰ももたなくなるという。この石橋引退は、複数擁立、とくに二人目に女性を立てるという作戦に大きく水を差すものとなった。土井がいかにがんばっても、社会党本体は、女性を含む複数候補を多数立てて、政権交代の先頭を切るような新しい政治を創っていくという展望を持っていないことが明らかとなったのである。

先にも述べたが、参議院選挙に勝ったときに、社会党の女性衆議院議員は、土井を入れて二人しかいなかった。愛媛県で弁護士の宇都宮真由美が決まったが、金子みつが引退することになっていたので、二人に変わりない。年末ギリギリに一二人に持ち込むのも、大変であった。土井を旗印に政権に挑戦するよりも、彼女のおかげで党の衰退が押しとどめられたことに安堵する党員が多かった。議席獲得が難しいとなれば女性候補に同意するが、当選のチャンスが見えてくれば出馬したがる男性候補・議員が増える。あるいは市民団体からの女性候補と二人擁立となっても、協力しようとしない（保坂一九九〇　二六〇―二六五）。結局、危機意識が足りなかった社会党は、千載一遇のチャンスを生かすことができず、生き残りへの手がかりを失ったのである（吉見二〇一九　九二―九四）。

一九八九年九月一〇日から三日間、栃木県黒磯市文化会館で、社会党の全国政策研究集会が開かれ、「新しい政治への挑戦――私たちの抱負と責任」が示された。「土井ビジョン」と呼ばれるものである。これは、土井の総論と山口の各論とで二重になっていると言われた。総論で土井が報告した部分では、日本政治の欠陥として、①保守党の一党支配の継続、②女性の代表率が著しく低かったことをあげた。経済面では、「豊かさを実感できる国民生活」と「世界と共に生きる日本」を目標にあげた。そして安保については、連合政権の下では外交の継続性を尊重するとしたが、自衛隊については、世界三位の軍事力を肯定することはできないとした。また非核三原則をかかげ、事前協議なしに核搭載艦船が日本に入港している現実を変えて「持ち込ませない」ことを主張し、安保条約の現状変更を求めた。さらに土井は、安保条約をそのまま認めることはできないとして、アジアにおける「海の核全廃」も求めたのである。安全保障に関して、護憲路線は強固であった。原発についてもスリーマイル・チェルノブイリの事故に触れ、増設を批判した(3)。

これに対して、山口書記長が報告した各論では、朝鮮半島問題は南北両政府と均衡ある関係を求めており、従来の北朝鮮重視とは異なっていた。連合政権は「安保条約を維持し」として「当面」

を落とし、「非核三原則の適用は事前協議条項を活用」する（米軍から申し出がなければ、核は搭載していないとみなす）とした。自衛隊も、防衛費GNP比一％枠内は厳守するが「存続」するとした。原発には、電力の一定の比率を占めていることを認めた[4]。こうして各論では、「朝鮮半島・安保・自衛隊・原発」で公明・民社両党への接近を示したのであったが、総論における原則維持が、両党の反発を招いた。しかし、総論を変えるとなると、土井も納得しないし、党内がもたない。党の原則と、連合政権の政策とは異なる、と社会党は説明した。

そして、迫り来る総選挙に向けて、土井は全国を遊説しつつ、あと一押しという人、とくに女性の候補擁立に向けて、説得に当たった。

一九八九年一一月二一日、日本労働組合総連合会（連合）の結成大会が開催され、初代会長に情報通信労連委員長・山岸章を選出した。民間労組の連合体である全民労連に総評系産別を加えて七八産別、組合員約八〇〇万人を結集し、労働四団体等を統一した。その直前のタイミングで、土井は、土井よりも右派の田辺誠と近かった山岸から協力を取り付け、あまり「社公民」といわないことや、社会党での土井のリーダーシップ擁護と大量擁立路線を認めさせた。結成大会で、土井は、「野党四党の国民連合政権樹立に、全力をあげることを誓います」と述べたが（大下一九九五　二七九―二八八）、どこまで野党共闘に本気であったかは、疑問符のつくところである。

一二月六日、社会、公明、民社、社民連の四党首が、連合の山岸章会長らを交えて会談した。四月七日の京都会談以来八カ月ぶりに、四党首が顔を揃えた。衆院解散・総選挙に向けた選挙協力や基本政策をめぐる対立で難航している野党連合政権協議の打開策について、意見交換した。

選挙協力では、衆院での与野党逆転を実現するためには、四党で二八〇人以上の候補者を擁立しなければならないとの共通認識から、野党四党の立候補予定者の合計が定数の半分以上に達していない四四の選挙区において、連合系無所属候補の擁立と各党間の選挙協力を推進する。連合がそのための「青写真」を作成、四野党の書記長・選対委員長会談に提案し、できれば今国会の会期末（一二月一六日）、遅くとも二〇日頃までに結論を得るよう努力することで合意した。

連合政権協議に関しては、早急に書記長会談を開いて、安保、自衛隊など基本政策問題の調整を急ぐこととなった。会談終了後、公明党の石田委員長は社会党への警戒があり、総選挙後の行動を縛られたくはない、との思惑もあって、消極的姿勢が目立った。民社党は総選挙での苦戦が予想され、社公両党に頭を下げての協力でなく、与野党逆転という大義名分の下、新「連合」主導で選挙協力が実現することを望んでいた（『毎日新聞』一二・七）。社会党による候補者擁立は、推薦を含め一五六人で止まっていた。候補者数からも、野党協力の面からも、衆議院総選挙で与野党逆転することは、容易ではなかった。

カネをつぎ込んだ自民党の衆院選準備

一九八九年に起こっていた、社会党の障害となる三番目の事象とは、自民党による衆議院議員選挙の準備である。

四七歳の幹事長小沢一郎は、九月二一日、経団連側と会合を持った。「政治改革が焦眉の時期にどうしてそんなにカネが要るのか」と斎藤英四郎経団連会長が気色ばんだが、「次の総選挙は、負けたら政権を降りる覚悟でやらなければならない。カネがかかります」と脅した。経済同友会からは自民党批判が飛び出し、四野党の書記長らとの懇親会に踏み切ったが、茨城補欠選が迫った頃から、自民党側が自動車業界・電機業界・銀行証券業界を中心に厳しく当たり、総額三〇〇億円と言われる特別資金を集めた。財界自身も「自由主義経済体制を守るために」という陳腐化した呪文に縛られた(5)。これらの資金は、各公認候補と、派閥領袖に配られ、業界・企業の締め上げと並んで大きな効果を上げることになる。

一九八九年一二月二日、地中海のマルタ島で、ブッシュ、ゴルバチョフの米ソ両首脳が会談し、三日には共同記者会見で、劇的な「東西冷戦終結」を確認した。自由主義圏対共産主義圏のヤルタ体制は終焉し、時代は大きく展開していた。土井は、東欧動乱の最後のルーマニアの政変に関して、「自由と民主化を求める民衆のエネルギーは、何者も押さえつけることはできない」と、コメントした。日経平均株価は、大納会で三万八九一五円だった。それがバブル経済のピークであり、翌九〇年一〇月には一時、二万円を割り込むことになる。

一九九〇年初め、土井は衆議院選挙のための地方遊説を始めた。海部首相は一月二四日に衆議院を解散した。消費税に対する空気が変わっていたと、土井は言う(土井一九九三 一三〇)。参議院で前年一二月に野党主導で消費税廃止法案を可決したが、現状は変わらない。自民党による消費税見直しキャンペーンも効き始めていたようだった。「竹下消費税」の、中小業者が集めた消費税はきちんと納める必要がないという「益税」の効果が出てきた。

「女性の政治」が始まるかといったら、女性のための法律や福祉の強化といった政策も着手されないし、与野党がそれで論争をしているわけでもない。また自民党は、金権・企業ぐるみ選挙を大々的に展開し、自由主義か社会主義かの体制選択論のキャンペーンをおこなった。各種世論調査で、自民党の支持率が回復し始めていた。土井は、一四九人の候補者を抱えて、不安を振り払うように走った。公明党・民社党は、社会党批判を行った。

幻の野党連合政権

一九九〇年二月一八日の衆議院選挙の投開票日に、社会党の当選者は順調に伸びていったが、自民党も好調であった。たとえば、東京四区(定数五)の外口玉子は、金子みつの後継であったが、党はもう一人の男性候補を公認とし、外口になかなか推薦を出さなかった。二人出せば女性の外口が勝ってしまうことを恐れたのである。党と労組と女性たちの運動はぎくしゃくし、女性の中でも日本婦人会議のような社会党の友好団体(一九六二年設立)と、ボランティア的な女性は合わなかった。外口は一一月末にふっきれ、自分たち流の運動をするとし、「選挙戦を通して社会党を変えていきたい」と述べた。党と労組と女性グループは、ぎくしゃくしながら当選に持ち込んだ。しかし、女性の運動だけで、組織とうまくいかなかった女性候補は落ちた。(6)

社会党は、無所属を加えて一三九議席と、五三議席増やした。しかしその半分は、自民党でなく、公明・民社・共産の他野党から奪ったものであった。一人にしか投票できない中選挙区制では、野党間の選挙協力がきわめて困難なのである。自民党は、安定多数の二八六議席を得た。連合政権は、幻に終わった。土井の委員長就任時の目標であった「議席数の回復」は、一三六議席と、どうにか果たした。推薦を含め全国で一二人立てた女性(旧兵庫一区で党本部の方針に反して無所属で立候補し、当選後入党する岡崎宏美を入れると一三人)も、九人が当選した。複数擁立区でも、二九選挙区のうち一七選挙区で二人当選を果たし、一人当選の選挙区でも得票を大きく伸ばした。女性・市民候補・弁護士などの活躍が目立った。

『朝日ジャーナル』一九九〇年二月二三日号の宮本貢「「マドンナ」たちよ!——男から」では、「〔一九八九〕年の選挙は、文字通り女性「パワー」だった…。女性たちの積年の思いに支えられた自信であり、パワーであり、何より初々しかった」(傍点引用者)としているが、今や「働き者の番犬のふりをするか、首輪の鎖を長くしてもらった愛玩犬のふりをするしかない」というパターンにはまっていると、心理学者の小倉千加子を引用しながら、限界に触れている(二二―二三)。野党間では社会党の「一人勝ち」で、公明・民社両党は離れ、連合政権協議を打ち切った(土井一九九三 一三〇―一三二)。勝った自民党では、第二次海部内閣において、「マドンナはご用済み」とばかり、女性大臣ゼロに回帰した(改造内閣では、山東昭子が入閣した)。

社会党の躍進と分かれた期待の方向性

『朝日新聞』四月二日によれば、三月二五、二六両日の全国世論調査の結果、自民党の安定多数確保について「よかった」四六%、「そうは思わない」四五%と評価が二分された。社会党の躍進は、「よかった」が六三%と、好意的に受け止める人が多い。しかし、同党の今後の路線については「現実的な対応」四七%、「自民党政治の監視」四一%と、期待する方向が割れている。また、国会運営の鍵を握る中道政党に対しては、「独自」路線を求める人が三九％で最も多く、「社会と連携」は三三％、「自民と連携」は一九％だった。以前の国政選挙の直後にも選挙結果の評価を聞いているが、自民が圧勝した一九八六年同日選では「よかった」が三九％、与野党が逆転した一九八九年の夏の参院選では六九％だった。今回は、二問に分けて聞いているが、社会躍進は歓迎しつつ、自民の安定多数は評価が分かれた。

一九九〇年四月、土井は委員長改選期を迎え、ひそかに三選辞退を固めていた。疲れがピークに達し、議席回復という当初の目的を達したからである。しかし、強い慰留に合った。とくに土井がリクルートした新人議員たちの説得に、心を揺さぶられた(土井一九九三　一三一―一三二)。四月初めの党大会では、「政権を担う党へ」とうたわれ、国民連合政府の基盤を整備するとした。そして綱領前文から「社会主義革命の達成」を削除し、「社会民主主義」の選択を明瞭にした。ただし、解釈をめぐって論争が残った。

五月には、土井は西ドイツとフランスを訪問し、ドイツ社民党のブラント名誉党首、フランスのミッテラン大統領・ロカール首相に面会した。六月には、参院福岡選挙区で補欠選挙があり、社会党の三重野栄子が勝利した。

(1)　岩本美砂子「日本における女性大臣」『三重大学法経論叢』三八巻二号、二〇二一年、一―四〇頁
(2)　松崎稔「パチンコ疑惑は土井社会党の致命傷だ」『諸君!』一九八九年一一月号、一〇八頁
(3)　土井たか子「新しい政治への挑戦」『月刊社会党』一九八九年一一月号、二二―二六頁

（4）山口鶴男「私たちの抱負と責任——「土井委員長の提言」に関するプロジェクト」『月刊社会党』一九八九年一一月号、二七—三九頁

（5）「財界三〇〇億円献金の「罪と罰」」『朝日ジャーナル』一九九〇年四月二日号、一六—一七頁。「ウソっぽいぞ！　総選挙」『朝日ジャーナル』一九九〇年二月二三日号、一四—一六頁

（6）室田康子「党を動かした女たちの非マドンナ宣言」『朝日ジャーナル』一九九〇年三月九日号、二六—二八頁

第7章

連立与党の衆議院議長として

三権の長に就いた初の女性

1993年、土井は初の女性衆議院議長に選出された。
下は自民党の鯨岡兵輔副議長
（8月6日、朝日新聞）

湾岸危機という節目

一九九〇年八月二日、イラク軍がクウェートに侵攻し、八日に全土を制圧した。東西冷戦終結後、平和な時代が来るかと思われたが、やってきたのは、地域紛争・民族紛争の時代だった。七日には米英軍のサウジアラビア防衛のための派兵が決定され、多国籍軍が結成された。イラクの軍事侵攻に対し、国連安全保障理事会は、八月二日日中に即時無条件撤退を求める安保理決議六六〇を採択、八月六日には、全加盟国に対してイラクへの全面禁輸の経済制裁を行う決議六六一も採択した。社会党の主張は、イラクへの武力攻撃は認めない、経済制裁を強めながら、クウェートからの撤兵を要求する、というものであった。また、女性たちの市民運動として、武力によらない解決を求める動きが広がっていた。女性問題に関する新聞切り抜き雑誌『女性情報』によれば、アメリカ大使館前や渋谷のハチ公前、基地前、全国各地の集会場などで、多国籍軍による武力行使に反対する女性たちの反戦集会やデモが開かれ、署名が集められた(1)。

一方、一九九〇年九月、社会党女性国会議員の中で、湾岸危機に対し何かしたいという動きがあった。これは、同年二月の衆院選で初当選した弁護士出身の鈴木喜久子などが、超党派の女性で自衛隊のイラク海外派兵反対のアピールを取りまとめようとしたもので、野党のすべての女性議員の署名を集めることに成功した。しかし、党の正式の許可は下りず、有志でやらざるを得なかった。女性を生かす戦術・戦略がなかったと、岩井奉信は言う。しかし、社会党の女性たちは、自民党を含む超党派で「アースデイ宣言」もまとめているのである。[2] 社会党本部（「三宅坂」）にとって、超党派女性議員を社会党女性がリードするなどということは、あまり考えられないことだったのだろう。土井も、長い一九六九年以来の議員生活において、女性議員の中でも社会党議員は共産党などに対して少数派で、リードできなかった状況への慣れがあったかもしれない。実は選挙以来、イベント以外では彼女たちに会っていないのである。[3] 彼女たちに新しい方向性を与えていなかった。

なお、一九九一年五月に、あらゆる職域で、男女共に取れる新育児休業法が成立している。これは政府提案によるものだが、前段として、一九八七年に社会・公明・民社・社民連四党案ができ、八七年八月、八九年一一月、九〇年四月と、三回にわたり参議院に議員提案されていたことがある。女性議員のみによるものではないが、各党女性議員を中心に協議されたもので、提出のたびに洗練されていった（糸久編著一九九〇）。それが政府提案を引き出したのである。このように、わずかではあるが、女性議員による政策イニシアティブが取られていた。

話は戻るが、イラクは八月一八日に、クウェートから脱出できなかった外国人を自国内に強制連行し、その後、日本を含む非イスラム国家でアメリカと関係の深い国の民間人を、自国内の軍事施設や政府施設などに「人間の盾」として監禁した。これは世界各国から大きな批判を浴び、後にイラク政府は小出しに人質の解放を行い、多国籍軍との開戦直前の一二月に全員が解放された。

経済封鎖、海上封鎖などをへて、和平工作は失敗した。この間、日本から小池らのミッション、中曽根ミッション、アントニオ猪木などがイラクを訪れており、土井も一月の開戦直前にフランス経由でイラクに赴き、一三日フセイン大統領に会って、平和的解決を説いている。この説得は、成功しなかった。土井がバグダッドを離れた一四日に行われたデクエヤル国連総長の説得も失敗したが、撤退期限直前、人質は解放された。撤退期限が来てすぐに、一九九一年一月一七日、多国籍軍がイラクへの攻撃を始めた。四〇日後、イラクのクウェート撤退で、戦火が収まった。

日本政府は、一九九〇年八月と九月の二度、多国籍軍に各一〇億ドル、エジプト・トルコ・ヨルダンにも二〇億ドル支出した。さらに、アメリカの要請に基づいて、一九九一年に九〇億ドルの追加支出を行った。しかし、カネだけでなくヒトも出せと要請された(Show the Flag)。海外派兵が争点となり、国連平和協力法案が作られたが、自衛隊が協力隊となるのか別組織とするのか、携行兵器、憲法九条との関係などで与野党間、政府部内、政府・与党間で調整がつかず、一九九〇年一一月八日に法案は廃案になった。もちろん、社会党・共産党は、自衛隊の派遣に強硬に反対した。土井は、海部首相の一〇月一二日の所信表明に対して、代表質問で、「国連平和協力法は、平和協力隊という衣装を着けた、自衛隊の海外派兵である」と述べて批判した(一九九〇年一〇月一六日衆院本会議)。

一九九一年一月一九日、社会党は東京・有楽町で、湾岸戦争の即時停戦を求める女性緊急街頭宣伝行動を実施した。土井を含む女性国会議員八人と、女性都議八人が参加した。そして多国籍軍への九〇億ドルの追加支出にも反対した(『社会新報』一九九一・一・二五)。

一月二〇日、総理府は世論調査結果を発表した。「日本が国際平和と安全維持に貢献していない」との批判にどう応えるか、については、全体の三二・〇%が「資金面での貢献に加え、要員派遣をすべきだが、現行法制上困難な問題は今のままでよい」」、二二・九%が「現行法制の改正が必要な場合は改正を行ってでも、今まで以上に資金面、要員派遣面での協力をすべきだ」と答えた。「批判などは気にせず、今まで通りの貢献で十分」は二七・一％だった。

この結果について、外務省は「特に自衛隊派遣を念頭に置いた質問ではないが、要員派遣を必要と考える人が、法改正をするかどうかは別にして、合わせて五三・九％になり、半数を超えた」と受け止めている、と述べた（『朝日新聞』一九九一・一・二〇）。自衛隊以外の組織を人道目的に限って派遣するという社会党の方針は、あまり世論の支持を受けるものではなかったのである。しかし二月四日から、「土井たか子を支える会」はじめ、国内のカソリック教会・プロテスタント教会・新宗連などは寄付を集め、自衛隊によらない国際貢献として、実際にヨルダン機による難民移送を行っている(4)。

一月二九日、航空自衛隊輸送機による難民輸送が政令で認められたが、実行されなかった。四月一一日に停戦が発効した。四月二四日の政府の命令に基づき「ペルシャ湾掃海派遣部隊」が編成され、二六日に出発、六月五日から九月一一日まで多国籍軍と協力して掃海作業を実施した。そして、「国際連合平和維持活動等に対する協力に関する法律」（ＰＫＯ法）が、宮沢喜一内閣の下、一九九二年六月に、「自公民」の枠組みで成立することになる。

委員長辞任　女性は用済み

湾岸戦争に日本も揺さぶられる中、一九九一年四月、統一地方選挙がめぐってきた。東京都知事について、自民党も鈴木俊一候補と磯村尚徳候補に割れたが、社会党都連は候補を立てられない混乱に陥っていた。土井を候補とすることも呼びかけられたが(5)、土井は真っ向から否定した。告示二週間前に、中央大学教授の大原光憲にようやく立候補が決定したものの連合の支持を得られず、共産党候補の得票を下回り、供託金没収となった。道府県議選では九八議席を失い、後半戦でも惨敗であった。「消費税の定着、湾岸戦争への対応、東京都知事選の混迷」が、社会党への逆風の「逆三点セット」と言われた。

小林良彰は、一九九一年四月の世論調査に基づき、「〔一九八九年〕の参議院選挙で社会党に投票した男性の三五・九％が社会党から離れようとしているが、女性では四五・六％と男性を一〇％も上回る勢いで社会党から離れようとしている」と、女性の社会党離れを指摘している。(6)

五月一五日の『朝日新聞』には、「土井委員長が辞意」と載った。その後、田辺誠副委員長をキャップに、党改革委員会が発足した。党改革案は、六月二〇日、中央執行委員会で了承された。金子みつは、困ったときだけ女性に頼り、状況が改善（国会での議席回復）したから切り捨てられたのだ、と言う（金子一九九四 二二二―二二四）。

土井は、二一日の三役会議で辞意を表明した。後任は、田辺となった。土井は都知事候補選びの時から、辞任を考え始めていた（土井一九九三 一四二）。他方、「委員長を辞めた動機？ 追い出されたの」とも語っている。都知事候補にしようという動きも、委員長追い落としと受け止めていた。そして、辞任を慰留した人として具体名が挙がっているのは、労働省の官僚出身で党副委員長だった参議院議員の久保田真苗だけである（土井／吉武二〇〇九 一二八―一三二）。しかし、土井の都知事候補というアイディアは、女性都知事案として記憶に残るものだったのかもしれない。二〇一六年の小池の都知事選出馬も、この残像の中にあったということだ。

土井は委員長辞任後、一九九二年一月、外務委員会委員に復帰した。

一九九二年、宮沢内閣の下、ＰＫＯ法案は自公民三党共同修正を加えて、六月九日に参議院を通過した。社会党と共産党は、記録的長時間の牛歩戦術でこれに対抗した。衆議院でも採択は徹夜となったが、一五日に可決成立した。社会党は、一三七人の衆議院議員の辞職願を出したが、効果はなかった。九月一七日に、カンボジアへ初めてのＰＫＯ自衛隊派遣が行われる。

新党ブームの陰に

一九九二年の参議院議員選挙で、社会党は、前回の四六議席から半減以下の二二議席しか獲得できなかった。ＰＫＯ問題で強硬に反対したが、国民の理解を得られなかったのである。大敗した六年前の二一議席という水準近くに戻ったことになる。この選挙では、日本新党が、小池を含め四議席獲得した。

総選挙の前には、社会党右派に見切りをつけ、左派が「土井たか子護憲新党」を作ろうとしているという話もあったが(7)、実現しなかった。田辺委員長は、参議院選挙の敗北の責任を取り、親しかった自民党の金丸信の失脚もあって、一九九三年一月、山花貞夫に替わっていた。

一九九三年七月一八日の衆議院議員総選挙では、日本新党・新党さきがけ・新生党の「新党ブーム」があった。自民党は分裂もあって二二三議席と負け、一九五五年の結成以来、初めて単独過半数を割ったが（新自由クラブと連立した一九八三年を除く）、社会党も新党ブームのあおりを食って、議席半減の七〇議席と惨敗した。女性は、全党で土井、小池を含め一四人当選した。このとき、労働組合「連合」所属の主要組合(鉄鋼労連)は、「選別推薦」と称して、土井を推薦から外した。社会党の左派の力をそぎ、新労組の連合の発言権を高めるためであった。社民連も推薦を外した。全電通は、同じ選挙区の土井と小池の二人を推薦した。旧兵庫二区からの社会党の候補は土井一人となったが、苦しい闘いであった(『朝日新聞』一九九三・七・三、土井一九九三 一二一―一二三)。同じ選挙区に共産党の藤木洋子も立ち、報道は「女の戦い」とはやしたてた。土井は、前半を推薦外しにあった仲間の応援に回り、後半は地元を回った。結果として、二二万九七二票という全国二位の票を得た。

女性初の衆議院議長誕生

選挙が終わって、土井は、選挙区をお礼のために走り回っていた。そこに東京から連絡が入る。そしてテレビで、相談もなしに、「社会党は小選挙区制に賛成します」と言っているのに驚いて上京した。ホテルに一週間潜伏する中、内閣のポストをめぐる党との関係で、自分が議長になる話が出ているのを知った。選挙後数日して行われた、新生党の小沢、社会党の山花と田辺、連合の山岸章の鳩首会議で、首相は必ずしも羽田でなくてもよいこと(細川を首相にして、日本新党・さきがけと組む)、衆議院議長は当選回数の多い田辺でなく、セールスポイントとするため土井にして、ウルサ型なので祭り上げることを決定したのである。[8] 土井議長は小沢一郎の発案だとも言われる(板垣一九九三 二〇七―二〇八)。

七月三〇日、山花委員長から議長就任を要請された。[9] 土井は当選回数では社会党議員の四番目に過ぎず、自分にお鉢が回ってくるとは思わなかったという(土井一九九三 一二三)。京都の恩師、田畑忍からは、実質的な権限のない議長就任への反対の電話がかかってきた（田畑は、土井が議長になった後も、護憲新党作りを推していた）[10]。反対のファックスも山のようになった。土井は、従来の政治改革が少しも改革でなかったので、女性を議長にするなら改革らしいことができるかもしれないと考え、社会党の新委員長である山花の立場がなくなる寸前の八月三日に、その説得を受け入れた（大下一九九五 三二一―三二五）。

しかし、議長は与野党問わず、比較第一党から出すという伝統が続いていたため、自民党が議長ポストを要求した。通常は全会一致で議長が選出されるところを、異例の競争投票によって土井が選出された（藤本二〇一三 一〇一）。数に勝る連立与党の票により土井が選出されたものの、当選後の議長挨拶の際に野党・自民党から激しく野次が飛んだ。衆議院議長は、参議院議長と並び、憲法上三権の長、国会が最高機関である以上、総理大臣よりも形式上は上である。その土井に、言葉の攻撃が浴びせられたのだ。国会での野次は、女性により多く向けられ、この時も多かったが、なぜか浜田幸一議員が止めた。

与党連立政府は、日本新党・新党さきがけ・新生党・社会党・公明党・民社党・社民連・民主改革連合の七党八会派で構成されることになった。細川護熙の首班指名は、八月六日に行われた。土井は、細川の指名の際「細川護熙さんに決しました」と述べて、どよめきを呼んだ。国会では伝統的に「君付け」が行われており、「さん付け」は初めてのことだったのである。細川は、民間出身一人を含む女性大臣三人・政務次官二人（そのうち一人は小池である）を任命し、また、初めての女性最高裁判事（総員一五人）も指名することになる。

小選挙区比例代表並立制の導入

土井議長・鯨岡兵輔副議長の時代に行った改革といえば、国会の各委員会の調査室人事であろう。各官庁の出先のように扱われていたのを、各院の調査室生え抜きではないと調査室長になれなくして、立法府が行政府の風下に立つことを改めたのである(土井/吉武二〇〇九 一五三―一五五)。

しかし最も大きかったのは、小選挙区比例代表並立制の導入である。

そもそも土井は、小選挙区制は改憲勢力に議席の三分の二を渡して改憲の発議を許すからとして、強く反対していた。しかし社会党中央執行委員会は、小選挙区比例代表並立制を含む政府の政治改革四法を支持していた。

内容は次のようなものである。

① **小選挙区比例代表並立制**で、定数五〇〇とする(ドイツの併用式――基本が比例代表――とは違い、小選挙区は小選挙区で選出し、比例代表は比例代表で選出するという組み合わせ。候補者は、小選挙区と比例代表に重複立候補できる)

② **小選挙区を二七四とし、比例代表は全国単位で二二六とする**

③ 投票方法は記号式二票制(小選挙区と比例代表は、別々に投票する)

④ これまで禁止されていた**戸別訪問を解禁する**

⑤ 連座制を強化する

⑥ 総理府に選挙区画定審議会を置く

⑦ 企業・団体献金は政治家個人向けは禁止する。政党・資金管理団体（各政治家に一のみ）向けは認めるが、五年後に見直す
⑧ 政党助成金として、国民一人当たり二五〇円、総額三〇九億円を国会議員五人以上または、直近の衆院選、参院選の選挙区選、比例選のいずれかで得票率が三％以上の政党に助成する

しかし、自民党の造反派（政府案に賛成）と社会党の造反派（政府案に反対）がいた。土井は、社会党の造反派と通じて、政府案をつぶそうとしていた（『毎日新聞』一九九四・一・三〇）。衆議院本会議では社会党の造反派は五人に留まり（全員男性）、自民党の造反派の方が多く（一二人）、可決された。参議院本会議では、政府案に反対の造反派が二〇人おり、その内訳は、社会党一七人、そのうち女性五人（大脇雅子・栗原君子・西岡瑠璃子・三石久江・大渕絹子）、党外女性一人（紀平悌子）で、自民党その他の造反派八人を上回り、政府案が否決された。

その後、土井の斡旋と言われているが、細川と自民党総裁の河野洋平との接触で、より小選挙区の比重が大きいように修正された政治改革案が、一九九四年一月二九日にまとまり、三月四日に正式に通ることになる（大下一九九五　三二五—三二九）[11]。

新しい合意は、以下の通りである。

① **小選挙区三〇〇、比例代表二〇〇とする（一一の地域ブロック単位とする）**
② 企業等団体寄付は、地方議員及び首長を含む政治家の資金管理団体（各政治家に一のみ）に対して年間五〇万円を限度として認める

③ **戸別訪問禁止は維持する**

④ 政党助成金を得られる政党要件は、所属政党の議員が五人は維持し、直近の国政選挙で得票率が三%としていたのを二%に緩める

⑤ **各政党に対する政党助成に上限枠を置き、前年度収支実績の四〇%とする**

⑥ 投票方法は、記号式の二票制とする

⑦ 衆議院選挙区画定のための第三者機関は、総理府に設置する

小選挙区の比重が増え、比例代表も、全国一区から一一ブロックとなって定数がブロックにより七から三三と、小さいものになった。定数は多い方が女性が当選しやすいとされている。結局、元の政府案よりも小選挙区の比重の高い制度になったため、土井の失敗という意見や、社会党の造反派の未熟性を問う意見もある(藤本二〇一三 一〇三)[12]。三井マリ子は、小選挙区を増やしたい小沢一郎の戦略に、土井が乗せられたと批判している(三井二〇二〇 五六―五八)。その後、一九九六年の総選挙実施前に、記号式は自書式(有権者が候補者の名前を書く)に改められた。

自社さ政権が誕生

一九九三年は冷夏で、コメの作柄が非常に悪かった。細川内閣は一二月一四日、GATTウルグアイ・ラウンド農業交渉で、コメ市場を部分開放することに合意した。それから細川は一九九四年二月三日未明、突然「国民福祉税七%」の記者会見を行ったが、政府内部にも受け入れられず、す

ぐに撤回した。また、東京佐川急便からの一億円の借金と、その使途についての疑惑を追及され、返済の証明についてきちんと答えることができず、四月八日に、政権を投げ出すことになった。

連立与党は、四月二五日、新生党の羽田孜《つとむ》を後継首相に選出したが、さきがけが連立離脱し、新生党・日本新党・民社党などが新会派「改新」を作ったため、社会党も反発して連立政権から離脱した。少数与党となった羽田内閣は、六月二五日、一九九四年度予算成立と共に総辞職する。

六月二九日には、政権に復帰したい自民党の捨て身の戦術により、自民・社会・さきがけの新連立、村山富市内閣が成立した。社会党はキャスティングボートを握っていたが、一九九三年選挙で惨敗した政党である。大臣の数は、総理を除いて、自民一三、社会五、さきがけ二であった。村山は、所信表明演説や質問への答弁で、日米安保の堅持、自衛隊合憲、日の丸・君が代容認など、党内論議なしに方針を転換した。五五年体制の敵・味方であった自民党と社会党の連立は、保守・革新の対立の意味をなくしたし、とくに社会党の「革新性」が問われたのである。村山政権は、戦後五〇周年談話、従軍慰安婦対策(アジア女性基金)、水俣病患者対策、被爆者対策、アイヌ新法など、自民党のみの政権では不可能な成果をあげた。なお、村山改造内閣には、当選して一一カ月の田中真紀子が、科学技術庁長官として入閣している(13)。

一九九五年六月の衆議院での「歴史を教訓に平和への決意を新たにする決議」(終戦五〇年決議)は、異例の展開をした。こうした決議は全会一致で行われていたが、与党自民党の一部、野党の新進党などの右派の議員は「侵略的行為」という表現に反発し、左派の議員は反省が足りないと、異なる理由で反対した。六月九日、新進党の欠席を含む半数近くの議員が退席・少数の議員が反対する中で、在職議員数の半数に満たない数の議員の賛成によって可決された。この議事運営に対し、野党は土井議長・鯨岡副議長の不信任案を提出したものの、一三日に否決された(藤本二〇一三 一〇四)。土井議長への不信任について、新進党からは小池が賛成討論をしている。参議院では、自民党の反対多数により決議があげられなかった。その後、閣議決定を経た村山総理の八月一五日の歴史談話が、「村山談話」として出され、それによって日本政府が公式に謝罪をしたと見なされることになった。

一九九五年は一月一七日には阪神淡路大震災があり、政府の危機管理が問われた。三月二〇日にはオウム真理教・地下鉄サリン事件があった。一九八九年選出の参議院議員は、七月に改選を迎えた。この参議院選挙で当選していた西岡瑠璃子、堂本暁子は社会党を離党した。七月の参議院議員選挙では、一九九四年末に新生党・日本新党・民社党・公明党の一部などが結成した新進党が四〇議席と進出した一方、社会党は一六議席と大敗した。社会党の女性の当選は、四人になった。これに、さきがけから当選した堂本を加えて、サバイバルした八九年マドンナは、四人である。一九九五年当選の社会党女性議員には三重野栄子も含まれるが、彼女は一九九〇年補欠選挙当選なので八九年のマドンナではなく、このような数になる。

自民・社会・さきがけの三党連立は過半数を維持したものの、一九九五年末に村山首相は政権維持の意欲を失い、正月の伊勢神宮参拝後、突如辞意を公表した。これを受けて一九九六年一月一一日、自社さの枠組みで自民党総裁の橋本龍太郎を首班とする内閣が成立する。

橋本内閣の最初の課題は、住宅金融専門会社の債務処理のための、公的資金注入であった。世論は、阪神淡路大震災の被害者救済には「私有財産だから」という理由で公金が使われないのに(一九九八年に被災者生活再建支援法ができて、公費が用いられるようになる)、住専には公金が注入されるということを批判した。これに憤激した新進党は、三月四日から二二日間、国会で座り込みを行った。土井は、これに対して強制排除を行わなかったことで批判された。世論は、次第に座り込み反対に傾いた。三月二四日に投開票が行われた参議院岐阜補欠選挙で自民党候補の大野つや子が圧勝したため、この座り込みは、解除された(土井/吉武二〇〇九 一七九)。

社会党から社民党へ

一九九六年一月、社会党は社会民主党へ改称した。衆議院議長だった土井は、そのいきさつを知らないという(土井/吉武二〇〇九 一八五—一九二)。社会党は、さきがけとともに新党結成を何度も試みたが、失敗した。中には、土井新党首説もあった。[14] 九月、社民党とさきがけの一部は、鳩山由紀夫と菅直人を共同代表とする「民主党」を結党することとしたが、土井や村山など両党の幹部議員は、「排除」された。九月二七日、橋本首相は衆議院を解散し、土井は議長としての最後の仕事である解散詔書を読むことを行った。一九六三年に土井は、「衆議院解散論」(一円一億・黒田了一編『憲法問題入門』有斐閣所収)を書いている。まさか自分が解散詔書を読むとは思わなかったであろう。これにて、土井は議長を解任された。

土井は、議長任期中に、第一回世界女性議長会議(ベルン)、第二回世界女性議長会議(東京)を開催している。

(1)『月刊女性情報』一九九一年二月号、一二一―三七頁、同一九九一年三月号、四―一一頁
(2)前掲岩井奉信「女性議員を徹底調査する」
(3)伊藤達美「あれから一年　マドンナ達は国会で何をしたのか」『諸君!』一九九〇年九月号、五〇頁
(4)参照、太田道子『ドキュメント中東救援――湾岸に民間チャーター機が飛んだ』岩波書店、一九九一年。「土井たか子を支える会」では、移民移送で余った金額で、パレスチナの聾学校へスクールバスを贈っている
(5)楢崎弥之助「私はなぜ「土井たか子都知事」を仕掛けたか」『PRESIDENT』一九九〇年一〇月号、二二四―二三二頁
(6)前掲小林良彰「分析的社会党凋落史」
(7)「土井たか子再登板なら一挙に政界再編」『週刊ポスト』一九九二年八月一四日号、四八頁。「社会党未曾有の危機で「土井護憲新党」しかない?」『週刊ポスト』一九九三年七月一六日号、二二七頁。「胎動する「土井たか子護憲新党」の波紋」『PRESIDENT』一九九三年八月号、四一―四二頁
(8)山岸章「無残なり、おたかさん」『文藝春秋』二〇〇三年九月号、一八二―一八八頁
(9)小沢一郎が社会党左派対策として手を回したと、小沢側近の平野貞夫はいう。田辺誠を議長候補からおろすのは、平野が担当した(平野一九九六 八七―八八)
(10)「議長を降りて新党を!」『サンデー毎日』一九九三年一〇月三日号、一四一―一四三頁
(11)「「法案潰し」を逆手にとられ土井議長が怒りまくった二時間!」『週刊宝石』一九九四年二月一八日号、三七―三八頁。「田英夫議員が明かした土井たか子議長の煮えくり返る「胸の内」!」『週刊宝石』一九九四年三月三日号、四四―四七頁
(12)櫻井良子「「斡旋」の思惑外れた土井衆院議長の短慮浅薄」『週刊ダイヤモンド』一九九四年二月一二日号、九三頁
(13)本書では田中真紀子に触れないが、たとえば、Emma Dalton, 'The Utilization of Discourse of Femininity by Japanese Politicians: Tanaka Makiko Case Study', "Graduate Journal of Asia-Pacific Studies", 6(1), pp. 51–65
(14)「昔の若～い服と厚化粧」『週刊大衆』一九九五年一二月四日号、三五―三六頁。「衆院議長にあきちまった

土井たか子サンの「次」」『週刊大衆』一九九六年二月一二日号、三五―三六頁。「政権禅譲と土井議長の画策」『サンデー毎日』一九九六年二月一八日号、二〇頁。「おたかさん新党急浮上の真相」『週刊朝日』一九九六年八月一六／二三日合併号、三四―三五頁

第8章

社民党党首、そして落選

逆風と果たせなかった党内改革

2014年9月20日に死去した土井を偲んで開かれた兵庫県のお別れの会では、「がんこに平和」の合言葉が入ったポスターが飾られた
（12月9日、西宮市、朝日新聞）

社民党首は土井、さきがけ党首は堂本

一九九六年九月二七日、自民・社民・さきがけ内閣の橋本首相は、衆議院の選挙制度が小選挙区比例代表並立制になって初めての解散総選挙を行った。六七歳の土井は、議長職を解かれることになったが、社民党首の村山富市に懇願されて、総選挙の公示八日前に党首を引き受けている。いつもの、しぶしぶの引き受けである。

引き受けるにあたって、土井は「市民との絆」というスローガンを掲げた(1)。社民党の党勢は、民主党の出現もあり明確に下向きで、損な役回りは承知であったろう。一〇月二〇日の選挙結果は、自民党が二三九議席と回復したものの、過半数に届かなかったので、第二次橋本内閣では自民・社民・さきがけの連立政権の枠組みが維持されることになったが、社民党とさきがけは、大臣を出さない閣外協力に転じた。しかし自民党との連立なので、日米安保と自衛隊は肯定せざるを得ない。与党全体は六議席伸ばしたが、自民党が二八議席増、社民党一五議席減の一五議席、さきがけ七議席減の二議席であった。連立は、第二次橋本内閣の一九九六年一一月七日から一九九七年九月一一日までと、第二次橋本改造内閣の内、一九九八年六月一日まで維持された。新進党は四議席減の一五六議席と伸び悩み、結党したばかりの民主党はブームを起こさず、解散時の勢力五二議席を維持した。土井は、新兵庫七区から立候補し当選した。

社民党首は土井であり、さきがけの議員団座長は元社会党のマドンナの堂本暁子であった。一九

八九年の参院選で土井に誘われて当選した堂本は、一九九五年の二期目の立候補に当たり社会党から党籍を持つように言われて反発、さきがけの鳩山由紀夫に誘われて鞍替えして再選され、議員団座長となっていた（新谷二〇一三　二二九―二三〇）。三党連立の党首は、橋本をはさんで女二人となっていたのである。

三党の政権合意には、ＮＰＯ法、介護保険法の推進の他、男女共同参画の推進が盛り込まれた（堂本二〇一二　三七二―三七五）。ただ、第二次橋本内閣は、宮沢内閣以来、歴代内閣官房長官が女性問題担当大臣であったのに、官房長官の梶山静六でなく総務庁長官の武藤嘉文が兼ねた。女性問題を重視する人々からは批判があった。土井・堂本にはこれを阻止する力がなかったということである。土井は与党となって、政策が実現される経験をした(2)。

村山内閣は一九九四年、政令による男女共同参画審議会に対し、「男女共同参画社会の形成に向けての二一世紀を展望した総合的ビジョンについて」諮問を行っていた。同審議会は、一九九六年七月に「男女共同参画ビジョン」を答申していた。一二月一二日、同審議会は「男女共同参画二〇〇〇年プラン」案を策定、翌一三日、男女共同参画推進本部（首相が本部長、全閣僚からなる）が、「男女共同参画二〇〇〇年プラン」を決定し、同日の閣議に報告、了承された。一九九七年二月七日、男女共同参画審議会を法定する法案が閣議・国会に出され、三月一九日に成立する。堂本の強い働きかけに、土井が同意した（堂本二〇一六　二六―二七）。土井が与党であった時に、この審議会で男女共同参画社会基本法案の審議が始まり、同審議会の法定がなされたのである。

自社さ連立政権の難題に、駐留軍用地特別措置法改正があった。連立協定においてこの項目は

「非合意」となっていたため、社民党の反対は自社さ連立崩壊（そうなったら、自民党は新進党との保保連合に進むと考えられていた）に到らなかった。一部野党の賛成で、この改正は成立した。(3)

一九九七年一月の通常国会の施政方針演説で、橋本首相は、「行政」「財政構造」「社会保障構造」「経済構造」「金融システム」「教育」の六大改革推進を掲げた。第二次橋本内閣は、一九九七年九月一一日に内閣改造を行ったが、ロッキード事件で有罪が確定していた佐藤孝行を総務庁長官とした。当時土井はインドでのマザー・テレサの葬儀に政府特使として派遣されていた。土井はインドで「心穏やかでない」とコメントした。永田町に衝撃を与え、また世論の批判が大きくなり、佐藤は二二日に辞任した。(4)

三〜四月、駐留軍用地特措法改正に関して社民党が強く反対し、野党であった新進党が賛成に回って成立した。九月下旬の日米の安全保障に関するガイドラインの見直しが、土井にとっての次なる難問であった。橋本は、自社さ派の加藤紘一幹事長と保保連合（自民党・自由党連携――一九九七年末、新進党は分裂し、小沢一郎が率いる自由党が保守勢力の中心となっていた――）派の梶山静六官房長官のバランスをとっていた。したがって、村山政権の時のようには、社民党・さきがけの主張に強く配慮しなくなっていた。社民党は、与党内野党と自分を規定するようになった。六月のガイドラインに関する中間報告では、財政構造改革推進方策において教員定数で社民党に最大の譲歩をするなどして賛成を取り付けたが、(5)連立離脱の火種となる案件であった。

一九九七年一〇月末、『週刊文春』が一九五〇〜六〇年代に、北朝鮮国籍の夫とともに北朝鮮へ帰国した日本人の中に土井の姉がおり、土井が訪朝中にその姉の子（姪）に会い、日本人妻の日本への帰国予定者の中に姪がいると報じた[6]。土井の姉は日本におり、そのような子どもはおらず、この誤報は早めに否定されたが、社会党・社民党の親北朝鮮路線の背景に人的関係があるという説は、その後も蒸し返されることになる。

一九九七年一二月、自民・社民・さきがけ連立政権が、「野合」でない証として推進した、介護保険法が成立した。四〇歳以上の被雇用者から保険料を取り(他の社会保険と違って、雇用主からは保険料を取らない)、急性期医療と慢性期の介護を両立させ(医師会との妥協)、市町村の責任を国がバックアップするとの、関係者の妥協の産物だった。六五歳以上の住民は、自治体の介護規模に応じた介護保険料を払うことになった(低所得者には負担が大きい)。要介護認定度の範囲内で一割負担で介護サービスを使うことが出来るが、そのサービス限度を超えると一〇〇%自己負担となる。負担能力のない家計では、家族、つまり女性が介護を担い続けることになった。介護労働者の賃金は、既婚女性パートを意識して低く抑えられた。「女性の負担を減らす」「介護の社会化」と喧伝されて導入された。限界の大きいものだったが、しばしば一〇年を超えて家族の女性に負担がかかり続けるという当時の社会を思えば、前進であった。「家族が介護をするのは日本の美風」という自民党議員からの反対を押し切ったのは、土井の社民党・堂本のさきがけが閣外協力をしていた第二次橋本内閣であったからに他ならない。

連立は離脱、しかし党首は辞められない

一九九七年一一月、三洋証券倒産・北海道拓殖銀行の経営破綻・山一証券の自主廃業に見られる

ように、バブル期からの不良債権が引き金になって金融危機が生じた。財政出動が遅れ、危機の回復が遅れた。橋本行革では(小渕内閣になってから成立するが)一九九九年七月に省庁改革が行われた。行政改革では、一府一二省庁へ再編されて、内閣府男女共同参画局が作られた。特殊法人改革にも着手した。機関委任事務の廃止という地方分権案もまとめられた。

一九九八年一月下旬に任期満了となる社民党の党首選挙では、一二月一六日の立候補締め切りまでに届け出がなく、告示をやり直すことになった。一二月一三日の社民党のイベントで、土井が「立候補の要請があっても断ります」と述べたのである。党首として利用されながら、自民党との協議では土井抜きでのことがあったことなどへの不満からであった。党執行部は、「改革強化検討委員会」を立ち上げ、土井の翻意を促した。[7] 土井は、続けて党首を引き受けることになった。六月、参議院選挙が間近に迫ったところで、自民党が「あっせん利得罪」の創設に応じなかったことをきっかけに、ようやく与党閣外協力を離脱した。

一九九八年七月の参議院議員選挙では、橋本が恒久減税について発言を左右したことも手伝って、自民党は改選六一議席に対して四四議席しか得られずに敗北した(非改選との合計一〇三)。一方、民主党が二七議席を得た(非改選との合計四七)。新進党は、すでに一九九七年一二月に解散していた。社民党は五議席、さきがけはゼロとなり、小沢一郎が率いる自由党が六議席獲得した。橋本は、この参議院選挙の惨敗の責任を取って退陣し、小渕恵三自民党単独内閣となった。小渕内閣は、まず自由党と連立(一九九九年一月一四日)し、さらに公明党と連立していく。自社連立という奇妙な時代は終わったのである。

土井は、叙勲の年を迎えた。女性の最高勲章は「勲一等宝冠章」であるが、土井にはそれに相当する「勲一等旭日大綬章」ではなく、それより上の「勲一等旭日桐花大綬章」が提案されていた。皇后の勲章を上回るため、当時の皇后の了承も取られていたが、土井は断ったという。[8]

社民党の元気が終わる

一九九九年三月二六日、土井は「日米防衛協力のための指針に関する特別委員会」で、新ガイドラインを始め軍拡政策が取られていることを批判した。社民党は反対し、ガイドライン反対運動が盛り上がり、五月二一日には五万人の集会が行われた。しかし一九九九年五月二九日にはガイドライン法案が可決成立し、土井は同日の「ニュース23」に出演し、「くやしいですねえ、まったく。……国民にとっては大問題ですねえ」と述べた。[9]

一九九九年三月末、ドイツがユーゴ紛争に関して、ＮＡＴＯ域外攻撃に踏み出した。土井は、戦後処理などに関して「ドイツを見習え」と言ってきたが、もう通用しなくなったのである。ドイツではこの政策決定のため憲法を問題にしたが、日米ガイドラインの決定においては憲法に則るという話でなかったことも批判した。[10] 六〜八月に審議された「君が代・日の丸」問題には、土井は先頭を切って法制化に反対した。一九九九年一〇月五日から二〇〇〇年四月五日までは、自民党・自由党の連立に公明党を加えた第二次小渕改造内閣となった。土井は、選挙によらずに作られた圧倒的な与党体制のもと、小渕内閣は何でも思うように進めようとしていると批判した（一九九九年一一月二日本会議）。

また一九九九年一一月一〇日から、党首討論(クエスチョンタイム)がスタートした。各党首に議席数に応じて時間を割り振ったので、自民党総裁である首相と土井たちは、非常に短い時間でやりとりを行った。小渕首相には、少数派の尊重といった手続き問題、金融再生問題を問うた。森喜朗首相には、KSD中小企業経営者福祉事業団問題、日本経済の再生及び金融システムの強化のための構造改革及び規制改革をアメリカに約束したのかを尋ねた。小泉首相には、ミサイル防衛が集団的自衛権に属し憲法に違反するのではないのか、被爆者援護法判決に控訴しないように、靖国問題、非核三原則の法制化、(小泉訪朝の後)北朝鮮に平壌宣言以降どのような外交努力を払っているか、イラク問題・イラク新法・PKO部隊が戦闘地帯に行くことにならないかについて質している。

二〇〇〇年一月、土井は社民党党首に三選された。一月二七日、与党単独で衆議院の比例定数が二〇削減され、野党は強く反発した。土井は「自自公の数の横暴」と述べた(二〇〇〇年二月九日代表質問)。小選挙区の比率が増すことが、許せなかったのである。

二〇〇〇年五月、民主党の山本譲司議員について、秘書給与流用が報じられた。森首相の下で行われた二〇〇〇年六月二五日の衆議院選挙では土井の出たテレビCMが話題となった。菓子の交換を求める「ガングロ」の女子高生二人に、店主のおばさんに扮した土井が「変えさせないよ」と繰り返すもので、全日本シーエム放送連盟のテレビCMスポット広告部門銀賞を獲得した。もちろん、「憲法を変えさせない」という意味である(『朝日新聞』一一・二)[11]。自民党だけで三八議席を減らし、自自公の連立三党では六五議席も減らした。社民党は七六人候補者を立て、五議席増の一九議席を得たのであり、うち一三人が新人、一〇人が女性だった。護憲の「シングルイシュー政党」になったと評価されたが、一九九六年一〇月衆議院選挙で三五四万票、一九九八年七月参議院選挙で四三七万票、二〇〇〇年六月衆議院選挙では五六〇万票と比例票を増しており、小党ながら健闘が注目された(12)。

しかし、それもここまでだった。小泉純一郎・田中真紀子ブームが吹き荒れた二〇〇一年参議院選挙から、三〇〇万票を割り込むこともあり、四〇〇万票には届かなくなったのである。

土井は、「日本型社民主義」を行うとした。しかし労働組合の多くは民主党についており、北欧・西欧の社民党・労働党が実現していたような労働組合の社民結集が実現していなかった。多くの国の高度経済成長期の社会民主主義は、社民結集の上に立ち、拡大するパイを労働者階級に再配分する福祉路線をとった。しかし低成長期になってそれはできなくなり、新保守主義のサッチャー首相やコール首相のような構造改革路線に取って代わられた。社民勢力は、低迷の後、小さな政府と両立する社会的投資路線を取るようになった。失業や貧困を予防するような経済政策・福祉政策の出直しであった。

日本では高度成長期に労働運動が総評と同盟に分かれ、政党は社会党と民社党に分かれていた(13)。民社党は福祉国家を唱えたが、社会党は福祉に関して、社会主義革命を遠ざけようとする保守勢力による「毒まんじゅうだ」という説を採り、消極姿勢を脱することが難しかった。ただし革新自治体では福祉政策で先行し、自民党政府が後追いすることになった。

そして日本においては、全国レベルの福祉政策はむしろ自民党によって実現されていった。西洋の社会民主主義と異なり、日本の社会党は、現存した社会主義国に強いシンパシーを持って階級政党と称していた。石橋政嗣体制で、ようやくかたくなな社会主義路線からは切り替えた。しかし護憲と反日米安保は、社民主義的経済政策が弱かった分、社会党のアイデンティティであった。ソ連型社会主義が崩壊し、ますます護憲が求心力の中心となった。「がんこに平和・げんきに福祉」と説いたが、「日本型社民主義」はポスト高度経済成長期の福祉をどうするかの見通しがなく、労組に留まらず市民との絆を求めたのは良いが、護憲と強く結びついていたことだけが特徴となった。

小泉ブームの中で秘書給与流用が表面化

二〇〇〇年九月、土井付きの秘書が、土井が議長の間、第一秘書の給与を流用していたと指摘された[14]。また、社民党で組織的に秘書給与を流用しているという内部告発文書も出回った[15]。

二〇〇一年五月二日には、土井は、「北東アジア総合安全保障機構創設」と「北東アジア非核地帯設置」を柱にした「二一世紀の平和構想」を発表した。いわゆる「土井ドクトリン」である。中国、韓国、モンゴルなどの首脳にも提起するなどの平和外交を積極的に推進した(『朝日新聞』二〇〇一・五・三、『社会新報』二〇一四・一〇・八)。

病に倒れた小渕首相の跡を継いだ森喜朗首相は不人気だった。二〇〇一年四月、森首相の辞任に伴って、自民党は総裁選挙で党員投票を設定した。田中真紀子が小泉純一郎候補を推して、一大ブームを巻き起こしていた。田中にはジェンダー政策はなく、したがって小泉には、ブレーンに一つだけ考えてもらったという「保育所待機児ゼロ作戦」以外のジェンダー政策はなかった。しかし女性をアピールの手段に用いることは徹底していて、第一次小泉内閣には五人の女性大臣を並べた。

二〇〇一年の参議院選挙では、小沢一郎が「自民党破壊工作」として非自民協力体制を取ろうとした。小泉ブームの中、自由・民主・社民の選挙協力を行ったが、社民党は比例の三議席しか取れなかった。そのうち一議席は、大学教授でタレントの田嶋陽子だった。二〇〇一年の9・11テロ後、小泉政権は米ブッシュ政権に接近し、一〇月二九日テロ対策特別措置法が成立し、自衛隊の艦船がインド洋に出て、レーダー支援や給油を行うことが可能となった。『女性自身』二〇〇一年一二月四日号は、「わが魂の平和論②」(二六四―二六七)として、土井による小泉政権批判を載せた。

一〇月二七～二八日の社民党大会で、辻元清美政審会長に並べて福島瑞穂を幹事長に指名し、中央の三役は女性ばかりとなった(『産経新聞』二〇〇一・一〇・二九)。

小泉内閣の田中真紀子外相は、二〇〇二年一月、アフガニスタン復興会議へのNGO出席取り消し事件に関連して更迭された。直後に、秘書給与流用疑惑が表面化し、田中は党員資格剝奪、議員辞任となった。社民党の辻元についても、三月二〇日発売の『週刊新潮』三月二八日号(五八―六〇)で流用疑惑が指摘された。病院に入って参考人喚問が延期されたり、関係者の口裏を合わせようとしたりしたとして「悪質だった」と見なされた。また、辻元への指南役の存在がクローズアップされ、土井の政策秘書の五島昌子だと言われた(『産経新聞』二〇〇二・三・三〇)。土井は、二六日の取材陣の追及に、「さっぱりわからない」とだけ答えている[16]。辻元は三月二六日に議員辞職し、四月二五日に予算委員会の喚問を受けた。福島幹事長は、「党の構造的体質の問題ではない」(『社会新報』二〇〇二・四・三)として、土井も徹底追及に消極的だった。五島は、二〇〇二年一二月半ば、土井の秘書を辞した[17]。二〇〇三年七月、辻元とその初代政策秘書、元公設秘書、名義借り指南役とされる五島ら四名が、秘書給与詐欺容疑で警視庁に逮捕された。判決は二〇〇四年二月一二日に出て、辻元は懲役二年執行猶予五年、五島は、懲役一年六カ月執行猶予四年だった。

女性政治家にはクリーンなイメージがあり、特に土井はリクルート疑惑批判で名をはせた。社民党におけるこうした政治倫理違反は、翻って強い反発を呼び、女性政治家イコール清廉の観念連合を崩すことになった。

北朝鮮日本人拉致の衝撃

社民党への逆風は、これで終わらなかった。二〇〇二年九月一七日の小泉訪朝によって、北朝鮮が日本人拉致への関与を認め、「四人生存、八人死亡」と発表した。社民党は、それまで拉致を基本的に日本側によるでっち上げとし、対応・救済手段をとらずに北朝鮮への援助を進めており、これを契機に大きな批判が押し寄せることになった。第一八富士山丸の乗員の帰国には尽くしたが、彼らの抑留については、北朝鮮も公式に認めていたのである。他の拉致については、日本政府が可能性を認めた一九九七年以降も北朝鮮政府は否定しており、社民党は日本政府によるでっち上げとしていた。拉致問題にショックを受けて、田嶋陽子は一〇月一七日に離党届を出し、二〇〇三年三月神奈川知事選出馬で議員辞職している。大渕絹子も離党した。「副委員長の山本正和、田嶋陽子、大渕絹子らが離党し…辞任した辻元清美。これだけでも社会党時代なら党首の責任問題になった」と言われた。それでも土井は辞めなかった。「地下潜行している五島はより問題になる」と指摘された(18)。その後、秋葉忠利も離党した。

社民党の体質の問題が、一つある。旧社会党から残る古手の社民党議員や職員と、「市民派」の議員の根深い対立である。辻元問題の陰にはそうした書記局員と「市民派」との確執があったとされる。辻元事件で必要だったのは、土井が党首として即座に五島に対処し、五島にすべての経緯を語らせ、自民党を含む永田町全体の秘書給与問題に発展させていくことだった。ところが土井は、辻元切りというトカゲのしっぽ切りを演出したのみであった。[19] また、土井は、拉致された有本恵子（神戸出身）の両親からの訴え（一九八八年、ヨーロッパ経由で北朝鮮にいるとパートナーの石岡享から北海道の実家に手紙が来た際に、政府が対応しないからと助けを求められた）に、何もしなかったと言われた（有本二〇〇四　七三―七四）。一方、小池百合子は、有本夫妻に寄り添う姿勢を示した。土井は何もしなかっただけでなく、深い考えもなしに朝鮮総連に手紙のことを相談した可能性がささやかれ、万一そうだったなら有本・石岡の落命に責任があるのではないかと、元内閣官房内閣安全保障室長の佐々淳行などが述べた（佐々二〇一七　一六〇―一六二）。こうした発想は、土井の死後になって、土井を殺人者と名指すようなネット流言に到った。

土井は、小泉訪朝でもたらされた情報について「激しい憤り」や「厳しく抗議」という言葉を党の声明で使ったが、被害者・被害者家族・国民への「謝罪」はなかった（『社会新報』二〇〇二・九・二五）。[20] 政治ジャーナリストの山村明義は、北朝鮮との不明朗な関係にあった旧社会党議員の「負の歴史」に蓋をし、接ぎ木をしたまま、社民党の議員も北朝鮮との交流を続けてきたとして、土井は自らの手で過去をすべて清算すべき時期に来ていたといった。[21]

二〇〇三年九月に『月刊テーミス』に、土井＝北朝鮮からの帰化人説が載っている。この時は、この説を否定するような情報も合わせたものだった。[22]『TIMES』一一月号になると、学歴疑惑との「合わせ技」である。「同志社大政治学部《ママ》・同大大学院卒は疑問〔実際は法学部〕」として、土井と同年代の女性卒業生に「李高順」という神戸市長田区出身者がおり、土井はこの朝鮮人ではないかというものだ。また、土井の実姉が平壌に長年住んでいるという話も蒸し返された。[23]さらに、同志社大学法学部の周辺にはいたが、正式の学生・院生ではなかったのではないかという疑問も流布された[24](経歴についての裁判は後述)。

土井は、二〇〇三年三月二〇日と九月二九日の代表質問で自公政権の安全保障政策を強く批判し、小泉政権がブッシュ政権に従ってイラク攻撃に参加していることを非難した。

二〇〇三年一〇月五日、自由党が民主党と合併した。一一月の総選挙では、社民党は大逆風に合った。秘書給与流用問題と拉致問題である。社民党は七〇人近くを擁立したものの、選挙区一議席・比例五議席しか取れなかった。うち女性当選者は三人である。土井は初めて小選挙区で負け(一万五〇〇〇票の差)、近畿比例ブロックで復活当選した。彼女の兵庫七区には、自民党が民社党県議で前西宮市長候補であった大前繁雄を立てていた。彼は北朝鮮問題に厳しい態度を取っていた人物だった。拉致被害者の有本夫妻が応援した。土井は、選挙演説も秘書給与流用疑惑の弁明から入らざるを得なかった。[25]有本夫妻は、最後まで大前に同行した。[26]拉致家族からの「反日の国会議員は要りません」「社民党は北朝鮮の手先です」という厳しい批判にさらされた。[27]土井陣営からのアンケートを騙る組織的な怪電話や、いやがらせが行われた(土井/吉武二〇〇九 一九六―一九七)。

選挙前に小選挙区を民主党に譲って、社民党は比例に専念する案もあったが、断った。「政策…

護憲の問題が選挙の一大争点にならなかったことを敗因と」した。土井は、一一月一三日に党首を辞任する。社民党として前回の三分の一の議席しか取れなかったことの責任を取った。保坂展人、中川智子、原陽子も落選していた。後継者は、福島瑞穂となったが、党首・副党首のみで後継者を決めたことや、敗戦に責任のある三役から後継者を出したことへの批判もあった。反福島派は、民主党への合流論を採る横光克彦衆議院議員を推していた[28]。

一議員に戻って

社民党が生まれ変わる転機はたくさんあったと、前出の山村は言う。東西冷戦が終わってしばらくの間に、社会主義を標榜する政党から一気に民主主義を目標とする政党に変わるべきだった。自民・社民・さきがけの連立において、政策立案能力や人材について他党と差があることに気づいたときに、経済や安全保障を理解できる政党として立ち直るべきだった。ところがそれができず、連立与党を離れてから離党者が相次ぎ、土井とその側近しか残らなかった。辻元の件では逮捕前に辞めるべきであったし、拉致問題ではまず被害者家族に直接謝罪するべきであった[29]。

キャスターの安藤優子は、土井亡き後の週刊誌の女性政治家特集で、「「新しい政治」への期待に社会党が応えられなかった。女性票をベースにした党にリニューアルすべきだったのに、党の窮地を救った土井さんやマドンナを「用済み」扱いにして、旧態依然の男性中心的な政党に戻ってしまった。だからその後、山は動かなくなったんです」と語った[30]。土井だけではなく、その背景に着目する議論が、女性の間でも育っていた。

党首を辞めてからの二年、土井は熱心に憲法調査会での論議に取り組んだ。憲法調査会では改憲論者が第二四条における夫婦の個人としての尊重を削りたいとしていることに警鐘を鳴らした。女子差別撤廃条約に適う国内の人権保障を求め、選択的夫婦別姓の導入や、皇室典範の男系男子による継承原則を、女性の継承も可能に変更しうることに触れたりしている。そして、駐留軍用地の特別措置法にしばしば触れ、沖縄の基地問題への関心の大きさを示した。海外派兵にも強く反対した。とくに、憲法調査会自体、社会実態が憲法に追いついていないことを是正することを論じるべきであり、憲法改正を論じるところではないことを強く主張したが、与党の容れるものではなかった。

小池大臣のもとの環境委員会では、二〇〇四年五月一一日、環境情報の提供の促進等による特定事業者等の環境に配慮した事業活動の促進に関する法律案(環境配慮促進法)について参考人に質問し、二〇〇五年四月二六日には、京都議定書の基準年の排出量よりも日本は約八%も温室効果ガスの排出が増加しており、六%の削減目標と合わせると一四%削減しなくてはならないと質問した。

二〇〇五年の衆議院議員選挙、いわゆる小泉郵政選挙では、選挙の厳しさと、後進を育てたいということから選挙区に立たず、近畿比例ブロックの順位五位に登載され、「土井たか子ではなく社民党と書いて下さい」と党の票集めをはかったが、落選した。近畿比例ブロック当選は、辻元一人に留まった。社民党全体の結果では、解散前より一議席増やして七議席となった。女性は、辻元の他は、阿部知子のみである。

土井は、この後の選挙に立候補しなかった。「物事にはやっぱり「ここまで」というのがありますよ」と、身を引いた(土井/吉武二〇〇九 二〇五)。二〇〇五年のインタビューで、土井マドンナと小泉の刺客――小池も含まれる――の違いを聞かれて、「郵政選挙の刺客は従順に小泉さんに「お仕えします」というようなイエスウーマンでしょう」「私たち〔は〕男性中心の古い国会の体質を変え、政治の中に「暮らし」が生きているという状況をつくっていかなきゃだめだと、問題意識を持って積極的にやりましょうといって立ち上がった女たちでした」と、答えている。(31)

議員を辞めても憲法九条

まだ議員であった二〇〇四年、土井は、「憲法行脚の会」という会を佐高信や城山三郎、落合恵子などと一緒につくり、議員引退後も憲法九条擁護の活動を続けた。とくに、議員引退後二〜三年は、毎週のように、北海道から沖縄まで話していたという（土井／吉武二〇〇九 二一七―二一八、落合／佐高二〇〇七）。

ところで、二〇〇六年『WiLL』五月号に「拉致実行犯辛光洙釈放を嘆願した「社民党名誉党首」」（一九七一―二〇〇五）との記事が掲載され、花岡信昭が「土井たか子は朝鮮半島出身で本名は「李高順」である」と土井を帰化した在日朝鮮人として示し、「そのことが土井の拉致事件を見る目を曇らせたのか、すべてを知った上で政治的演技をしていたのか」と論じた。土井は、ワック・マガジンズと代表取締役の花田紀凱、著者の花岡を相手取り、一〇〇〇万円の損害賠償と謝罪広告の掲載を求めて民事訴訟を起こした。神戸地裁尼崎支部は二〇〇八年一一月一三日賠償二〇〇万円を認め、謝罪広告は退けた。被告は大阪高裁に控訴したが二〇〇九年四月に棄却され、さらに最高裁に上告したが、九月二九日に上告を退け土井の主張を認めた判決が下された（『読売新聞』二〇〇九・九・三〇)[32]。一審判決の出る前に、『WiLL』二〇〇八年一一月号には、花岡の記述を虚偽と認め、「土井たか子氏及び関係各位に深くお詫びいたします」との小さな「お詫び」が掲載された[33]。

土井は二〇〇九年夏に体調を崩し、二〇一〇年一月、一九九〇年一二月に設立して代表理事を務めていた「アジア人権基金」を終了した(土井他編二〇一〇)。その後は、神戸市の高台で姉とともに暮らしたが、「元気な姿を覚えてもらっていればいいから」と、身内や五島元秘書以外には面会しなかった。「老老介護」とも言われた[34]。土井は、二〇一四年九月二〇日に肺炎のため兵庫県内の病院において八五歳で永眠した。その死は二八日に社民党本部により公表された。一一月二五日にお別れの会が開かれた。

『負け犬の遠吠え』などのエッセイで知られる酒井順子は、土井の死の直後、『本の旅人』二〇一四年一一月号(五四―五九)で、「子の無い人生」という文章を書いている。土井の死でもって、「働く女が仕事と結婚していた時代」が終わったと思った、というのである。対比されているのは、第二次安倍改造内閣の閣僚、高市早苗・松島みどり・小渕優子・山谷えり子・有村治子である。全員結婚していて、三人が子持ちである。他に子持ち政治家として言及されたのは野田聖子であった。

実は第二次安倍内閣以降、小池は冷遇されて入閣していない。だから女性政治家を調べ上げたわけではないであろう酒井には、独身(バツイチ)で子どものない小池百合子が見えなかったのである。もし小池が二〇一四年の都知事選に出馬していたら、あるいはこの文章が二〇一六年の都知事選以降に書かれていたら、まだ「仕事と結婚した女」がいたことが、大いに注目されたことであろう。

（1）『社会民主』一九九六年一一月号、六―八頁
（2）「人物交差点　土井たか子」『中央公論』一九九八年八月号、一三〇―一三一頁
（3）「おたかさんのイライラ」『AERA』一九九七年四月一四日号、一八頁
（4）保坂展人「人々と共感し、共振し、山を動かす」『世界』二〇一四年一二月号、七四頁
（5）「日米防衛の裏で橋龍・自民が土井たか子を黙らせた「日教組・予算」」『週刊ポスト』一九九七年七月一一日号、四〇頁。「伊藤社民党幹事長〝政権離脱〟オフレコ発言」『週刊文春』一九九七年六月二六日号、一八〇―一八一頁。「橋龍続投を決定づける土井・社民党〝最後の変節〟」『DECIDE』一九九七年七月号、一六―一七頁
（6）「日本人里帰り妻に土井たか子の身内がいる」『週刊文春』一九九七年一一月六日号、三四―三五頁
（7）「土井たか子　ショック療法」『AERA』一九九七年一二月二九日／一九九八年一月五日合併号、八一頁。「土井たか子にヘソ曲げられた党首選」『週刊朝日』一九九八年一月二／九日合併号、三四頁
（8）二〇一九年九月二三日「今こそ土井たか子さんの志と共に」（兵庫県私学会館）での五島昌子の発言
（9）「七人のバカ」『噂の真相』一九九九年七月号、六七頁
（10）「ニッポン「左翼」の袋小路」『AERA』一九九九年六月二一日号、二〇―二二頁
（11）「〝ガングロ〟相手のテレビCMが銀賞」『FOCUS』二〇〇〇年一一月一五日号、一四―一五頁。「ガンコにヤルッきゃない」『サンデー毎日』二〇〇〇年一一月一九日号、一四頁
（12）「女の一念「土井党」の粘り腰」『選択』二〇〇〇年八月号
（13）近藤康史「変化しつづける社会民主主義」『世界』二〇二一年四月号、一五四―一六四頁
（14）「土井たか子党首にも「給料ピンハネ」疑惑」『週刊新潮』二〇〇〇年九月二八日号、二六―二七頁
（15）「党内騒然！　土井たか子社民党をおそった「秘書・給料ピンハネ」の告発文」『週刊宝石』二〇〇〇年一〇月一二日号、四〇頁
（16）「秘書給与流用の「指南役」と永田町で囁かれる社民党のもう一人の女帝」『サンデー毎日』二〇〇二年四月一四日号、三〇頁。「聖域「土井たか子党首」落城で社民党は二度死ぬ」『Yomiuri Weekly』二〇〇二年四月二一日号、二〇―二一頁
（17）「指南役はどこへ」『週刊新潮』二〇〇三年二月二〇日号、一一―一三頁
（18）「怪文書に「引退勧告」されても辞めない土井たか子」『週刊新潮』二〇〇二年一一月二一日号、五二―五三

頁

(19) 山村明義「「裸の女王」土井たか子は晩節を汚す」『現代』二〇〇三年三月号、二〇八―二〇九頁

(20) 同前、二一〇頁

(21) 同前、二一三頁

(22) 「土井たか子社民党を崩壊に導く「怪情報」」『月刊テーミス』二〇〇三年九月号、二〇頁

(23) 「浮上した大物政治家の触れられたくない過去」『TIMES』二〇〇三年一一月号、四二―四三頁

(24) 二瓶絵夢「党首につきまとった「学歴詐称」の醜聞」『別冊宝島 Real』二〇〇三年五五号、一二一―一三一頁

(25) 「拉致問題で浴びる十字砲火」『週刊新潮』二〇〇三年一〇月二三日号、五〇―五一頁

(26) 「ただ悔やまれて」『Yomiuri Weekly』二〇〇三年一一月二三日号、一五頁

(27) 「女の明暗、土井氏も苦杯」『AERA』二〇〇三年一一月一七日号、一九頁

(28) 「それでも消えない民主党合流説」『週刊朝日』二〇〇三年一一月二八日号、二八―二九頁

(29) 「土井たか子に「最後の審判」が下った日」『別冊宝島 Real』二〇〇三年一二月二七日号、一〇―一一頁

(30) 「今こそ、女が政治を変えていく」『女性セブン』二〇一六年五月一二／一九日合併号、五九頁

(31) 「土井たか子さんインタビュー　刺客とあの時のマドンナは全然違います」『週刊朝日』二〇〇五年一〇月一四日号、一三六―一三九頁

(32) 「花田紀凱編集長が出した「お詫び文」」『週刊金曜日』二〇〇七年六月一日号、五六頁。「「在日」裁判に勝った土井たか子センセイ」『宝島』二〇〇九年一二月号、一一頁。「一　著名政治家の氏名や出身地に関して虚偽の事実を記載した月刊誌の記事につき、名誉毀損が成立するとされた事例、一　著名政治家に関する月刊誌の記事に対して認められた名誉毀損について、謝罪広告などの原状回復処分を命じる必要性はないとされた事例」『判例時報』二〇〇九年五月二一日号、一二一―一二七頁

(33) 「お詫び」『WiLL』二〇〇八年一一月号、二九五頁

(34) 「ダメなものはダメ！」『女性自身』二〇一四年一〇月二八日号、六〇―六六頁。「追悼土井たか子さん」『婦人公論』二〇一四年一一月七日号、五二―五五頁(姜尚中、上野千鶴子)。「元気な姿だけおぼえていてくれたらいいの」『女性セブン』二〇一五年一月八／一五日合併号、四〇―四一頁。前掲保坂展人「人々と共感し、共振し、山を動かす」

第9章

権力に寄り添う「政界女風見鶏」

日本新党から新進党、そして自民党へ

2005年9月の「郵政選挙」で、小池は「刺客」として東京10区から出馬した。小泉純一郎首相(中央)と
(9月4日、東京、ロイター＝共同)

細川を見切り、小沢に乗り換え

小池は、一九九三年に細川護熙内閣で総務政務次官として入閣する前に、日本新党の参議院議員として、産業・資源エネルギーに関する調査会で、女性の人材としての活用について質問している(一九九三年二月二四日)。女性議員のリクルートが必要だと、当時四誌も持っていた連載エッセイの中で述べているが、それがうまくいかない原因の一つとして、「女王バチ症候群」を挙げている。自分だけに注目が集まればいいと、女性の後継者を育てないというのだ(小池一九九四 三八)。政界の入口でそう言ってはみたが、長い政界暮らしの中、小池自身が女王バチになっていなかっただろうか。

一九九四年末には、小沢一郎の新進党結成に参加し、結党大会の派手な演出をプロデュースした。細川の一九九四年の解散・総選挙の回避の判断と早期の政権投げ出しにより(1)、細川の改革志向は支持したが継続力がない、「ビギナーズ・ラック」はなくなったとして(2)傍を離れ、小沢に寄り添い、支えることになった。一九九五年一二月の党首選挙に小沢を引っ張り出し、「イチロー命賭けます」というコピーのポスターを作り、勝利したのである。

一九九五年には、地元の阪神淡路大震災への危機対応について、自民・社民・さきがけ連立の村山富市内閣を、災害対策特別委員会(一九九五年六月一日など)で厳しく追及している。さらに、北朝鮮核危機に際して、米軍艦船の核を搭載しての日本入港を認めよと主張しており(一九九五年五月一八日予算委員会)、これを認めない土井とは正反対の立場である。

また、当時土井は衆議院議長であった。第7章でも触れたが、土井の下で、六月九日、「終戦五〇年決議」が上げられたものの、新進党は欠席し、与党自民党からも欠席が出るし、反対は少なくなく、定数の半数を割った賛同しか得られなかった。少数の議員で可決した議事運営に対し、六月一三日、通常この種の決議は全会一致でなされるものだと、新進党の小池は、土井議長不信任決議の賛成討論をしている。

小池は土井に対し、議会制民主政治の最低限のルールを守り円滑な議会運営を心がける、そしてまた与党の数を頼んだ横暴には断固たる態度で臨む、それが議長としての本来の役割であり、今回の暴挙には、憲法学者として我が母校〔関西学院大学〕の教壇に立たれたこともある議長の見識を疑わざるを得ない、と述べた。兵庫の誇り、女性の誇りである土井議長の今回の行為には失望した。国会決議を強行したことにより、決議が持つ歴史的重要性がまったく失われてしまった。強行採決という暴挙によって、意義のある決議自体に傷がついてしまった、というのである(3)。

しかし、小池が「より優れている」という新進党案は、政府与党提出のものと比べて、アジア諸国に対する謝罪は薄いものだった(4)。土井は議長として、またアジアへの謝罪を信念とする者として行動したのである。この終戦五〇年の国会決議は、参議院では上げられず、先に述べたが、村山首相が閣議決定を経て出した「村山談話」が、対外的な謝罪の役割を担うことになった。

新進党時代、広報企画委員長代理の小池は、「女の戦い」で広報企画副委員長の池坊保子に勝って、小沢側近の地位を射止めたと言われた(5)。小池は候補者の割り付けなど選挙を仕切っていたが、

ＮＨＫのキャスターからテレビ朝日「サンデープロジェクト」のキャスターに転身した畑恵を、小沢が一九九五年の参議院選挙にリクルートしてきた。しかし、小池が畑の拘束式の比例順位を一六位と低く位置付けたため、落選を見越して、畑は選挙中にヨーロッパに行こうとした。新進党の支持が上がって当選しそうになって訪欧を止めたが、小池は畑の小沢派入りを阻み、畑は羽田派入りしたという（安積二〇一七 一〇〇―一〇二）[6]。小池＋小沢のペア、羽田＋畑のペア、そして高市早苗と当時新進党にいた船田元のペアの確執を指摘する記事もあった[7]。小池は、一九九六年一〇月の衆議院選挙では、土井と重ならないよう、新兵庫六区から出て当選している。

新進党時代の質問は、阪神淡路大震災の被災者の立場からのものが多かったが、在ペルー日本大使公邸占拠事件が一九九六年末に起きると、ＳＡＴ（警察の特殊急襲部隊）の対テロ部隊や自衛隊対テロ部隊を海外派遣できないかと質問している（一九九七年二月二五日予算委員会）。一九九七年一〇月には、常任委員会である科学技術委員会の委員長になった。女性としては衆議院で四〇年ぶり二人目の常任委員会委員長だが（濵賀二〇一三 一九二）[8]、九七年末の新進党の崩壊で、四回委員長を務めたのみに留まった。新進党の分解後は、小沢のいる自由党に属した。

明けて一九九八年一月に自由党所属になってからは、大蔵委員会を中心に、金融危機を追及した。五月末には、子宮筋腫で全摘手術を受けている。小池は四五歳の終わりかけであった[9]。小渕内閣では「金融安定化に関する特別委員会」にも属した。一九九八年一一月からは、小渕が小沢と組むことが決まり、自民・自由連立内閣となった。小池は、与党のメンバーとして、議員立法の「日本開発銀行法等の一部を改正する法律案」（衆議院提出）の答弁にも立った。一九九九年七月六日、朝銀系信用組合に保険機構から資金援助が行われていることに関して、北朝鮮が核危機を起こしているのに適切ではないと質問している(大蔵委員会)[10]。また、政務次官に替えて、副大臣・政務官制度を作った(大下二〇一六 三四六)。

小沢から離れて保守党へ

一九九九年一〇月、自由・公明・自民、小渕恵三第二次改造連立内閣となった。小池は、自由党からの経済企画政務次官となる(一九九九年一〇月：小渕第二次改造内閣～二〇〇〇年七月：森喜朗第一次内閣)。二〇〇〇年四月初頭、自由党は自民党との連立を解消するが、小池は自由党から分かれた保守党に残って連立に留まり、経済政務次官を続けた。二〇〇〇年の衆議院選挙で、小沢は、小池は自由党について来ると思い、比例近畿ブロック一位に予定していたが、小池は「自由党で当選者が出せるのか」と言って、あっさり小沢の下を離れている[11]。公明党票がほしかったのだとも言われている。

保守党では、二階俊博(現・自民党幹事長)や野田毅らの指導を仰いだ。堺屋太一経済企画庁長官の下、消費者契約法を抱え、そつなく政務次官を務めた。二〇〇〇年の総選挙では、保守党から立候補して、小選挙区(兵庫六区)で当選している。ライバルは、社民党の「主婦議員」中川智子[12](比例で復活。後に二〇〇九年から三期宝塚市長を務めた)で、共産党・自由連合からも女性候補が出た。中川は、小池が、西村眞悟議員の『週刊プレイボーイ』一九九九年一一月二日号[13]における「強姦発言(集団的自衛権反対派の女性議員が強姦されても助けてやらん)」に怒らなかったことをとがめた。

保守党は小所帯であったため、小池はいくつもの委員会に出ている。特に一九九九年から、憲法調査会で活発な発言をしている。森内閣の終わりに当たる二〇〇一年四月二六日には、衆議院憲法調査会で、「一度、真っさらな段階から、我が国はこうあるべきだ、こういう方向を目指すのだといった形で書き直した方が早いのじゃないか」といったスタンスを持っているとして、積み重ねられてきた憲法論議を軽く超える姿勢を示した。二〇〇二年にも、『Forbes』の連載「着眼グローバル」で、「まず安全保障基本法で自衛隊の憲法解釈を変更し、次に九条以外の部分も含めて、憲法改正作業に入れるよう本腰を入れる時期でしょう」(二〇〇二年一月号)と、述べている。

二〇〇〇年六月の衆議院選では、保守党で兵庫六区から出て当選しているが、初出馬の小渕優子、三選目の田中真紀子・野田聖子(以上、自民党)や二選目の辻元清美(社民党)と「マドンナ候補」ということで比較されている。[14] この選挙後、『月刊自由民主』で丸谷佳織(公明党)、野田聖子と共に「与党三党女性議員座談会」に出ている。小池は、消費者問題や介護の問題といった「これまで女性問題といっていたものが、実は国全体にとっての問題」と指摘し、「女性議員の存在価値は私たちが考える以上に大きい」と言っている。[15] 小池はこのように時々、思い出したように女性議員の意義に触れるのである。

二〇〇一年四月に第一次小泉内閣が誕生するが、小池は田中真紀子外相と、テロ支援国家や北朝鮮問題で、激しく対立した(二〇〇一年六月一四日・一一月六日安全保障委員会)。すでに述べたように田中は二〇〇二年一月に更迭されたが、のちに小池は野田聖子との対談で、田中の外相としての資質の欠如を批判している。小泉には、鈴木宗男問題とセットでなく、もっと早くてよい田中更迭の機会があったはずだというのである。また、平時にこそ有事法制をやってほしいとして、小池は、「新しい安全保障を確立する若手議員の会」の音頭取りをしていると言っている。[16]

よど号乗っ取り犯によって北朝鮮に拉致されたと思われる有本恵子の両親は、神戸出身の議員ということで、小池と接点を持った。小池は、「北朝鮮に拉致された日本人を早期に救出するために行動する議員連盟(新拉致議連)」の副会長であった。小池は、二〇〇二年九月一七日の小泉首相の訪朝による「四名生存八名死亡」の報に怒り、日朝平壌宣言は、拉致問題全容解明を入れて書き直すべきであったと厳しく批判し、制裁強化を唱えていた。[17] しかし、石井(二〇二〇 二二六―二二九)が引用して有名になったが、拉致被害者家族である蓮池透のツイッターに、小泉訪朝の二〇〇二年九月一七日の記者会見で、なぜか小池が中央にいて、一度退出した後に引き返してきて、「あった―、私のバッグ、拉致されたかと思った」と叫んだという話がある。はたして北朝鮮対策に真摯に打ち込んでいたのか、疑わせる話である。

二〇〇二年末には、大阪(伊丹)空港の利用維持を掲げる小池は、同じ保守党で、神戸空港を推奨する扇千景と対立していた。これも「女の戦い」と呼ばれた。[18]

小泉に誘われ自民党へ

小泉政権になってから、保守党所属の小池は小泉から内々に自民党入党を打診されており、二〇〇二年末に自由民主党に入党した。小泉のいる清和政策研究会(当時は森派)に入会した。それまで「外から」壊そうとしていたものを、小泉の「自民党をぶっ壊す」というエネルギーによって「内から」壊すことに力を貸せると考えたと、小池は言っている(大下二〇一六 二二七)。また、安全保障政策が一貫しているので、自分で政党を作るよりも自民党に入るほうを選んだと述べている(Dalton 2015 74)。そして、よりそう男性リーダーを小泉に代えたのだ。

小池が言うには、小沢には「政局カード」と「理念カード」の二枚のカードしかない。「政局カード」は政権交代を目指して使われ、それが行き詰まると、国連至上主義の「理念カード」を使う。それが行き詰まると、またもう一枚のカードを使う。周りはその使い分けに翻弄されるというのだ。小沢が自民党との連立を解消した時点で、小池はこの使い分けについていけなくなった。また、「理念カード」で純化路線を取っていたはずの小沢が、政権交代を唱えて民主党と組んだときは、「理念カード」を後回しにして改革をおあずけにして「政局カード」を使っていて、既視感があり、つきあうつもりはまったくなくしていた、という[19]。

小池は、二〇〇三年三月、『Voice』誌上の西岡力と田久保忠衛との鼎談で、「軍事上、外交上の判断において、核武装の選択肢は十分ありうる」との考えを示し、核保有論者と見なされた[20]。ただし、二〇一六年のインタビューでは、「(核兵器を)持つ選択肢は基本的には、ない。なぜなら計算に合いません[21]」と語っている。

小泉内閣になってからも、引き続き朝銀への資金援助が適正でないということを強調し、拉致問題を強調している[22]。イラク戦争に関しては、アメリカを支援したのだから「油井の一つもよこせ!」というほどの戦略性を持てと言い[23]、従順な対米追随派ではないことを示した。

環境大臣として

自民党入りして九カ月後、二〇〇三年九月二二日の第一次小泉第二次改造内閣で、小池は環境相に抜擢された。この時、女性大臣は他に、川口順子外相と小野清子国家公安委員長だった。小泉の本命は松下政経塾出身で、一九九六年末の入党以来森派に所属していた高市早苗だったが、彼女は選挙区事情が厳しくて大臣になって選挙区を離れるのが難しく、一方小池はコスタリカ方式（同じ選挙区に同じ政党の候補が二人いる場合、選挙のたびごとに、片方が小選挙区に出てもう一方が比例ブロックに回るしくみ。次の選挙では入れ替る）で比例に回るため選挙が安心だとして受けた、という説がある。[24]議員歴も自民党歴も短く、「青天の霹靂」だったと言う（小池二〇〇七a 七八）。二〇〇四年九月二七日の第二次小泉改造内閣からは、内閣特命相（沖縄・北方担当）も兼務した。この時の女性大臣は、他に南野智恵子法相だけであった。そして環境相兼沖縄北方相を、小泉内閣が終わるまで務めるのである。二〇〇四年の内閣改造での小池留任については（高市は、二〇〇三年に落選していた）、他の男性議員にもなかなか大臣が回ってこないことも含めて、なぜ小池ばかりが優遇されるのかという声も上がった。

小池は、環境相就任時に、それまで日本の石油不足などエネルギー利用をどうするかという問題を考えてきたのを、逆転させればいいのだと考えた。小泉による小池の起用は、田中真紀子外相の更迭で下がった女性からの支持を回復させようという狙いもあったとされる（濵賀二〇一三 一九七―一九八）[25]。しかしまだこの時の小池は、年配の男性に好感を持たれる一方で、同性からの支持をえる存在ではなかった。二〇〇三年一一月の総選挙では、コスタリカ方式により近畿比例ブロックに回り、四選をはたした。
環境省では、「環境ビジネスウィメン」という、大臣の私的諮問機関を作った。二〇〇五年六月に施行される「特定外来生物による生態系等に係る被害の防止に関する法律」を前にして、もめた。中央環境審議会が、排除すべき「特定外来生物」を指定できることになったが、ゲームフィッシングとして人気の高いオオクチバス(ブラックバス)を指定するべきかどうか、紛糾したのである。[26]小池は、オオクチバスを入れなければ外来種対策の目玉がなくなるとして、第一次リストに入れるとしたが、第四回専門家会合が政治家に配慮する形で先送りした。しかし、小池の大臣としての方針で、一月二六日にオオクチバスを指定外来種に入れることに決定した。麻生太郎総務相をリーダーとする日本釣振興会や釣魚議員連盟の反対を退け、自然保護団体や世論を味方につけてやり通した(大下二〇一六 二五六―二六六)。その後、再度専門家会合を開き、五月に閣議決定がなされ、六月一日に公布された。団体の意向に反して政治決断をしたことが後に高く評価される。四月には、新石垣島空港の沖縄県のアセスメントで、コウモリの生息地について不十分であるとして追加調査を求めた。

環境相としては他に、環境と経済の統合を掲げ、地球温暖化、京都議定書からアメリカが抜けたのでロシアに働きかける、産業廃棄物問題、海洋環境保全、大気汚染防止法の一部改正、湖沼水質保全特別措置法の一部改正、アスベスト、公害病、鳥獣保護、などの問題に当たった。

水俣病やアスベスト疾患には薄い関心

水俣病については、二〇〇四年一〇月一五日に関西訴訟で国側敗訴・患者側勝訴の最高裁判決が出た。行政の基準では二つ以上の症状がないと認定されなかったのだが、一つの症状で認定せよという判決である。小池は、謝罪しなかった。別途「失敗を繰り返さないために行政のパラダイムを変える」と称して、私的懇談会「水俣病問題に係る懇談会」を立ち上げ、政治評論家の屋山太郎、水俣病支援活動の加藤タケ子、亀山継夫元最高裁判事、京都精華大学教授の嘉田由紀子、ノンフィクションライターの柳田邦男などをメンバーとした。とくに柳田が苦労して、水俣病に対して国家が対応すべきだった方途に関して提言書を出した。屋山は、二〜三百億円の基金を作り、それで立て替えチッソが返していく仕組みを考えた(27)。しかし環境相として小池は最高裁の判決に従わず、二〇〇六年三月に「判断基準を変えることはない」と答弁しており(二〇〇六年三月一六日　環境委員会)、無責任だと批判された。基金も作らなかった。クールビズなどと違い、小池の関心が離れていたとみなされた。環境省の官僚は、私的懇談会である「水俣病問題に係る懇談会」の提言書を、委員の個人的見解としか受け取らなかった(28)。

また、アスベスト問題は以前から知られていたが、二〇〇五年六月二九日に『毎日新聞』が尼崎市の機械メーカー・クボタの旧工場の従業員や周辺住民にアスベスト疾患が発生していると報道、ショックをもたらした。水俣病に学ぶなら、まず国が迅速に疫学調査を実施することが必要であり、被害は最小限に食い止められただろうが、それはなされなかった。郵政民営化をめぐって、国会が白熱していたのだ。「石綿による健康被害の救済に関する法律」と被害防止のため石綿の除去を進める関連三法(改正法)ができたが(二〇〇六年二月三日)、補償でなく救済の枠組みに留められ、労災は手厚かったが、そうでない周辺住民被害者救済は格差が大きく、金額がわずかであった。二〇〇六年一月二七日の環境委員会で民主党の田島一成が言うように、小池は、古川和子中皮腫・アスベスト疾患・患者と家族の会世話人ら被害者に対して「崖から飛び降りる」と言ったのに、法律の骨抜きを許し、それを裏切ったのである。[29] そうなった理由について、石井は、財務省など他省庁の説得が必要であったのに、小池は根回しが苦手で、クールビズのような派手なものでないと夢中になれないから、としている(石井二〇一八a 一二一―一二二)。石井は二〇二〇年には、小池は当時、クールビズの他、イスラム圏のラマダン(断食月)の断食明けのイフタールというパーティを官邸主催で開くことと、環境活動である「もったいない」精神のPRとしての「風呂敷プロジェクト」にのめり込んでいたとした(石井二〇二〇 二五〇―二五七、小池二〇〇七a 一二九―一三五)。

不法投棄問題では、「不法投棄撲滅アクションプラン」をとりまとめた。法務省から環境省への検事の派遣、「不法投棄ホットライン」の設置などを行い、都道府県での取り締まり強化のために、廃棄物行政のマニフェスト伝票制度の徹底も図った。自身の持論の環境税は、年金財源に使う案などを示したが、これには産業界・経産省・国土交通省の反対が多く、実現しなかった。しかし、この主張を、大臣退任後も小池は持ち続ける。

沖縄北方担当相としては、普天間飛行場の辺野古移設返還と、沖縄振興策をセットにした従来の政策枠組みに沿っていた。V字型滑走路敷設に対して、稲嶺惠一知事と結び、地元にうまみの多い沖合い埋め立ての独自案を持って小泉に直談判に行った。ところがV字案は防衛省の案というより小泉の案であったため、小泉を怒らせた(石井二〇一七b 一六九、同二〇二〇 二六五―二六六)。[30] また二〇〇四年八月一三日の沖縄国際大学構内への在日米軍ヘリ墜落問題には、従来の日米関係の枠組みでしか対処せず、日本側は現場に立ち入れなかった。その他、沖縄科学技術大学院大学設立にも、取り組んだ。

二〇〇五年四月二六日、衆議院環境委員会で参考人を呼んだ審議で、土井が小池環境相に、京都議定書について質問している。小池は、温暖化排出ガス六％削減という目標は厳しいが、何とか実現したいと答弁している。

クールビズの大ヒット

二〇〇五年六月、小池は環境相としてクールビズを提起し、世間の理解を得て、冷房設定温度「二八℃」の浸透を図った。「産業部門」「運輸部門」ではなく「その他オフィス部門」の熱排気量を減らすため、夏季の男性の上着の省略やネクタイを外させることを試みたのである。構想は前年秋からあった。そして、日本では上司が変わらなければ「下から」変わることはできないと、まず小泉首相に話をつけ、二〇〇五年六月一日の閣議に小泉首相が沖縄の「かりゆし」スタイルで登場し、閣僚にクールビズを呼びかけた。

さらに愛知県での「愛・地球博」の環境の日（六月五日）のイベントで、人形劇の予定を変更して、日本経団連会長でトヨタ自動車会長の奥田碩《ひろし》、オリックスＣＥＯの宮内義彦（二人とも「時雨の会」という小池と財界人との読書会の仲間である）、松下電器産業会長の森下洋一ら一二社の上場企業のトップをモデルに、クールビズのデモンストレーションを行った。クールビズは一大ブームを巻き起こし、その年の新語・流行語大賞のトップテンにも選ばれた(31)(小池二〇〇七a 一四―六七、大下二〇一六 二七五―二九五)。小池は、地球温暖化防止という「大義」と、暑いのを何とかしたい・かっこいい、女性を膝掛けから解放するという「共感」があったとするが、ひらめきの勝利ではないかと思われる。

また同年夏の郵政民営化を問うた衆議院議員選挙でも、小泉首相ら民営化派はクールビズ、民営化反対派と野党はダークスーツといった棲み分けが行われ、選挙のアイコンにもなった。しかしこれは小池のインスピレーションと、小泉首相の賛同、財界首脳を愛・地球博に引っ張り出したツボ押さえの勝利であり、党や官僚制の複雑な意思決定機関を動かして進められたものではない。根回しは小池の苦手とするものであった。

小泉首相は、二〇〇五年の通常国会で郵政民営化法案を通そうとした。四月五日、政府は郵政改革に関する政府・与党会議などで、郵政民営化関連六法案の概要を示した。政務調査会郵政改革関係合同部会を開いて、党内調整に着手した。二六日、合同部会は荒れた。二七日、政府は郵政民営化関連六法案を閣議決定し、国会に提出した。五月二〇日衆議院に郵政民営化特別委員会が設置され、委員長は、自民党総務局長で選挙を仕切ることになる二階俊博になった。五月二六日、衆議院本会議において、内閣提出の郵政六法案の趣旨説明が行われ、六月三日、特別委員会が審議入りした。六月二八日、自民党の政策事項の最高決定機構である総務会が開かれた。総務会は全会一致方式で決定されるが、反対があったものの首相の強い姿勢を前に、異例なことに多数決で決められた。衆議院の特別委員会の審議は一〇九時間二五分に及んだ。

郵政選挙で国替え　刺客の筆頭に

七月四日に衆議院の郵政民営化特別委員会で採決を行った。本会議の採決は七月五日になった。賛成派が勝利したが、三七人の造反票を出し、棄権・欠席は一四人だった。郵政民営化反対派は否決された場合、小泉首相は解散できず辞任すると、考えていた。小池は、七月下旬に、中川秀直国会対策委員長から、選挙の準備は早いほうがいいと示唆されていた。また八月六日の北海道での集会で一緒だった武部勤幹事長に「小池さんは今回の選挙で…」と尋ねられ、郵政民営化法案が否決されれば小泉首相は解散に持ち込むことを悟った。

参議院の郵政民営化特別委員会の採決は八月五日だった。参議院の委員会は通過したが、八月八日に参議院本会議で採決が行われ、自民党議員の二二人が反対、棄権・欠席八人となって、郵政民営化法案は否決された。その夜、小泉首相は郵政民営化をテーマに、衆議院解散に踏み切った。

解散のための衆議院本会議が始まる前に、小池は、コスタリカ方式によって今度小選挙区に回るはずだったが、小泉郵政選挙の目玉となるような選挙区に立ちたいと考えた。ひとつは、コスタリカ方式のため前回比例代表で立候補して小選挙区で出ておらず、また大臣であったが、地元に利益還元できるポストではなく、兵庫六区の選挙基盤が必ずしも盤石ではないことがあった。コスタリカ方式のパートナーで二〇〇三年に小選挙区で出た男性候補は、落選していた。

小池は、「自己プロデュース」として、勝てる選挙区に出ることを考えた、それもメディアに取り上げられやすい東京で――。国会議員の情報が詰まった『国会便覧』を取り上げ東京の選挙区をチョイスしたところ、郵政反対派の小林興起と民主党の鮫島宗明が争っている「東京一〇区」なら勝てると踏んだ。そして九日に、小泉首相の秘書官の飯島勲に電話を入れたのである。比例の優遇はいらないとして退路を断つ潔さを示し、元の選挙区である兵庫六区には、伊丹市議の木挽司を出すことにした。小池は「自民党の上戸彩(女優。映画で戦国時代の最強の刺客を演じた)だ」と言われ、そこから「刺客」という言葉が一般化していった。

小池は、郵政民営化という「大義」に、小泉首相への「共感」が加わるとしたが(小池二〇〇七a一七八—一二三〇、大下二〇一六 三〇〇—三〇四)、実際には、造反派にはすべて刺客候補を送るという小泉のトリッキーな作戦と、女性候補のアイコン効果が勝利を招いたのではないだろうか。幹事長だった武部勤は「比例区に「女性枠」を設けて女性をぶつけた。僕の考えです。狼に熊をぶつけてはダメで、羊をぶつけると有権者は味方する。小池さんは国替えを決断し、「助けはいらない。落ちたら政治家を辞める」と比例区との重複立候補を断った。度胸のよさはすごい」と言った(32)。小池は、小泉の超イエスウーマンではなかったか。小池の「国替え」の後、東京一〇区の小林は「新党日本」を作ったので、自民党支持者はより小池に投票しやすくなった。

自民党女性候補は小泉ゲームのコマ

自民党は、この選挙に現職の七人プラス新人・元職一九人の計二六人の女性候補を擁立した。六月頃に武部幹事長が、一割ぐらい女性にしましょうと言ったのに、小泉首相が乗ったのだ。女性候補二六人のうち「刺客」は一〇人で、二六人全員が当選することになる。候補者選定は、二階、武部、小泉の秘書官飯島勲で進めた。候補者公募も行い、東京都青ヶ島村の教育長、飯島夕雁などが応じた(北海道一〇区)。財務省官僚の片山さつき(静岡七区)、参議院議員藤野公孝の妻で「料理のカリスマ」の藤野真紀子(愛知四区)や、南京虐殺で「一〇〇人切り」を競ったとされる少尉の名誉毀損裁判の弁護士の稲田朋美(福井一区)などには党から、声をかけていった。エコノミストの佐藤ゆかり(岐阜一区)は、かつて公募に応じており、自民党のリザーブ候補だった。一九九三年から三回当選した後、二〇〇三年の衆議院選で比例復活もならず落選中だった高市早苗(奈良一区)は、隣の奈良二区に「国替え」を命じられた。公募会場に来たが、気が変わったのか途中で帰った広津素子は、改めて呼び戻された(佐賀三区)。看護協会からは、郵政で造反した能勢和子に替えて、阿部俊子(岡山三区)が新たにリクルートされた。他に元職の山中あき子(元新進党・千葉二区)をピックアップした。現職は、森山真弓・小渕優子・松島みどり・土屋品子・上川陽子、それに加えて国替えをした小池と、細川護熙夫妻に荒らされた自民党熊本県連を立て直し、ギリギリまで郵政民営化反対に投票しそうであったが賛成票を投じ、刺客にされた西川京子(福岡一〇区)の七人であった(大下二〇〇五)。

現職女性候補の中で唯一自ら国替えを言い出した小池は、刺客ブームの先導者の一人となった。初出馬の時の、新党ブームのようなものも感じられ(大下二〇一六 三二四)、小池は一〇万九七六四票を獲得し、小林は四万一〇八九票、鮫島は五万五三六票で落選した。選挙後の本格改造内閣では、女性大臣が五人とか七人だとか無責任な予想もなされたが、結局、小池の留任と、東京比例ブロックから初当選した猪口邦子の少子化問題・男女共同参画担当相の二人に終わった。小池は外相か官房長官を狙っており、環境相留任は、「がっかり」であったとされている。また、猪口も外相を狙っていた(33)。高市の冷遇が目立った。

小泉は、ゲームのコマとして女性を扱ったのであり、女性政策を手厚く進めようという方針はなく、小池はそれを承知で「刺客」ブームに乗った、いや引っ張ったのだ。小池が環境相を続けたのは、小泉には珍しい論功行賞である。他の女性議員、とくに森派から他に女性大臣が出ないことに、党内では不満がたまっていった。

(1) 塩田潮「ひと烈風録 小池百合子」『週刊東洋経済』二〇一七年六月一七日号、八六頁

(2) 「小池百合子が細川前首相を初批判」『週刊朝日』一九九四年六月一〇日号、二六—二九頁。「細川さん、ビギナーズ・ラックはもうないわ」『週刊朝日』一九九七年七月四日号、一七八—一八〇頁

(3) 「土井たか子 小池百合子議員の批判演説控え室で激怒。女の戦いはエスカレート」『週刊宝石』一九九五年七月一三日号、四八頁

(4) 「正しい歴史を伝える国会議員連盟設立趣意書」(新進党系)『月刊社会党』一九九五年五月号、四三—四四頁

(5) 前掲塩田潮「ひと烈風録 小池百合子」八六頁

(6) 「畑恵当選で囁かれる〝新進党先輩〟小池百合子との確執」『FLASH』一九九五年八月二二／二九日合併号、八—九頁。「新進党のマドンナの座争い?」『週刊ポスト』一九九五年二月八日号、四九—五〇頁。「小池百合子議員vs畑恵議員」『女性セブン』一九九五年一一月三〇日号、二八一頁。「小沢一郎・小池百合子vs羽田孜・畑恵、宿命の全面対決に突入」『FLASH』一九九五年一二月二八日号、八—九頁。「新進党 厚化粧三人女」『週刊大衆』一九九六年七月一五日号、二〇四—二〇六頁

(7) 船田は一九九七年自民党に復党、同じく新進党を離れた畑と不倫関係になり「政界失楽園」と呼ばれたが、船田は前妻と離婚し、畑と正式に結婚する。船田は二〇〇〇年衆議院選で落選するが、二〇〇三年に当選しキャリアを重ねる。畑は二〇〇一年無所属で参議院選に落ち、政界を引退し、船田家の作新学院の役職に就いた

(8) 高澤美有紀「女性国会議員比率の動向」『調査と情報』八八三号、二〇一五年、四頁

（9）「政権党の患部は手術で」『FOCUS』一九九八年六月一〇日号、二二―二三頁。「小池百合子四五歳「子宮全摘出」の記録」『週刊宝石』一九九八年七月一六日号、一七八―一八〇頁。「小池百合子全告白一二〇分」『女性セブン』一九九八年七月二三日号、三三―三七頁。「女議員のジハード」『宝石』一九九八年一〇月号、二〇八―二一五頁。女子の本懐として、出産を経験していないことには、こだわりがあるとしている
（10）小池百合子「理由なき「朝銀救済」を糾す！」『諸君！』一九九九年九月号、一三三―一四〇頁。同「朝銀への血税一兆円投入は日本の安全保障にかかわる重大事だ」『SAPIO』二〇〇一年九月二六日号、五五―五七頁
（11）藤吉雅春「小池百合子研究第二弾」『週刊文春』二〇〇五年一〇月二〇日号、一六四頁
（12）「「小沢一郎をソデ」小池百合子の「敵」は主婦議員」『アサヒ芸能』二〇〇〇年六月二二日号、二〇五―二〇六頁
（13）西村眞悟・大川興業「最も「物騒な」政務次官西村眞悟インタビュー」『週刊プレイボーイ』一九九九年一一月二日号、二三〇―二三三頁
（14）「総選挙！「オンナたちの闘い」に完全密着」『FRIDAY』二〇〇〇年六月三〇日号、一六―一九頁
（15）「与党三党女性議員座談会」『月刊自由民主』二〇〇〇年九月号、六四―七三頁
（16）野田聖子・小池百合子「沈む永田町に「喝！」」『正論』二〇〇二年六月号、一一二―一二四頁
（17）小池百合子「被害者家族の地獄の一日」『Voice』二〇〇二年一二月号、六二―六七頁。同「間近に見つめた拉致被害者家族の本当の気持ち」『婦人公論』二〇〇二年一〇月二二日号、一四八―一四九頁。「消えぬ脅威、暴発の危険性」『論座』二〇〇二年一一月号、二二―二七頁
（18）「「神戸空港」建設で「女の戦い」が勃発」『週刊ポスト』二〇〇二年一二月二〇日号、五四―五五頁
（19）小池百合子「小沢一郎と小泉純一郎を斬る」『文藝春秋』二〇〇八年一月号、一二八―一三八頁
（20）西岡力・田久保忠衛・小池百合子「日本有事　三つのシナリオ」『Voice』二〇〇三年三月号、六二―七七頁
（21）「蘇る〝不死鳥〟小池百合子」『AERA』二〇一六年一一月一四日号、一五頁
（22）前掲小池百合子「朝銀への血税一兆円投入は日本の安全保障にかかわる重大事だ」。同「なぜ急ぐ蛮行国家との国交交渉再開」『正論』二〇〇二年一一月号、六〇―七一頁
（23）「石油争奪戦に参戦せよ」『Voice』二〇〇三年五月号、八八―九五頁
（24）「狙われる「小池劇場」の三人組」『FACTA』二〇一六年一〇月号、七六―七七頁

(25)「小池百合子　ギャンブラーの心意気」『婦人公論』二〇〇八年一一月二二日号、一五四頁
(26)「小池百合子 vs. 麻生太郎〝バス釣り戦争〟勃発」『週刊ポスト』二〇〇四年一二月一七日号、四一―四二頁
(27)屋山太郎「膨らんだ期待がしぼんでいる」『正論』二〇一七年八月号、五六―六三頁
(28)櫻井よしこ「「自分ファースト」の政治を憂う」『新潮45』二〇一七年七月号、二六―二七頁
(29)粟野仁雄「二枚舌は許されない」『週刊金曜日』二〇〇六年二月一〇日号、一一頁
(30)「小池百合子「小泉サンとのホントの仲、話します」」『週刊ポスト』二〇〇六年一〇月六日号、四四頁
(31)なお、この年は九月投開票の郵政選挙の一大ブームがあり、新語・流行語大賞は「小泉劇場」と堀江貴文の「想定内／外」が受賞した
(32)前掲塩田潮「ひと烈風録　小池百合子」八五頁
(33)「刺客「ご褒美」の満足度」『AERA』二〇〇五年一一月一四日号、二八―二九頁。「小泉「アマゾネス内閣」誕生！」『週刊現代』二〇〇五年九月二四日号、二八―三一頁

第10章 防衛大臣をへて自民党総裁選出馬

ついに権力を争う主体へ

2008年自民党総裁選について報道陣の質問に答える小池
(9月5日、羽田空港、共同)

補佐官から防衛大臣へ

小泉首相は二〇〇六年に退陣し、九月に第一次安倍晋三内閣がスタートした。女性閣僚は、高市早苗内閣府特命担当相（沖縄及び北方対策、科学技術政策、少子化・男女共同参画、食品安全、イノベーション）と大田弘子経済財政政策担当相（民間）の二人だった。

安倍首相は、内閣の機能強化として、五人の内閣総理大臣補佐官を任命した。根本匠（経済財政担当）、中山恭子（拉致問題担当）、世耕弘成（広報担当）、山谷えり子（教育再生担当）と共に、小池は、国家安全保障問題担当補佐官となった。安倍は三世議員で、衆議院議員の初当選が一九九三年と同期だが、小池より二歳若く、やりにくい年下の権力者だった（石井二〇二〇 二六〇）。小池は、官房長官の塩崎恭久のことも見下していた。

任務としたのは、米国の制度をモデルとした「国家安全保障会議（日本版ＮＳＣ）」創設である。小池は、政府機関においては、安全保障と危機管理に関わる省庁の担当部署から情報収集をするシステムが重要だが、本来ならば報告されるべき情報がトップに伝えられないケースについて、十分検討すべきだと考えた。重要な情報ほど官僚が抱え込む場合があるからである[1]。小池は、従来のものものしく儀礼的な安全保障会議を大幅に改組し、参加閣僚を基本的に絞り込んで、必要な閣僚には必要なときに参加してもらう、政治家同士喧々囂々の議論を交わす機能的なタイプにすることを目標にした。法案化に当たって、外務省と防衛省の役割分担が問題となり、小池は両者に配慮して半年で法案をまとめたが、国会では継続審議になった(小池二〇〇七b 六〇―六三)。結局、第二次安倍内閣によって二〇一三年に法律が成立する。補佐官の権限についても、外相・防衛相・官房長官との重複が課題だった。塩崎恭久官房長官とは微妙な温度差があった(『朝日新聞』二〇〇六・一〇・一二)。

二〇〇七年六月三〇日、防衛庁が防衛省に昇格して初代防衛相だった久間章生(長崎選出)が、米国による原爆投下は「しかたなかった」と発言した。参院選も近く、久間は辞任に至った。安倍は「清心イメージ」を狙って「安全保障政策に精通し、さまざまな情報も把握していて、海外の外相、防衛担当相とも面識がある」(『産経新聞』二〇〇七・七・四)と、七月三日に小池を後継の防衛相に指名した。小池の人事は、小泉純一郎前首相が推していた(石井二〇二〇 二五八、二六二)。小池は、独立した防衛省の二代目の防衛大臣となり、初の女性防衛相であった。環境省は一一〇〇人の小所帯だが、防衛省は二六万人の巨大組織である。安倍首相は、在日米軍再編(普天間基地の辺野古沖移設)の実行を最優先事項として指示した(『産経新聞』同前)。他の課題は、危機管理機構としての緊急事態への対応、ＰＫＯ活動への取り組み、イージス艦に関する情報漏洩問題を含めた情報保全体制の強化、そしてとくに一一月一日に法的期限を迎えるテロ等特措法の延長(インド洋での給油作業の継続)が小池にとっての重要課題であった。小池は、大臣室に日の丸を持ち込んだ(小池二〇〇七b 一三)。

七月一二日に参議院議員選挙が公示され、二九日に投開票があった。小池は、応援に全国を駆け回ったが、自民党は、消えた年金問題・大臣の事務所費問題・柳沢伯夫厚労相の「女性は産む機械」発言など逆風に吹かれ、改選六四議席を三七議席に減らし、公明党と合わせても半数割れで、惨敗した。七月一六日には中越沖地震があったので、選挙活動を中断して自衛隊の指揮に当たっている(小池二〇〇七b 八三―八七)。

八月一日には、小池は「ぶらさがり」でポスト安倍の「総裁選への対応」を聞かれたが、「そもそも私は自民党のオオクチバスではないけれど、外来種、小魚です。総裁選への出馬は一切考えたことはございません」と答えている。「外様」だということを強調した(小池二〇〇七b 一一八―一一九)。この安倍内閣の時点では、総裁選出馬は考えていなかったものと思われている。しかし、『議員と官僚は使いよう』では、「総裁選に勝ってそれぞれの大臣が持っている委任された権限を一気に越えることができると考えた」(小池二〇〇九 一三二)としている。それは、環境相時代に、経産省と財務省に太陽光発電を阻止された経験からだと言っている。また、首相補佐官時代に、日本版NSCで外交と防衛をまとめたかったのに、防衛相になってみると防衛省にも外務省にも日本版NSCを潰したい勢力があってうまくいかなかった。「政治のリーダーシップの欠如と省庁の縦割りが安全保障を脅かしています」(小池二〇〇九 一四三)と言っている。総理総裁になってタテ割り政治を超えることを考えていたのは、環境相・首相補佐官・防衛相時代だということができる。

防衛次官・守屋との暗闘

二〇〇七年の参議院選挙では、今述べたように小沢民主党が反格差の立場からアピールして与野党逆転し、ねじれ国会となっていた。八月七日には国会が開催されたので、小池は一日だけ開会式と本会議には出席することにして、アメリカ行きを調整した。同日、普天間飛行場の辺野古移設に伴う環境アセスメントについて、方法書を名護市と沖縄県に届ける手配をし、別途配達証明付きで郵送した(小池二〇〇七b　一二六)。

ここで問題となったのが、防衛省の事務次官人事である(小池二〇〇七b　一三一―一三二)。防衛庁から省に格上げされたばかりの防衛省は、九月一日に防衛施設庁との統合も控えていた。守屋武昌事務次官は二〇〇三年の就任以来、四年を経ていた。小池は、沖縄北方担当相時代に守屋と仕事をしたが、補佐官時代には彼と防衛産業の蜜月ぶりを知っており、人事を刷新することにした(濵賀二〇一三　二〇五)。総理からも「五年目でしょ。いくら何でも長すぎます」と了承を得た。通常、事務次官の任期は一年、長くて二年である。八月六日夜、小池案の「後任は西川徹矢官房長」が翌日の『毎日新聞』に載ることがわかった。小池は、守屋に深夜携帯電話で伝えようとして、出なかったのでワン切りを二回行ったと言う。翌朝には記事が出て、守屋は準備なく自宅で記者に囲まれた。人事を携帯で伝えることの是非もある。小池は「人事ではなく、報道があることを伝えようとした」とする(小池二〇〇七b　一三一―一三五)。

訪米して八日、ペンタゴンでゲーツ国防長官に会った。ホテルにアーミテージ元国務副長官の来訪があり、ホワイトハウスでは、チェイニー副大統領に会った。イングランド国防副長官主催のレセプション、次いで小池の主催の寿司パーティがあった。九日は国務省でコンドリーザ・ライス長官と面会した。講演で、自分は彼女を尊敬しており、「日本のライスだから「マダム寿司」と呼んでくれ」とジョークをつかみにした。ホワイトハウスではハドリー大統領安全保障補佐官とも面接し、一〇日はローレス国防長官特別補佐官と朝食だった。総じて話題は、日本の情報保全体制の強化・北朝鮮問題・在日米軍再編・日米関係であったが、小池は『女子の本懐』(小池二〇〇七b)でこれらに関する自分の所信を詳しく述べていない。また、結局、国会で防衛相として発言していないので、対米追随を批判し北朝鮮強硬派だとしても、小池の国防観が、自民党タカ派とどこが同じでどこが違うのか、つまびらかにはわからない。ただ他のところで、細川内閣が安全保障観で一致を見なかったことの問題や、民主党の安全保障観がバラバラであることを厳しく批判しており(小池二〇〇七a 一九七)、二〇一七年に「希望の党」を立ち上げるに際して安保・国防観が一致しない候補を「排除」して、安倍内閣に勝ったかも知れなかったチャンスを逃したことの、伏線が読み取れる。

一一日に帰国してからは、次官人事問題に追われた。しかし塩崎官房長官と連絡が取れなかった。守屋が官邸中心に巻き返しを図っていたと推察された。一三日に塩崎に情報保全を重視した人事案を説明して早く決定したかったが、塩崎からは、二七日組閣後の「人事検討会議」(正副官房長官四人からなる)を経てから決まると、押し戻されてしまった。小池は安倍首相に直談判に行ったが、安倍は決断せず、二七日以降と言った。ここで小池は進退伺いを出すのである。そこで『女子の本懐』に「辞めるなんて言わないで下さい。お願いだから」と安倍が言ったと書かれているが(小池二〇〇七b 一五二)、こうした言葉をすぐに公刊したのは安倍への配慮がなかった、との批判もある。[2] 二七日まで防衛省の人事案がマスコミのおもちゃとなり、テロ特措法も浮くと小池は心配し、シビリアン・コントロールの問題でもあると考えた。一四日には、ようやく守屋が自身の退任と山崎信之郎運用企画局長昇進の案を作った。「次の次の本命でプロパーの増田好平人事教育局長が次官になるまで、どうつなぐか」が省内の大きな意見だった（小池二〇〇七b　一五三―一五四）。

一七日に、総理が決断した。西川でも山崎でもないということで、増田次官案であった。小池はそれを前提に人事案を作った。二七日の組閣前の内定である。シビリアン・コントロールが最後に働いたと、小池は考えた（小池二〇〇七b　一六一―一六二）。

八月二一～二五日、パキスタンとインドを訪問した。特にパキスタンは、テロ特措法によるインド洋上の自衛隊による給油を受けており、これを不可欠だと評価していた。二四日、帰国前の記者会見で、突如、イージス艦の情報流出問題の責任を取るとして、次の組閣で大臣を望まないことを表明した。この情報流出事件は小池の在任中のものではない。テロ特措法の延長に関する審議で、自分が防衛相であると人事問題などで紛糾し、すみやかに進まないことを恐れたという（小池二〇〇七b　一八六―一八七）。逆に言えば、国会答弁から逃げたということでもある。「周囲には収拾がつかなくなり、大臣職を放り出したと映った」（石井二〇一八a　一二九）。

安倍退陣と小池の逃げ足

安倍は、八月二七日に内閣改造を行った。新防衛相は高村正彦で、小池の任期は五五日であった。女性閣僚は、留任した大田と、上川陽子少子化担当相となった。安倍は九月一〇日には臨時国会で所信表明したものの、九月一二日に内閣総辞職を表明した。理由は、後から体調不良とわかった。小池の逃げ足は速かったと言えよう。後継首相は福田康夫となった（九月二六日）。テロ特措法は二〇〇七年一一月一日に、期限切れで失効した。給油を行なっていた自衛艦は、インド洋から引き揚げた。福田内閣は一〇月二六日から新テロ特措法の審議を始め、一一月一三日に衆議院で与党の賛成多数で可決、二〇〇八年一月一一日に参議院本会議で野党の反対多数で否決されたが、同日午後に衆議院本会議で与党の三分の二以上の賛成多数で再び可決、衆議院の優越原則により成立した。三カ月と二四日ぶりに、インド洋上の給油作業が再開された。二〇〇七年一〇月、守屋は、防衛産業の山田洋行との癒着が報じられるようになって一一月二八日に逮捕され、二〇一〇年八月に懲役二年六月、追徴金約一二五〇万円の実刑が確定した。これで小池による人事が評価されることになるが、守屋は、自分の次官時代に特捜と小池の間に情報交換があったとしている。守屋によれば、普天間移設問題で小池は地元業者の押す、V字案よりも環境へのダメージの大きい埋め立て案を支持し、結局沖縄基地問題の重さを扱いかねて遁走したということになると、石井が書いている(石井二〇一七b 一六九―一七〇)。二〇二〇年の石井の著書では、自民党内に小池の言動に対する批判や反発が強まり、「小泉内閣の田中真紀子よりひどい」という声も挙がっていたとする(石井二〇二〇 二七四)。

小池総裁の可能性

安倍後継の総裁は、前述のように自民党両院議員総会で、福田康夫が選ばれた。首班指名が、衆議院は福田、参議院は小沢と、両院で異なり、衆議院の優先の下、二〇〇七年九月二六日福田内閣がスタートした。福田は小沢に大連立内閣を持ちかけるなど、強いリーダーシップではなくコンセンサスによる統治を試みた。二〇〇八年四月、小池は、「京都議定書目標達成議員連盟」(もくたつ議連)を作り、小泉元首相を名誉顧問に、中川秀直元幹事長を会長とし、自身は幹事長となった。二〇〇八年八月一日からの福田改造内閣は、中川たちの「上げ潮派」を重用しなかった。「上げ潮派」とは、財政(国家)が、経済(市場)に介入することを少なくすること(金融緩和、規制緩和、「小さな政府」)で経済を成長させ、成長率が上がれば税収も自然増となり、消費税の税率を上げなくても財政が再建されるとする立場、つまりは新自由主義である。「改革なくして成長なし」をスローガンとした小泉政権の構造改革を継承する立場と言える。福祉は削減し、自助を重視する。小池も、「小泉改革を続ける」という「上げ潮派」だった。

八月四日、福田は中川に、「党国家戦略本部長代行」への就任を要請した。改革続行の立場で中長期ビジョンを示してほしいというのである。中川は、「中長期ビジョン暫定委員会」のトップに小池を据えた。副本部長には伊藤達也首相補佐官など、小泉構造改革路線を継承する顔触れを揃えた。当時は、民主党が参議院選挙で勝った余勢を駆って政権に近づこうとしていた。その民主党に勝つために自民党が何でもやるのなら、小池総裁の可能性も考えられた(3)。小泉の後押しも伝えられた。

野田聖子の復党が決まり、岐阜一区で野田への「刺客」であった佐藤ゆかりの東京五区転出が、二〇〇八年二月に決定した。小池は三月に、衆議院東京比例ブロック選出の猪口邦子と、格差の拡大を悪いこととしない参議院東京選挙区の丸川珠代とで、佐藤の歓迎会を開いた。女性の視点から作る東京改革をまとめて、出版物でアピールしようということになった。それまで女性政策でやってきた野田聖子への当てつけという説もあった。Tokyo Projects of/by/for Ladies というユニットを形成することになったが、丸川は大塚拓との結婚で忙しくなり、抜けたという。小池は、東京一四区の松島みどりに声をかけていない。松島と小池の確執が伝えられた。[4] 猪口は「少子化」、小池は「環境」、佐藤は「経済」で、意識改革を迫る文章を書いた。タイトルは『東京女子大作戦』としたが、小泉元首相が「東京女子大のようだ」とコメントしたので、『東京WOMEN大作戦』(猪口他二〇〇八)となった。小池は、女性はリスクを恐れないとし、猪口は女性が不当なリスクを負わなくてもいい社会を実現しようと言った(同前 一九七―二〇一)。福田内閣改造前の七月一〇日に、出版記念パーティを開いている(大下二〇一六 三七五―三七九)。

福田首相は、参議院で多数を持たない「ねじれ国会」で行き詰まり、二〇〇八年八月一日の内閣改造後の九月一日に唐突に辞任を持ち出し、二四日、総辞職した。福田後継の総裁は、党員に開かれた総裁選挙で決まることになった。

総裁選へ　権力を争う主体として

九月二日、ポスト福田の総裁選挙が始まった。小池には、「日本初の女性首相」の声もかかり、自分を小泉改革の後継者と位置づけて、総裁選に立候補しようとした。福田内閣で厚労相として名を上げた、舛添要一へのライバル心もあったという(石井二〇二〇 二七七)。なお石井は、かつて小池が舛添と交際していたと暴露しているが、舛添は否定している(舛添二〇二〇 六二―六四)。

小泉改革に関しては、自民党内部も分かれていた。所得格差や地方の疲弊が進んでおりマイナスだという反改革派と、改革をもっと進めないと日本の沈滞が進んでしまうという改革継承派である。前者は、前年の参議院選挙の敗北から、赤字国債の発行を強化する積極財政派となっていた。小池陣営は、規制緩和推進の「改革派」であり、「初の女性総裁候補」対「旧守派」の麻生太郎という図式を考えていた（大下二〇一六 四一四）。しかし、麻生と小池の他、与謝野馨、石破茂、そして改革派の石原伸晃も立候補し、二元対立図式が成立しなくなった。小泉元首相は小池を支持したが、大々的なものではなかった。石原慎太郎は、小池が立候補しなかったら息子の伸晃の将来も変わっていたと、悔しがったという(5)。

小池は二〇人の推薦者探しに奔走した。所属派閥の森喜朗元首相は、「他派の候補」、すなわち麻生を支持した。派としての方針はまとまらなかった。中川秀直（森派）や中山泰秀を通して小池を推してくれると約束した議員も、後日取り消してくるような有様だった。麻生圧勝の空気の中で、冷や飯に甘んじようとする者は多くなかった。「小泉チルドレン」を二一人まとめていた武部勤元幹事長は、「刺客」選挙の時から、女性にチャンスを回そうと考えており、小池に推薦人を回した（『朝日新聞』二〇〇八・九・五、大下二〇一六 四〇六―四〇八）。ようやく二〇人推薦人を確保した小池は、九月八日に立候補の記者会見を行った。

小池は改革の継続を唱え、公約として、「日本、もったいないぞ宣言」（小池二〇〇八）を掲げた。「地域力」「環境力」「女性力」「経済力」「外交力」「政治力」の利用が日本では不十分で、もったいないというのだ。九月一一日の立会演説会で、「小泉改革の継承者として、霞ヶ関をぶっ壊す」と主張した（『朝日新聞』九・一三）。小池は今までになく女性を強調したが、「女性力」の三つの柱のうち一つは丸ごと年金の話になってしまっており、少子化対策・雇用の柔軟化も、目を見張るようなものではなかった。また小池は、田中真紀子のような「おばちゃん」にはなれなかったし、女性からの支持はそれほど集まらなかった。推薦人になった女性議員は、四人だけだった。このことから、ジャーナリストの横田由美子は、「地方に住む大多数の女性たちはより保守的なのだ」といっているが、正確には総裁選挙に投票権のある自民党員女性が、保守的だということだろう(6)。だから党員ではなく女性有権者一般を相手にするとき、もちろん小池の選挙区は東京一〇区であるし、のちに都知事を狙うときにも、必ずしも保守的ではない都民女性を相手に、小池は、女性を目一杯強調することになる。

九月二二日、総裁選挙は、景気回復を主張した麻生が勝利した。麻生三五一票、与謝野六六票、小池四六票、石原三七票、石破二五票だった。地方票は、三票総取りだったので、小池はゼロ票であった。しかし三五道府県で二位、一二都府県で三位であり、いわば地方の「浮動票」を取ったのである(大下二〇一六　四二〇—四二二)。小池は、小泉改革は道半ばであり、この改革を継承しなければ、常に悲鳴を上げたところに税金が流れる対症療法が続き、問題が先延ばしされると述べ、危機感をあらわにした(濱賀二〇一三　二〇九)(7)。総裁選後、小池は無派閥になっている。

小池は、もはや権力のある男性に従うのでなく、自分が権力を争う主体となった。一九七一年には日本の大学を辞めて単身カイロにアラビア語を学ぶために飛び込んだ。一九九二年にキャスターの座を捨てて日本新党に身を投じた。新進党首選では、いやがる小沢を選挙に引っ張り出した。小沢が自民党と連立を止めた際には、保守党所属で自民党との連立に残った。小泉内閣になってから、自民党に移った。これらは、小池がしたたかなギャンブラーとしてできたことだとの、高評価もあった。そして二〇〇八年の総裁選で初めて賭けに負けたというのである。(8)

民主党への政権交代

二〇〇八年九月にリーマンショックが起こった。景気は急激に下向きとなり、すぐにでも解散を打つかと言われた麻生政権は、支持率を下げつつ、ずるずる続くことになった。党内女性議員は、佐藤ゆかり・猪口邦子の「小池派」と、小渕優子・橋本聖子の「野田聖子派」に割れていたというが、二〇〇八年一一月には、小池と野田が仲良く酒を酌み交わす姿が目撃されている。(9)

麻生は、任期満了直前になってようやく解散を表明し、二〇〇九年八月末に総選挙が行われた。民主党は「コンクリートから人へ」「国民の生活が第一。」のマニフェストを振りかざし、小沢の指揮のもと自民党の大物議員の選挙区に「小沢ガールズ」と呼ばれる女性候補をぶつけた。小池には、東大広報部で国際化を担当した元特任准教授、江端貴子という「逆刺客」がぶつけられた。彼女は、マサチューセッツ工科大学でMBAを取得し、富士通・マッキンゼー・外資系大手製薬会社役員の経歴がある。また介護と育児のため専業主婦となった経験も、アピール・ポイントであった。(10) 小池が郵政選挙で争った新党日本の小林興起は、反自民票が割れないように、民主党の比例ブロック候補とされた。(11) 対する小池は、宗教団体「幸福の科学」の幸福実現党候補、泉聡彦に選挙協力を持ち掛け、出馬辞退を得た。(12) しかし、小池は小選挙区で敗れ、比例復活となった。公明票が逃げたためではないかとの分析もある。(13) この小選挙区敗北で、小池は生まれ変わったと言われる。選挙区のどんな小さな催しにも姿を現すようになった[14]。

全体では民主党が三〇八議席を獲得して勝利し、選挙による政権交代が実現した。ただし参議院では過半数がなかったので、民主党は、社民党・国民新党と連立を組み、鳩山由紀夫内閣をスタートさせた。自民党は三〇〇議席から一一九議席に激減した。自民党は谷垣禎一総裁のもとで再出発し、総裁選挙以降無派閥となっていた小池は、谷垣に近づき[15]、広報本部長になり、総務会長になった。二〇〇九年には、民主党のやり方では絶対に脱官僚はできないと、厳しく批判している(小池二〇〇九)。

その後民主党政権では、鳩山首相が普天間飛行場移転問題で迷走した。後継の菅直人首相は、唐突に消費税を一〇%に上げると言い出して、二〇一〇年の参議院選挙に負けた。この参議院選前には、野田聖子か小池が次期自民党総裁だと言われたこともある[16]。二〇一〇年秋、小池は総務会長となった(二〇一一年九月まで)。女性初の自民党三役であった。二〇一一年に谷垣禎一総裁に続いて衆議院本会議で代表質問にも立っている。野党の間に小池は女性政策に乗り出し、あの小池さんが、と驚かれた(Pavloska 2019 160)。

二〇一〇年一月二二日の予算委員会では、民主党の政策である外国人への地方参政権付与に反対している。三月一日には、予算委員会で普天間飛行場移設問題(五月一〇日沖縄及び北方問題に関する特別委員会でも)と災害支援における緊急支援について述べている。代表質問では、民主党政権の女性政策が弱いのではないかと指摘し、自民党で女性のための政策を募集したら二〇〇通応募が来たので、議員立法で実現していきたいが、選択的夫婦別姓は除くと述べた。また、民主党政権による防衛費の削減を批判し、邦人救助のために自衛隊を出すつもりはないのかと質問した(二〇一一年一月二六日本会議)。

さらに、二〇一〇年九月七日に中国船が尖閣諸島近辺で海上保安庁の巡視船に衝突を繰り返した件について、巡視船が同漁船の船長を公務執行妨害で逮捕したが、那覇地方検察庁次席検事が釈放し、仙谷官房長官が容認した対応に関し、厳しい批判を行っている(二〇一一年一月二六日本会議)。

二〇一〇年一〇月、小池は、選挙区の練馬区に、太陽光パネル設置で地中熱も利用した二階建ての新居「エコだハウス」を建てている(小池二〇一二)。翌二〇一二年六月に、自民党女性議員限定でお披露目会を開いた。一〇人弱参加したといい、「子分のいない」小池が、女性の代表を狙ったものと言われた(17)。

臥薪嘗胆へ

小池は、東日本大震災についても、本会議で質問に立っている。復興対策本部とか復興庁とか屋上屋を重ねていて、菅内閣はスピーディな対応ができていないというのである(二〇一一年五月一九日)。予算委員会では、二次補正予算の対応が遅い、民主党に国家戦略局というアイディアがあったのに引っ込めてしまっており、小池の国家安全保障会議をきちんと設立しておけば、震災後のこのような状況ということは防げたのではないかと質問している(二〇一一年七月一九日・九月二六日)。

さらに、田中直紀防衛大臣の資質を問題にしたり(二〇一二年二月一日予算委員会)、社会保障・税一体改革素案について一二年二月一日予算委員会で野田佳彦首相に質問したりした(七月九日予算委員会も）。尖閣列島買い取り問題をも取り上げた（七月九日予算委員会）。二〇一二年一一月一二日には、予算委員会で、朝鮮学校の無償化について反対の立場から、田中真紀子文部科学相とやり合っている。

二〇一二年九月の自民党総裁選挙で、安倍が石破茂を逆転で下した。小池は、小選挙区で負けていたので候補になれず、途中まで安倍支持だったのに（『産経新聞』二〇一二・九・六）、安倍を不人気と見て石破支持に切り替えた（『読売新聞』九・二六）。これで、勝利した安倍から非常に疎まれることになる。

二〇一〇年四月、石原慎太郎が東京都知事四選に出るかどうか疑われたとき、小池の名前が挙がっている(18)。二〇一二年一〇月、石原慎太郎が本当に東京都知事を辞めるが、この時にも小池の名前が挙がっている(19)。女性では他に安藤優子の名前が挙がった。民主党政権は、菅が東日本大震災による原発事故への対応などで不人気となって行き詰まり、二〇一一年九月二日に野田内閣となった。小池は、野田改造内閣に小宮山洋子厚労相しか女性がいないことを批判した（二〇一二年二月一日予算委員会）。

政権交代するまではと、小池は髪を長くしていた。「臥薪嘗胆《がしんしょうたん》ヘア」である。二〇一二年三月一日、自民党は、小池を委員長とする、女性の視点に立った政策を打ち出すための「女性が暮らしやすい国はみんなにとっていい国だ特命委員会」（一一九二《イイクニ》委員会）を発足させた。当初は、「三月末までに主婦の就労支援策や年金問題について提言をまとめ、女性票獲得を狙う」という、お手軽な作りだった（『産経新聞』二〇一二・三・二）。小池はこれを、女性議員が参加し、それぞれ女性政策に関する所信を発表する書籍に仕上げるプランに拡大した。自民党は、二〇一二年一二月一六日投開票の衆議院選挙で政権を取り戻し、自民・公明連立政権に復帰した。小池は一二月一九日に断髪式を行ったが、「二一九二委員会」の会合を続けた。

再政権交代と雌伏の時代

自民党が政権を取り戻した二〇一二年末の衆議院選では、小池は小選挙区で大幅に勝利した。小池は、安倍首相や、引退後も安倍の派閥である細田派に影響力を維持する森喜朗東京オリンピック・パラリンピック組織委員会会長に疎まれて政調会長になれず、党の広報本部長となった。[20]

「二一九二委員会」は、『女性が活きる成長戦略のヒント Vol. 1　20／30（にいまる・さんまる）プロジェクト』という書籍を発行した（小池編二〇一三）。二〇二〇年までに、指導的地位の三〇%を女性に、という意味である。小池の他、上野通子・小渕優子・片山さつき・金子恵美・佐藤ゆかり・島尻安伊子・野田聖子・三原じゅん子・宮川典子・森まさこが書いている。野田が入っているが、ライバル視されていた、松島みどり、高市早苗、丸川珠代は書いていない。[21] 女性の権利や平等というよりは、女性の活躍を進める方途や考え方が書いてあるのだが、それぞれの立場で書いてあって特にまとめた様子はない。小池は、企業の側や女性の側の意識改革の必要を説いている（小池編二〇一三　二九―三〇、七七―八五）。面白いのは、クオータについて賛成派も反対派もいることだ。これだけのプロジェクトを行いながら、小池は党内女性陣の頭目と見られることはなかった。

第二次安倍内閣は、高市早苗を政調会長、野田聖子を総務会長、森まさこと稲田朋美を内閣府特命担当大臣とし、女性活用をアベノミクスの第三の矢に入れた。しかし、小泉内閣時代や第一次安倍内閣でジェンダー・バッシングを行った安倍が女性政策を強調することに関して、驚きをもって迎えられた。批判者からは、活用はあるが平等はない、活用も格好だけであると指摘された。その典型が、育休三年化(「三年間抱っこし放題」)と、女性は早く産まないと妊孕性が下がるといった知識を載せた「女性手帳」の青少年(女性限定)への配布案で、撤回に追い込まれた。小池にとっては、女性活躍という政策は取り入れられたが、本人の登用がなくなってしまった。稲田朋美が寵愛され、丸川珠代も「お気に入り」だった。小池は、二〇一三年一一月二六日、特定秘密保護法案の審査において、生活の党の玉城デニー衆議院議員(当時。現沖縄県知事。母が日本人・父が米兵)の質疑に対して、「日本語読めるんですか、わかるんですか?」とのヘイトやじを飛ばしたが[22]、小池の待遇が改善されることはなかった。

二〇一四年二月の猪瀬直樹辞任に伴う東京都知事選挙には、石原慎太郎から、立候補しないかとの声がかかった[23]。国では議連を作って政策を動かそうとしても遅い。決まらないし、中途半端だ。むしろ東京でやった方が早いなと思った。女性の活躍や待機児童対策もそうだ[24]。小池は心が動いたが、当時石原は自民党ではなく、調整不足であった。結局石原は田母神俊雄を支持することになり、当選したのは、舛添要一であった。

二〇一四年九月の第二次安倍改造内閣では、高市早苗総務相・松島みどり法相・小渕優子経済産業相・山谷えり子防災担当相・有村治子女性活躍相が入閣した。しかし松島と小渕は不祥事ですぐ辞任している。女性五大臣は、小泉第一次内閣とタイ記録だが、その時は民間人を二人含んでいたので、議員ばかりの大臣としては新記録であった。安倍は「女性活躍政策」を掲げ、二〇一三年九月には、国連総会で「女性が輝く社会づくり」和製英語で「ウーマノミクス」の決意を強調する演説をした(25)。稲田朋美が「初の女性総理候補」と呼ばれるようになった一方(26)、小池は重用される気配がなかった。二〇一五年九月の総裁選挙では、小池は野田聖子の推薦人になったが、二〇人に届かず、安倍の無投票当選になっている(27)。野田は、小池を「百合姉」と慕うようになった(28)。

小池にとっては、二〇一六年に都知事選挙に出るまでは、雌伏の時代であった。この間、二〇一三年に父親を送り、母を看取っている。母に関しては、自宅でチームを作って、がん治療の最期の一二日間対応し、そのことを出版した(小池二〇一四)。公的には忙しい時期でなかったことが、幸いしたのかもしれない。小池は独身で、妻・母の面は出ないが、「娘」として両親との関係にしばしば触れている。

(1)「われら安倍首相の母衣武者とならん」『正論』二〇〇六年一二月号、一〇四―一一三頁
(2) 前掲櫻井よしこ「「自分ファースト」の政治を憂う」一二八頁
(3)「〝マダム寿司〟小池百合子内閣で自民・公明圧勝」『週刊現代』二〇〇八年一月一九日号、二七―二八頁。山村明義「小池「マダム〝回転〟寿司」の厚化粧パフォーマンスにダマされるな」『週刊現代』二〇〇八年二月二日号、三〇―三二頁。「小池百合子が首相になっちまうゾ」『週刊大衆』二〇〇八年二月二五日号、二一―二五頁。「また小池百合子か」『週刊新潮』二〇〇八年三月六日号、一四四―一四五頁。「「政局を嗅ぎわける女」小池百合子を総理に推す「二〇人」」『週刊文春』二〇〇八年四月三日号、三四頁。「動き出したポスト福田」『週刊朝日』二〇〇八年四月一八日号、一八―二〇頁。「もし小池百合子、首相にならば…」『週刊ポスト』二〇〇八年四月一八日号、二四―二六頁。「小泉が小池を担ぐ本当の理由」『週刊朝日』二〇〇八年六月一三日号、二二―二五頁。「小池百合子の私が総理大臣になったら」『週刊プレイボーイ』二〇〇八年六月九日号、四二―四五頁
(4)「小池百合子にあの女性議員が「逆ギレ」なぜ？」『週刊現代』二〇〇八年八月一六日号、一五二―一五三頁。

「どうなる「小池百合子」「松島みどり」バトル」『週刊新潮』二〇〇八年六月二六日号、三六頁

(5)「原点は父と慎太郎氏の確執」『FLASH』二〇一七年二月二八日号、一二―一三頁

(6) 横田由美子「小池百合子、女性宰相への戦い」『諸君!』二〇〇八年一一月号、五七―六五頁

(7)「敗軍の将兵を語る」『日経ビジネス』二〇〇八年一〇月六日号、一一九―一二一頁

(8) 伊藤惇夫「小池百合子　総理の座を狙う女」『文藝春秋』二〇〇七年一〇月号、一一二―一二二頁。前掲「小池百合子　ギャンブラーの心意気」一五〇―一五五頁

(9)「麻生クリスマス退陣!「与謝野の乱」「百合子の変」」『週刊ポスト』二〇〇八年八月一二/一九日合併号、二四―二八頁

(10)「小池百合子へ「逆刺客」」『AERA』二〇〇八年一月一四日号、二一―二二頁

(11)「「小林興起」まで遇する民主党の「小池百合子」殲滅作戦」『週刊新潮』二〇〇九年八月一三/二〇日合併号、三一―三二頁

(12)「当選なら「幸福の科学」に御恩ができる「小池百合子」」『週刊新潮』二〇〇九年九月三日号、二七―二八頁。この事態に創価学会が怒り、小池が公明党の選挙応援に入ることで収拾したが、自民党東京都連は小池を信用しなくなったという(鈴木二〇一七 五一)

(13)「夏女「小池百合子」に土を付けた不倶戴天「小林興起」の怨念」『週刊新潮』二〇〇九年九月一〇日、三三―三四頁

(14) 前掲「蘇る〝不死鳥〟小池百合子」

(15)「〝手土産〟持った「小池百合子」が「谷垣陣営」に渡り鳥」『週刊新潮』二〇〇九年一〇月一日号、五二頁。但し谷垣派に属してはいない

(16)「本命は小池百合子か野田聖子か　早くも自民「次期総裁」レース」『週刊朝日』二〇一〇年七月九日、一五七―一五八頁

(17)「「エコだハウス」のセンスが哀しい小池百合子総理への道」『週刊新潮』二〇一一年八月一一/一八日合併号、四二―四三頁

(18)「都知事選は小池百合子vs小宮山洋子」『サンデー毎日』二〇一〇年四月一〇日号、二一七―二一八頁

(19)「静かなる「都知事選」候補者たちの「地雷」と「アキレス腱」」『月刊宝島』二〇一三年一月号、六五―六

九頁
(20)「安倍内閣「花の大奥大乱」女性議員たちの「壮絶生き残りバトル」」『週刊大衆』二〇一三年二月一一日号、四九頁
(21)「なぜかライバルは載っていない「小池百合子」女性政治家の本」『週刊新潮』二〇一三年八月一日号、四三—四四頁
(22) 玉城デニーの二〇一六年七月一六日のツイッター。「IWJ」https://iwj.co.jp/wj/open/archives/319432(二〇二一年一月三〇日)
(23)「小池百合子都知事　石原慎太郎へ「厚化粧」の意趣返し」『女性セブン』二〇一六年一〇月一三日号、四二—四三頁
(24) 前掲「蘇る〝不死鳥〟小池百合子」
(25) 小池百合子「アベノミクスとウーマノミクス」『Newsweek』二〇一四年一〇月一四日号、三七頁
(26)「自民党はなぜ、小池百合子が嫌いなのか」『PRESIDENT』二〇一六年八月一五日号、一三五頁
(27)「支えあいの距離感」『週刊新潮』二〇一六年九月一五日号、一六—一七頁。前掲「蘇る〝不死鳥〟小池百合子」
(28)「小池百合子都知事の「友だち」と「カネづる」」『FRIDAY』二〇一六年一一月二五日号、一八—一九頁

第11章

小池都知事誕生

不遇の国政を捨てた勝負師の勘

東京都知事選で有権者の女性と握手する小池
(2016年7月23日、東京都世田谷区、共同)

都知事選出馬を表明

二〇一六年六月二二日、第二四回参議院議員選挙が公示された。投開票日は七月一〇日であった。東京は、別の意味で揺れていた。『週刊文春』が、四月末発売の五月五／一二日合併号（二四―二七）以来、舛添要一都知事の豪華すぎる外国出張や、公私混同支出や公用車を使っての湯河原の別荘通いを、七回にわたって報じたのだ。舛添は、「第三者機関」に調査をさせるといって弁護士に調査をさせ、「法律的には」問題なしとの調査結果を公表した。しかしそれは、知事の資質を問う声には何ら応えるものではなかった。舛添は、六月二一日付で知事を辞職することになった。次期候補者には、大東京での直接選挙に訴えうる知名度と、クリーンさが求められていた。

その一週間後の六月二九日、六三歳の小池は衆議院議員会館で記者会見を開き、東京都知事選挙への立候補を表明した。二七日に開かれた自民党都連役員会では、前総務事務次官の桜井俊（アイドルグループ「嵐」の櫻井翔の父）の擁立を検討していたが、桜井は固辞した。小池は、「都政の信頼回復、停滞の解消、課題の解決、希望あふれる首都東京の構築のため、崖から飛び降りる覚悟で挑戦したい」と述べた（『産経新聞』二〇一六・六・二九）。また、「一六万人の都庁職員に、もう一人行政官を増やすことはない」と、桜井や齋木昭隆前外務事務次官など自民党都連による行政官担ぎ出しの試みをあてこすり、「自衛隊を率い、クールビズを発案した」と自己アピールした（『読売新聞』六・三〇）。アベノミクスを東京から発信するとして、自民党中央とは関係を維持し、その「女性が輝く」政策にも合致するとした。政策公約としては、待機児童・残業・介護離職・満員電車・ペット殺処分・都道の電柱・多摩格差の「七つのゼロ」を掲げ、「東京大改革」をうたった。

小池が、側近で東京比例ブロック選出の若狭勝衆議院議員（当時）に立候補を匂わせたのが五月末、決意を関係者に述べたのは、六月二三日とされる（溝口二〇一七 二〇二）。元共同通信編集局長のジャーナリスト後藤謙次は、桜井が固辞し、次の候補が固まるまでの絶妙のタイミングだと指摘している[(1)]。

都連に話もなく立候補表明したことについて、一部の国会議員からは、知名度のある小池出馬を求める声が出ていたが、都連としては困惑、不快感を示す者もいた（『読売新聞』六・二九）。

小池は、第二次安倍政権で干されていた。二〇一二年九月二六日投開票の自民党総裁選で、自派閥の安倍晋三でなく石破茂を支持したことが、たたったのだ。安倍は、野党時代の小池のアイディアとも言える女性活躍策を採用しながら、小池を大臣などの役職に起用しようとしなかった。他方小池は、大臣や首相補佐官の経験から、省庁のタテ割りの壁は厚く、その上に立たなければ総合的な政治は出来ないと痛感していた。しかし自民党内では立場が弱くなったために、総理大臣になる目は当面なかった。知事なら国政より早く政治を動かすことができる[(2)]。過去に石原から軽い打診はあって、そのことに気づかされたし、タイミングを間違えなければ可能だと、小池は考えた。

六月三〇日には、都連は、建設省キャリア官僚出身、元総務相で元岩手県知事の増田寛也（六四歳）を軸に候補者を調整する方針を固めた。増田は七月一日、「相当の覚悟がいる。スカイツリーから飛び降りるくらいの感じがないとだめだ」と語った。四日には二三区のうち二一区長が出馬要請していると知らされ、熟慮したいと答えた。実は、小池を支持する豊島区長・練馬区長のほか、元土井チルドレンの世田谷区長、保坂展人も自民党候補を支援しておらず、「二一区長」というのは作り事だったが、八日に市長会、九日には町村会から立候補要請を受け、増田は立候補の意向を固めた。

一方小池は二日朝、自民党の推薦がなくても出馬する意向を示した。五日に自民党本部で石原伸晃経済再生相と一五分会談し、あらためて推薦を依頼した。同じ五日、小泉元首相は、小池に対し「度胸があるね」と言ったが、都知事選挙には一切関わらないとした(『毎日新聞』『産経新聞』七・六)。六日、小池は、都連の推薦を得られなくても出馬する意向を表明し、都連を「抵抗勢力」と位置づけて「ブラックボックスのようだ」と言い、無党派層の支持を獲得したいとの狙いを見せた。公約として、①冒頭、都議会の解散、②東京都の利権を追及するチームを立ち上げる、③舛添前知事の政治資金問題を調べる第三者委員会を設置することを掲げた。自民党本部は、参議院選挙のさなかに何度も会見を開いて都連を悪玉にしたてようとする小池に反発し、首相官邸筋も「勝手にしたらいい」と突き放した(『読売新聞』七・七)。

一方野党は、民主党代表代行の蓮舫[3]、民主党衆議院議員の長島昭久、元神奈川県知事で参議院議員の松沢成文、経済産業省の官僚だった古賀茂明、俳優の石田純一、二度の都知事選挙挑戦歴を持つ元日弁連会長の宇都宮健児という候補の中で、なかなか一本化できずにいた。

野党候補はジャーナリストの鳥越俊太郎に

七月一〇日に迎えた参議院選挙投開票で、自民党は五六議席を獲得し、非改選と合わせて一二一議席、公明党は一四議席を獲得、非改選と合わせ二五議席となった。改憲派のおおさか維新の会は七議席を獲得し、非改選と合計で一二議席、日本のこころの非改選議席が三で、改憲政党が合計一六一議席となり、無所属の井上義行議員と合わせると、改憲勢力で二四五議席の三分の二を超えた。

この日、増田は都連を訪れ、知事選挙の推薦を依頼した。小池は夜に都連を訪れ、推薦依頼を取り下げて、一人で闘う姿勢を明らかにした。「女性という被害者」のポジションを利用したという分析もある（石井二〇二〇　三一四）。一一日には、小池、増田、宇都宮の三人が東京都庁で記者会見し、公約などを発表した。増田は、①子育て、②超高齢化社会、③首都直下地震などの災害を不安として挙げ、一極集中は東京にとってもマイナスだと述べた。小池は、東京五輪・パラリンピックについて、「膨れあがっている予算を精査して、都民のために使う」と説明し、都知事の報酬半減など、新たな政策も公表した（『毎日新聞』七・一二）。

一二日になって、野党候補が定まった。参議院選挙の結果を見て、改憲勢力が三分の二を超えたことに危機感を持ったというジャーナリストの鳥越俊太郎（七六歳）が、立候補の記者会見をしたのである。鳥越は、『サンデー毎日』編集長などを歴任し――宇野首相のセックス・スキャンダルを暴いたのは、彼が編集長の時代だった――、テレビ朝日の報道番組「ザ・スクープ」などでキャスターを務めた。準備不足で、公約もできていなければ、他の候補者の公約も読んでいなかったが、三日もあれば追いつけると豪語した。鳥越の抜群の知名度に、民進・共産・社民・生活の党は、他の候補を下ろして野党統一候補とした。選挙告示日の二日前である。一部共産党と社民党の支援を受けていた宇都宮は、引きずり下ろされる格好になって出馬を辞退し、一三日に一本化が最終決着した（『朝日新聞』七・一三）。

一二日、自民都連は「都知事選挙における党紀の保持について」という文書を一一日付で、所属国会議員や都議らに配った。都連が推薦を決めた増田以外を応援した場合には処分対象になるとし、議員本人だけでなく親族による応援も禁じる内容だった（『産経新聞』七・一三、傍点は筆者）。これには小池支持派の区議会議員などが強く反発して、結束を深めた。都連が、自ら悪玉になって墓穴を掘ったのである。増田には『東京消滅』（中公新書 二〇一五）『地方消滅と東京老化』（ビジネス社 二〇一五）などの著書があり、東京から地方に権限や税金を移そうと主張していた。このような人物を東京都知事候補とすることへの疑問もあった。(4)

東京都で、物事が自民都連のインナーサークルで決められるようになったのは、鈴木俊一知事時代の末期からであった。青島幸男知事も、石原慎太郎知事も、猪瀬直樹知事も、舛添要一知事も、知事としてのリーダーシップを振るわず、都の官僚は都議会を何とか通すために都議会自民党にすがり、そこで、誰がどこで決めたかわからないブラックボックス化が進行していたのだ（片山／郷原二〇一七 七二―七三）。もっとも舛添は自分が精勤したことで、問題は軽減したという（舛添二〇二〇二二〇―二二二）。小池はこの現象を批判して、ブラックボックスの自民、クリアな小池という対抗図式を示したのだった。

ワンポイントグリーン作戦　初めて「オバサン」の味方に

一四日、ついに告示日を迎えた。二一人が立候補した。

小池は、朝、報道陣に「原点からのスタート。組織はまったくないが、決めるのは一部の政党ではなく、都民の皆さん。私だからこそできる女性政策に本気で取り組みたい」と意欲を語った。初めての衆議院選挙では対立していた、中年の「オバサン」の味方になったのだ。地元豊島区池袋西口駅前で街頭演説をスタートさせ、「たった一握りの人間が、いつ誰がどこで何を決めているかわからないような都政をやめる」(『読売新聞』七・一五)と第一声を発し、自民都連や都連幹事長の内田茂都議を「オッサンの論理」と呼び、それとの対決姿勢を明らかにした。二日目の一五日には、マスコミを引き連れて八丈島に飛んだ。小沢一郎譲りの「川上から川下に」作戦である。一六日から二〇日は人口が密集する二三区をくまなく回り、二一日には多摩西部、二二〜二四日にはまた二三区、二五日北多摩中央線沿線と西武池袋線沿線、二六日多摩・練馬・十条、二七日多摩、二八〜二九日二三区、三〇日多摩・新宿・大塚・池袋と、遊説計画に乱れがなかったと、小池の勝手連に加わった溝口禎三は言う(溝口二〇一七 二三〇―二三一)。一方、溝口に言わせれば、増田の選挙活動は右往左往で効率が悪く、支離滅裂である。また、ホームページから拾うと、小池一三三回、増田一三五回の活動に対し、鳥越はスカスカの四五回だった(溝口二〇一七 二〇七)。

告示日、鳥越はJR新宿駅前で第一声をあげた。「住んでよし、働いてよし、環境によし。その三つの「よし」を実現したい」とした(『朝日新聞』七・一四)。野党統一候補ではあったが、連合東京は、共産党との協力をいやがって自主投票の方針を決めていた(『読売新聞』七・一四)。増田は、千代田区の選挙事務所で「待機児童問題は、就任一カ月以内に地域別のプログラムを作る」と語った。出陣式には自民党の谷垣禎一、公明の井上義久両幹事長が出席した。国会議員、都議、業界団体の代表も集まり、組織を固め、無党派層へも支持を広げる選挙戦を展開しようとした（『朝日新聞』七・一四）。

小池は、七月一七日の日曜、「個人の戦い」を鮮明にする作戦で、都心部を回った。秋葉原駅前の街頭演説で、「議員の職をなげうち、退路を断って一人で戦いに挑んでいる。巨大政党の動員ではなく、自らの意思で来てくれたことに感動している」と、聴衆に呼び掛けた。約一五分間のうち、三分の一を自民都連批判や都政改革の必要性に費やし、残りの時間の大半は、秋葉原にちなんで「アニメ振興」に充てた（大下二〇一六　一八―一九）。小池は、この街頭演説で、鳥越のがん病歴を揶揄し、「病み上がりの人」と呼んだ。それで、玉城デニー衆議院議員（当時）は、二〇一三年の国会での小池によるヘイトやじを思い出したという[5]。

同日鳥越陣営では、民進党の菅直人元首相や蓮舫代表代行、共産党の小池晃書記局長、吉良佳子参院議員らが駆けつけ、「野党統一候補」をアピールした。「一カ所でじっくり訴える」（陣営幹部）とし、街頭演説は二カ所と少なかった。町田駅前で改憲阻止を前面に押し出した。当初の活動の少なさは、民進党都連内の調整不足によるという（横田二〇二〇　九六）。増田は、町田市や立川市など多摩地域の七市で、街頭演説や練り歩きを次々にこなした。それぞれの演説会場では、地元の自民党国会議員や都議、首長がマイクを握り、増田候補の行政手腕を高く評価した（『読売新聞』七・一八）。

ＳＮＳを使った作戦では、鳥越は一日一回の更新とした。増田は記者会見で質問されたり、ネットで批判されたりした七つのＱ＆Ａ集をまとめ、フェイスブックに掲載した。フォロワーは少なかった。小池は、フェイスブックやツイッターなどで遊説日程を告知する際、「ぜひ緑のものを一点身に着けてご参加ください！」と添えた。「ワンポイントグリーン」作戦で、狙いは聴衆との一体感の醸成だった。緑のハンカチやスカーフなどが掲げられた。「買い物途中に演説を知ったので…」と、ブロッコリーやホウレンソウなどの野菜を買って持ち寄る女性もいた（『産経新聞』七・二二）。

二二日、小池の築地市場に関する発言が変わった。一一月七日に迫っていた豊洲移転に関し、延期もあり得るとした。「ここは一度立ち止まって考えるべき」というのである（澤二〇二〇　一四）。

実は、二〇〇八年の『東京WOMEN大作戦』でも、豊洲の土壌汚染に警告を発し築地に残るべしとしていた（猪口他二〇〇八　一二五―一二七）が、都知事選挙の初めは、この問題には触れていなかった。急に変ったのは、移転反対の宇都宮→鳥越の票をがっちり頂こうという作戦だったのだろう（和田二〇二〇　一〇二）。

鳥越候補のスキャンダル

『週刊文春』七月二八日号（七月二一日発売）は、「鳥越俊太郎氏「女子大生淫行」疑惑」と題した特集を組んだ。二〇〇二年夏、当時二〇歳の大学二年生の女子学生を自身の別荘に誘い出し、強引に迫ったり、「ホテルに行こう」と誘ったりしたという（二二―二五）。鳥越は自分で説明することなく弁護士に任せて編集長を刑事告訴したが、それが鳥越の従来の姿勢と異なるという批判も呼び、女性票が逃げることになった。「東京から男女平等を実現するネットワーク」といった、小池の右派性を批判した女性運動もあった[6]が、かといって鳥越支持を訴えることは困難となった。

二六日の都連の会合では、石原伸晃東京都連会長・経済再生担当相が推薦願を取り下げた小池について「今日をもって自民党の人間ではない」と述べた。会合には、父親の石原慎太郎元東京都知事も出席し、小池を「厚化粧の大年増《おおどしま》」、鳥越を「売国奴」などと激しく批判した(『産経新聞』七・二七)。この石原慎太郎発言は女性有権者の憤激を呼び、小池票を集める結果となった。

小池は、「東京大改革」を掲げ、「厚化粧」発言に対しては、「よくあることです」「(今日は)薄化粧で来ました」「実はアザがあるんです」とやりすごして、女性有権者にアピールした。[7]「女性活躍のために」と待機児童解消を訴え、都有地を活用した保育所増設などを主張し、二階建て通勤電車の導入や首都直下地震に備えた無電柱化(小池編著二〇一七)[8]の他、外国人参政権の導入反対なども訴えて保守層の支持拡大も図った。

また、小池の学歴詐称が取り沙汰され、六月末には小池の反論として、フジテレビの朝のワイドショー「とくダネ!」で、瞬間的にだが「卒業証書」「卒業証明書」が示された。

小池は、都連とは対立していたが、この時点で官邸とは対立していなかった。東京五輪組織委員会の森喜朗元首相は小池を毛嫌いしていたが、官邸もひそかに「森降ろし」を狙っていたという説もあった。[9]

小池は、自民党と闘う姿勢を示したことで女性・リベラル層に支持されたが、ナショナリズムを専門とする政治学者の中島岳志は、朝鮮高校の無償化反対、韓国人学校のための都有地貸与方針の白紙化、「新しい歴史教科書をつくる会」の教科書採用支持に触れ、大手メディアが触れない小池の右派性を指摘している。[10]また保守的な「日本会議」の議員懇談会副幹事長や副会長を歴任してきたことをジャーナリストの菅野完が女性週刊誌で指摘した(11)。ただしジャーナリストでコメンテーターの青木理は、小池はその時々の相手に合わせるだけで真の「極右」ではないとし(12)、取材のなかで日本会議の関係者から小池の名前を聞くことがなかったとも指摘している(13)。

ぶっちぎりの勝利

七月三一日、小池は二九一万二六二八票を獲得した。増田が一七九万三四五三票、鳥越が一三四万六一〇三票で、ぶっちぎりの勝利だった。投票率は五九・七%で、前回の四六・一%を大きく上回った。小池は選挙期間中に誕生日を迎え、六四歳になっていた。都知事選を通じて、「ミニスカートで年配男性にアピールする女性」という女性有権者に支持されないキャラクターから、パンツ姿になり、「厳しい男社会をサバイバルした女」として年配女性に支持され、女性の方が熱心な盛り上がりを見せるほどになった(溝口二〇一七 二四〇—二四一)。ただし、読売新聞の出口調査によれば、各候補とも得票に男女差はなかった(『読売新聞』八・一)。自民党支持層の五五%が小池に投票しており、増田を選んだのは三六%にとどまった。民進党支持層では、五五%が野党四党の推薦を受けた鳥越に投票していたが、小池を投票先に選んだ人も三一%いた。

当時の第三次安倍晋三第一次改造内閣で原子力防災担当相だった丸川珠代は、都連幹事長の内田と近く、都知事選挙中は小池に対して「スタンドプレーばかりうまくてチームプレーができない」「都議会と一戦しようという人が都知事になれば、一、二年をムダにしてしまう(14)」と罵倒していたが、都知事選後の八月三日発足の第三次安倍第二次改造内閣ではオリンピック・パラリンピック担当相となり、大臣就任会見に白のスーツに青のインナーという、小池が「ブルーオーシャン」と呼ぶ色合いで現れ、小池に恭順の意を示したとされた。[15] しかし実際は、小池と森に近い丸川とは、厳しいライバル関係を続けているのである。

当選後小池は都議会で挨拶回りをし、自民党の都議会議長には握手をしながらの撮影を拒まれたものの、自民党本部では安倍首相と二階幹事長と面会して握手した。天敵・森元首相とも「五輪費用削減で連携していきたい。森会長にも理解してもらった」と握手したが、[16] オリンピック利権で対立する二人の関係が好転したとは言えない（鈴木二〇一七 一六六―一六九）。

八月三一日、小池知事は記者会見を開き、一一月七日に予定していた築地市場の豊洲市場への移転を二〇一七年二月以降に延期することを、議会にも審議会にも諮らず発表し、喝采を浴びた。この時点では、漠然とした土壌汚染問題と使い勝手の悪さが問題となっていた。九月一日、小池が本部長の「都政改革本部」が発足、一四人の外部有識者を集めた。九月六日、衆議院議員で小池を支持した若狭に、自民党本部＝二階俊博幹事長から軽い処分の「厳重注意」が行われた。一方一六日、小池を支持した豊島区議と練馬区議には、都連から離党勧告処分が行われた。自ら離党しなければ除名するという厳しいもので、バランスを欠いていた（大下二〇一六 三二）。党本部は、都連ほど小池アレルギーが強くなかった。小池の立候補による衆議院東京一〇区議席喪失に伴う一〇月二三日の補欠選挙に、「勝てる候補」として小池側近の若狭を立てるつもりであった。小池は、九月二八日からの定例都議会に、自らの報酬を半減させる条例案を提出することになる。[17]

九月二日、東京の帝国ホテルでの野田聖子のパーティでは、小池は舞台上で抱き合う姿を示し、知事選でも野田からアドバイスがあったことを明らかにした。[18] 自民党内では異なる女性派閥を率いて対立関係にあったと言われた二人の友好関係が明らかとなった。『女性自身』二〇一六年一一月二二日号には、小池・稲田朋美・野田聖子・蓮舫・山尾志桜里の五人で「日本初の「女性総理」誕生の可能性は…」との記事が出ている（二一〇―二一二）。

地域政党「都民ファースト」設立

八月中旬、豊洲市場の東京ガスからの取得に関する情報公開請求に対して、公文書作りが行われていた。それまでの黒塗りだらけの「ノリ弁」を、「日の丸弁当」にする作業であった。しかし、知事にとって都合の悪い情報が公開されないことが、常態化していった（澤二〇二〇　六八―七二）。

先にも述べたように、小池は、豊洲市場の開場を、議会に諮らないで延期し、喝采を浴びた。しかし築地市場は解体して、五輪に向け環状二号線を通し、かつ車両基地にしなければならない場所であった。また、九月一〇日、豊洲市場の地下に盛り土がないことが共産党の調査で発覚したのだが、小池の方が早く公表した。[19] 小池は、築地にも豊洲にも強い思いはなく、どうしたら世論を惹きつけられ、選挙に勝てるのかのみに最も関心があったが、豊洲市場の問題はマスコミをとりこにし、築地市場関係者の不安と不満は拡大した。

九月一六日、小池を支援する政治団体として、旧みんなの党の非自民保守勢力（「かがやけTokyo」）を知事与党として、政治塾を設定する意向を表明し、東京都選挙管理委員会に政治団体「都民ファーストの会」設立を届け出た。さらにメンバーを加え、二〇一七年一月、小池系の議員による地域政党となった。当選後の九月末、小池は自分の報酬を二八九六万円から一四四八万円に、手続き違反なのだが、審議会に諮らず議会のみを通して半減した。二〇一六年一〇月末政治塾「希望の塾」を開設したところ、四八二七人の応募があり、二九〇二人を受け入れた(『朝日新聞』一〇・三二)。そのうち男性は五万円、女性は四万円、二五歳以下三万円の受講料で、約一億三〇〇〇万円の収入を得た。また、約三〇人の乳幼児を、託児所に受け入れた[20]。こうした塾生から、来る都議会議員選挙の候補者をリクルートすることになる。首長を支持する地方政党を作り、政治塾を開くというのは、大阪維新の会の橋下徹や、滋賀県知事の嘉田由紀子が採用した手段であった。かれらは、後に国政政党をも作っている。元鳥取県知事で元総務相の片山善博と元検事で弁護士の郷原信郎は、知事という仕事は新党を作る片手間にできるものではないと、強く批判している。また、議会との関係を変えるに当たって、自らの党を作り出す必要はないとも、批判している(片山/郷原二〇一七 七五—七七)。

一〇月二三日、小池が辞職した後の衆議院東京一〇区の補欠選挙において、小池側近の若狭勝が勝利した。都連側は、小池側についた七人の造反区議を「離党勧告処分」にした。小池は、豊洲問題に方向を向け、一一月一日に、豊洲市場問題で盛り土がなかった件などで、市場長など八人の都幹部を処分した(『朝日新聞』一一・二)。

一一月二九日には、国際オリンピック委員会(IOC)、東京都、大会組織委員会(森喜朗会長)、政府の四者協議が行われた。ボートとカヌーは、小池案の宮城県の長沼ボート場でなく海の森水上競技場、水泳は小池案の東京辰巳国際水泳場でなくオリンピックアクアティクスセンターの新設に回帰することになった。バレーボールも、小池案では横浜アリーナだったが、横浜市が拒否の意向で有明アリーナに舞い戻った。組織委員会会長の森が、対ＩＯＣの情報戦で勝っていた[21]。森は、すでに決まっていたことを「見直し」するのは、小池のオリンピックを道具に使った政治的パフォーマンスだと非難した（森二〇二〇 二一七）。さらに会場問題を先取りして言うと、都以外の競技会場の仮設整備費をめぐって、二〇一七年五月九日に黒岩祐治神奈川県知事・上田清司埼玉県知事・森田健作千葉県知事が安倍首相に直談判を行った。それを受けて一一日に小池と安倍首相が面談し、結局、官邸主導で東京都が全額負担しなければならないことになるのである。

二〇一六年一一月二五日、小池は、二〇一七年度の都予算について、自民党が従来使途を決めていた、東京都独自の制度である「政党復活予算」を廃止した。この二〇〇億円は知事部局に引き上げ、ヒアリングは小池がすることになった。都連には大きな打撃となった。またこの日、都の幹部一八人の減給の懲戒処分と、退職者に対する給与自主返納の要請を行うことを公表した（『毎日新聞』一一・二五）。都庁内での人望は下がったが、「小池を首相に」という声はこの頃から表に出始める[22]。

都レベルでは自公連立が解消

一二月に、都議会公明党が一九七九年から続いてきた都議会自民党との連携を見直し、都レベルで事実上連立を解消した。翌年三月に、都議会公明党と「都民ファースト」が選挙協力を発表することになる。一二月二八日に都が豊洲市場の安全性を証明する「検査済証」を発行したが、公表は翌年二月下旬となった。

二〇一七年一月、小池は『女性セブン』『女性自身』の二つの女性誌に出て、保育スタッフの待遇充実と介護の充実などで、女性の望む政策を実現するとした(23)。しかし築地問題では、一月一〇日に豊洲で環境基準(24)の七九倍のベンゼンが検出され、地上の安全と地下の問題を切り離さなければ、移転延期を早期に解除する道がなくなった(澤二〇二〇 八四—八七)。一二日に小池は、築地市場を訪問した。移転賛成派も反対派も、それぞれにエールを送った。翌一三日、小池は「安全と(都民の思う)安心は違う」と発言し、豊洲移転を急がない姿勢を見せた。小池は、築地・豊洲どちらにも深い思いはなく、世論の動く方向を見定め、それに乗ろうとしていたのであり、本来なら、過去の知事に代わって謝罪し、適切な情報公開を行っていれば、「安全」に疑念は生じないはずであった(片山／郷原二〇一七 八七)。

二月五日に投開票された千代田区長選挙では小池が応援した現職の石川雅己が、与謝野馨の甥で自民党や都連の推薦する与謝野信を大差で下した。丸川は与謝野陣営に入っていた(25)。この選挙で、小池新党は都議選に六〇人以上立てるとの噂が立ち(『朝日新聞』二〇一七・二・六)小池新党ができれば、小池—二階俊博自民党幹事長—石破茂ラインは生きており、国政を左右する事態になると予測された(26)。

混迷する築地移転問題

三月三日、石原慎太郎は、危険な豊洲市場を高い値段で購入したと自分にかけられている嫌疑を明らかにするためにと、記者会見を行った。石原は、部下の示す所に従ってきたが、「(豊洲移転を)

裁可した最高責任者としての責任は認める」と発言した。東京都が買い受けてから行った「(土壌汚染対策は)今の技術で大丈夫ですと言われて裁可した」と述べたうえで、豊洲市場問題で都政が混迷していることについて、「責任は現職知事の小池にあり」「決心して豊洲に移転すべきだ。しないなら不作為の責任に問われる」とした。小池は、石原が「すべての責任は私にある」といえば男らしかったのに、と述べた(27)。

豊洲とも築地とも決めない小池の政治手法に違和感を抱き始めた都民が徐々に増えた。都議会は、証言拒否や虚偽陳述が処罰される強力な調査委員会である百条委員会を開催して、石原や元副知事浜渦武生を含めて二四人も召喚した。石原はそれに先立ち、手記で、豊洲移転は青島知事時代からの既定路線で、豊洲の土壌問題は部下がうまく対応したと考えているとした(28)。また、二〇一四年の知事選挙への応援は、小池から言い出したのだとした(29)。これに対して小池は、彼女の手記の中で、小池が敵である石原に知事選への応援を頼んだといっているのは事実に反しており、知事をやらないかと声をかけてきたのは石原の側だと言った。また、小池が当選したら知事としてやってほしいことは、彼の四男の東京ワンダーサイトの事業が外されたのを元に戻してほしいということだけだった、とした(30)。

東京都議会では、三月一一日以降、百条委員会を開き、用地取得交渉に関わった元都幹部や東京ガス首脳ら二三人を証人喚問していた。資料や証言が不明確な点が多く、都政運営のあり方に疑問が残る結果となった。三月二〇日には、二四人目として石原を喚問したが、石原は病後で弱々しく見え、汚染土壌処理に必要とされた三三八億円のうち東京ガスの負担を七八億円に限ったことも

「担当者に一任するしかなく、詳細は記憶にない」と述べた(『朝日新聞』三・二二)[31]。委員会は浜渦元副知事らを偽証で告発したが、二〇一八年三月末、不起訴となった。百条委員会では、小池知事は出席していないが、病弱に見えた石原を小池が攻撃しているという図式となり、保守的有権者は「小池イコール正義」に反感を持つようになった。

小池は、補正予算では一二六億円を待機児童対策に当てた。新年度予算では保育スタッフの宿舎借り上げ事業者には一戸あたり八万二〇〇〇円を補助、給与体系も変更し二万一〇〇〇円を補助、過去最大一三八一億円(前年度比四割増し)を計上した。二〇一七年度予算は、四四年ぶりに全会一致で成立した。私立高校の授業料実質無料化、都立高の給付型奨学金の創設、英語教育の強化、プログラミング教育の普及なども盛った。観光・環境・産業としての金融・災害対策・治安などに力を入れたと誇った[32]。しかし「女性に優しい」政策は保育のみで、「七つのゼロ」をブレークダウンして実施していこうというものではなかった。また、支出が多くて基金の積み上げなどはせず、コロナ禍ではそれがあだとなった。

三月下旬、円卓会議のような「市場のあり方戦略本部」を作るように命じた。すでにあるいろいろな委員会が交錯して、どれがどの委員会かわからなくなった。元・東京都中央卸売市場次長の澤章は、知事が目指していたのは、築地から豊洲への円滑な移行でなく、七月都議会議員選挙で自民党に圧倒的に勝つことになっていた、と言う(澤二〇二〇 一二二―一二五)。

「都民ファースト」は、二〇一七年四月一一日に党の綱領を発表し、五月二三日都議選のマニフエストを発表した。小池は六月一日に自民党に離党届を提出した[33]が、自民党は判断を都議選終了後まで保留した。小池は、「首相狙い」を囁かれる。小池は同日正式に「都民ファースト」代表に就任した。市場に関しては「決められない知事」という批判が聞こえるようになり、二〇一七年六月二〇日、小池は、豊洲市場は二〇一八年六月頃の移転と延期を公表し、三五億円の追加予算で工事をする基本方針を示した。都議選前のこの日、「築地は守る、豊洲を活かす」と述べ[34]、あたかも豊洲移転が一時的であり、築地を五輪用地とした後に戻って再開発するかのような印象を与えた。築地は「食のテーマパーク」機能を有する一大拠点とするが、豊洲も「中央卸売市場とする」とも言った[35](澤二〇二〇 一六二―一六五)。豊洲と築地の問題は、「アウフヘーベンする」と、小池は述べたのである。[36]築地市場を外部に売却しなければ豊洲開発費用が回収できず、都の市場予算が苦しくなるが、その話はなかった。豊洲市場の開場は二〇一八年一〇月一一日の予定となった。築地に留まる話は具体化しておらず、都議選勝利後は、小池は豊洲への早期移転に舵を切り、築地の女将さん会のみでなく、移転反対の関係者を失望させた(澤二〇二〇 一九六)。

都議選に大勝

第二次安倍内閣は、特定秘密保護法、集団安全保障を認める解釈改憲、安保法制、共謀罪などのタカ派政策と、異次元の金融緩和、大規模公共事業、民間投資の喚起といったアベノミクス経済政策の間でバランスを取り、長期政権となった。二〇一六年八月三日には、稲田朋美を防衛相とし、丸川珠代を環境相兼内閣府特命担当相(原子力防災)から、オリンピック・パラリンピック担当相へと横滑りさせた。高市早苗を、長期間総務相としていた。しかし二〇一七年に入ると、森友学園への国有地売却に安倍夫妻が便宜を図ったのではないか、また加計学園の獣医学部の認可に、同学園理事長の加計孝太郎の友人である首相が便宜を図ったのではないかという、いわゆる「モリカケ問題」が噴出した。政権への支持率は急降下した。逆に小池の株は上がったのである。

二〇一七年七月の都議選では、一年前の都知事選ほどではないが、小池ブームと、「モリカケ」に加えて豊田真由子衆議院議員の秘書への暴言、稲田朋美防衛相の南スーダン日報隠蔽問題・公職選挙法違反疑いのある失言といった自民党への逆風が展開し、都民ファーストの希望の塾生などの女性候補に注目が集まった。七月二日に投開票が行われ、[37] その結果、小池系の勢力が過半数(一二七議席中、都民ファーストが四九議席で第一党〔さらに追加公認六が加わる、女性一五〕、公明二三議席、東京・生活者ネットワーク一議席)を占めた。自民党は、二三議席しか取れなかった。女性都議は、計三六人となった。公明党が小池に寄ったというよりも、小池が私立高校の所得制限付き無償化などで、公明党に接近したという見方がある。[38] 都民ファーストの議員の半数は政治経験がなかった。小池は直後に、「知事と議会の二元代表制」を守るとして、党の代表を辞任した。七日、小池は山本有二農水相と会い、豊洲市場の認可を要請した。代表は、小池の元秘書の野田数[39]が務めていたが、都議になって三カ月もたたない荒木千陽(同じく小池の元秘書)に代わった。

この頃には、小池が都政を踏み越えて国政を狙っているという記事がいくつも出た。[40] 既成の勢力を敵に回して、それを次々と変え、プレゼンスを高め、関心を惹きつけてエンターテイメントとし、自分の支持層を拡大するのである(片山/郷原二〇一七 九九)。しかし、そうして知事の座に就いたからといって、前任者の行いをすべてチャラにはできない。継続した事業に対し、責任も継続するという意識を持たなくてはならないのだが、小池にはできていない(片山/郷原二〇一七 一〇三)。

他方、六月上旬、カイロ大学卒業の学歴を問う『週刊ポスト』の記事が出ている。(41)

八月二日の就任一周年には、「顧問重用 密室政治と批判も」(『朝日新聞』八・三)と、小池都政もブラックボックスではないかと、厳しい批判が出た。『都政新報』では、職員による知事のアンケートで、一〇〇点満点中の四六・六点だった(和田二〇二〇 二六一—二六二)。

八月、若狭衆院議員が、都民ファーストを母体とする国政における政治団体「日本ファーストの会」を七月一三日付で設立したと発表した。同会代表は若狭である。同会が新たな政治塾「輝照塾」を運営するとした。九月一日、小池は関東大震災朝鮮人犠牲者追悼式への追悼文を送らなかった。それまで、石原慎太郎を含む歴代都知事が行っており、小池も二〇一六年には行っていたのだが。以後、小池は追悼文を送らない。彼女の「ダイバーシティ」には、ナショナリスティックな偏りがある。朝銀信用金庫には厳しい姿勢を続けたし、舛添知事が韓国人学校に貸与することに決めていた都有地を取り消した。

「国難突破解散」へ

安倍首相は、内閣発足以来の危機に直面していた。北朝鮮が八月二九日に日本上空を通過するミサイルを発射し、首相は支持回復の契機になると踏んだ。野党は選挙協力の動きを強めていたが、まだ確かなものではなかった。民主党は二〇一六年に維新の党の一部と合併して民進党となっていたものの、二〇一七年九月に蓮舫から前原誠司に移行したリーダーシップが、確かではなかった。

さらに、幹事長に内定していた山尾志桜里衆議院議員の不倫スキャンダルが表面化し[42]、安倍首相にとって解散の好機と考えられた。また小池の国政政党の準備に対し、機先を制そうとした。九月二五日、安倍が首相官邸にて記者会見、「再来年(二〇一九年一〇月)の消費税増税分の、財源の使途変更」についてや、「北朝鮮ミサイル問題への圧力路線」について、国民の信を問うとして、衆議院解散を表明した。アベノミクスの成果や森友・加計問題にも言及し、少子化をも危機として「国難突破解散」と名付けた。二八日に安倍内閣が閣議で衆議院解散を決定、同日解散した。総選挙は一〇月一〇日公示、二二日投票となった。

なお、小渕優子の政治資金規正法違反の疑いによる二〇一四年の大臣辞任、丸川珠代の原子力防災担当大臣時の二〇一六年における原発の除染の長期目標についての、「何の科学的根拠もなく時の環境相が決めた」という誤認発言、稲田朋美の二〇一七年七月の防衛相辞任、蓮舫の日本と台湾の二重国籍問題や七月の民進党代表辞任といった女性政治家にとってマイナスの評価が続く中で、知事を続ける小池は女性政治家の中でも別格であり、男性に頼るのではなく、うまく操ってきた強い女性だとの肯定的評価もあった[43]。

(1)「参院選を上回る注目の都知事選」『週刊ダイヤモンド』二〇一六年七月一六日号、一一八—一一九頁

(2)「「国政は遠い。東京でやる」本誌・井原圭子編集長が小池百合子都知事に聞く」『AERA』二〇一六年一一月一四日号、二九頁

(3) 早く名前を出したのは、参議院選で当選圏内確実でなかったため、参議院選対策として、知事候補に挙げたという説がある(鈴木二〇一七 四六—四七)

（4）「候補者「本当の履歴書」」『女性セブン』二〇一六年七月二八日号、三九頁
（5）前掲、玉城デニーの二〇一六年七月一六日のツイッター
（6）前掲竹信三恵子「女がマスメディアで生きるということ②」。同「「小池都知事」で見えたクオータ制の重要性」
（7）前掲「小池百合子都知事　石原慎太郎へ「厚化粧」の意趣返し」四二―四三頁
（8）小池百合子・松原隆一郎「無くします、利権も電柱も」『WiLL』二〇一六年一〇月号、八八―九七頁
（9）「安倍首相が小池百合子の暴走を止めない理由」『週刊プレイボーイ』二〇一六年八月一日号、四二―四三頁
（10）中島岳志「小池百合子の演出に騙されるな」『週刊金曜日』二〇一六年七月二九日号、九頁
（11）菅野完「闘う女小池百合子がぶっ壊す」『女性セブン』二〇一六年八月一八／二五日合併号、一六六頁
（12）青木理「小池百合子都知事は、本当に「極右」なのか」『PRESIDENT』二〇一六年九月一二日号、一四―一五頁
（13）青木理「日本会議での顔　リアリストの心」『AERA』二〇一六年一一月一四日号、二〇―二一頁
（14）「「五輪利権」を暴け」『SPA!』二〇一六年八月一六／二三日合併号、二〇頁。「小池百合子が対峙する「七人の天敵」」『週刊大衆』二〇一六年一〇月二四日号、四六頁。「小池百合子知事vs.丸川珠代五輪相」『週刊文春』二〇一六年一一月三日号、二二―二七頁
（15）「本当は女政治家は大嫌いだという勇怯な本音」『週刊ポスト』二〇一六年九月二日号、四四―四五頁
（16）同前
（17）専決事項として、議会に諮らなくても決めることは可能であるが、都議の報酬問題を持ち出すため、あえて議会に出したという見方がある(鈴木二〇一七　二二七)
（18）前掲「文えあいの距離感」一六―一七頁。「抱き合って、握りしめた、秋」『週刊文春』二〇一六年九月一五日号、一六―一七頁
（19）「盛り土」は二〇一六年の新語・流行語大賞トップテンに入った。「〇〇ファースト」は二〇一七年のトップテンに入った
（20）「女性四割。託児所付き「新しい政治塾」始動」『PRESIDENT』二〇一六年一二月五日号、八六―八七頁
（21）「「森喜朗」に勝てない「小池百合子」貧弱ブレーン」『週刊新潮』二〇一六年一二月一五日号、二二―二三

頁

(22) 「小池百合子を次の総理に」『週刊現代』二〇一七年二月二五日号、三六―四〇頁

(23) 「私は東京湾に投げ込まれる覚悟でやっている!」『女性セブン』二〇一七年一月一日号、一三七―一三九頁。「賃金大幅アップで、保育スタッフを倍増します!」『女性自身』二〇一七年一月一七/二四日合併号、一七一―一七三頁

(24) 毎日二リットル、七〇年間飲み続けた場合、がんの発生確率が一〇万分の一だけ高まる可能性

(25) 「『小池さんにやられている』丸川珠代に同情する安倍首相」『週刊文春』二〇一七年二月九日号、三一―三二頁

(26) 前掲「小池百合子を次の総理に」三六―三九頁

(27) 小池百合子「石原慎太郎の嘘、豊洲移転の判断」『文藝春秋』二〇一七年五月号、九五頁

(28) 「盛り土がない」構造については、鈴木(二〇一七 一八九―一九〇)は、石原側近の提案によるとしている

(29) 石原慎太郎「小池都知事への諫言 豊洲移転を決断せよ」『文藝春秋』二〇一七年四月号、九四―一〇二頁

(30) 「小池百合子激白 石原慎太郎のウソを告発する!」『週刊文春』二〇一七年三月二三日号、二二―二四頁。前掲小池百合子「石原慎太郎の嘘、豊洲移転の判断」九四―一〇二頁

(31) 「小池百合子都知事の決意」『女性自身』二〇一七年三月二一日号、四六―四七頁

(32) 小池百合子「私の政権公約」『文藝春秋』二〇一七年七月号、一一四―一二三頁

(33) 「小池総理で日本を変える」『週刊現代』二〇一七年四月一五日号、四八―五一頁。「小池百合子「第一〇〇代内閣総理大臣」への道」『FLASH』二〇一七年五月一六日号、九―一一頁。「自民党離党から始まる〝初の女性総理〟への道」『女性自身』二〇一七年六月二〇日号、四六―四七頁。都議選を目指す手記に「私の政権公約」という国政を意識させるタイトルもついた『文藝春秋』二〇一七年七月号、一一四―一二三頁。松原隆一郎が「小池さんはもう一度仕掛ける」と発言(御厨貴との対談「国会通信簿」『週刊朝日』二〇一七年七月七日号、二六―二九頁)

(34) 「環境基準のクリアなくして豊洲移転はしません!」『女性自身』二〇一七年七月一一日号、五二―五三頁

(35) 二〇一七年の流行語となった

(36) 前掲小池百合子「私の政権公約」一二〇頁

(37) カネがある候補を優先し、有能な候補者選抜ができなかったという批判がある。「「都民ファースト選抜外」候補者座談会」『アサヒ芸能』二〇一七年八月一〇日号、一六三―一六五頁
(38) 佐藤優「都議選の真の勝利者は公明、小池氏の「頭脳」と「足腰」を演じる」『AERA』二〇一七年七月一七日号、六二頁
(39) 二〇一九年五月一日、都の外郭団体「東京水道サービス」(現・東京水道)社長に就任した
(40) 前掲塩田潮「ひと烈風録　小池百合子」。「目指すは〝鉄の女〟サッチャー元首相」『女性自身』二〇一七年六月二〇日号、四六―四七頁。「小池百合子都知事が安倍首相を〝忖度〟する狙い」『週刊朝日』二〇一七年六月三〇日号、一八―二〇頁
(41) 山田敏弘と本誌取材班「一九七四年のコイケユリコ」『週刊ポスト』二〇一七年六月一六日号、四六―四九頁
(42) 「山尾志桜里議員イケメン弁護士と「お泊まり禁断愛」」『週刊文春』二〇一七年九月一四日号、二四―二八頁
(43) 『FACTA』二〇一七年三月号、八四―八七頁。「無理やりふやすな「女性議員」」『選択』二〇一七年九月号、五二―五三頁

第12章

運命の「排除」発言、そして炎上する疑惑

期待を踏みにじった「緑のたぬき」

2017年の第48回衆議院選挙で、
小池の「排除」発言から希望の党の勢いが失墜し、
小池の選挙区であった東京10区で側近の若狭勝が敗北した
(10月23日、東京・池袋、共同)

運命の「排除いたします」発言

安倍晋三首相が「国難突破解散」を表明した同じ二〇一七年九月二五日、小池は若狭勝・細野豪志らの国政政党「日本ファーストの会」がうまくいっていないとして「リセット」し、自らが代表となる新党「希望の党」を結成すると、首相の記者会見の直前に発表した。上野動物園で生まれたパンダ「シャンシャン」の命名会見に引き続いた記者会見でのことであった。実は二月に「都民ファースト」「希望の塾」のみならず、「希望の党」も商標登録していたのである(『読売新聞』二〇一七・九・二七)。「大義なき解散総選挙」と安倍晋三首相を批判し、アベノミクスをも批判した。

二七日には、前原誠司民進党代表との話し合いで、衆議院選挙で民進党との合流を決定したと発表した。この合流を連合の神津里季生《こうづりきお》会長が支持しており、自由党の小沢一郎が前原代表を動かしたのだとも言われた(『朝日新聞』九・二八、『読売新聞』一〇・一)[1]。希望の党は、不足していた組織を連合に、資金を民進党が貯め込んでいた政党交付金に求めようとしたと言われた。希望の党の候補は、結婚して子育て中とか、生活と向き合いつつ自立した女性が多かった[2]。小沢は、小池新党が民進党を丸呑みする案を前原に伝えていたが、小池はこれを裏切ることになる(大下二〇二〇 三二八―三二九)[3]。「排除発言」を引き出すことになるフリージャーナリストの横田一によると、『産経新聞』の尾崎良樹と、ネットメディア会社社長の上杉隆も同席したという(横田二〇二〇 一八二)。

民進党は、都知事選から続く小池ブームの中で迎えた七月の都議会議員選挙で多くの候補者が都民ファーストに流れ、五人しか当選していなかった。責任を取って蓮舫が代表を辞任、党の再生をかけて前原と枝野幸男が代表選を行い、九月一日に前原が勝利していた。ところがその直後に幹事長に予定していた山尾志桜里にスキャンダルが発覚して離党するなど体制が落ち着いていなかった。支持率が低く組織と資金のある民進党は、支持率が高く資金と組織のない希望の党と組もうとしたのである。

二六日には、民進党と希望の党は、民進党側が希望の党に議員単位で個別に合流する最終調整を行うことを合意した。解散当日の二八日午前中、民進党常任幹事会で、民進党としては候補者を擁立せず各自が希望の党に公認申請を行い選挙に臨むことを提案し、了承された。この案は、午後の両院議員総会で満場一致で採択された（『朝日新聞』九・二八）。しかし希望の党の細野は、「三権の長を経験した人」の合流を遠慮してもらいたいと述べ、これは菅直人と野田佳彦を指し、小池の意向が働いたものと言われた（『毎日新聞』九・二九）。

二七日、民進党議員の公認を希望の党で受け入れると言われ、全員の合流が可能かと思われたが、二九日の記者会見で小池は、横田記者の質問に対し「（民進党内のリベラル派が）排除されないということはない、排除いたします」と答えた。この「排除発言」が事態を一変させる（横田二〇二〇　一八二―一八九）。民進党の少なくない議員の反発を招き、一部（野田佳彦・江田憲司など）は無所属で立候補し、また希望の党に合流しないメンバーによる立憲民主党の結党（枝野幸男代表）へと至ったのである。

小池は、チャレンジャー・「正義の味方」から、権力者・「悪の親玉」に移ったとみられ、「女ヒトラー」(山東昭子)の声も出るなどマイナス・イメージが大きくなった。(4) 小池が出した公認の条件としての政策協定書には安保法制や憲法改正が盛り込まれていて、神津会長は怒り、候補者の個別支援に切り替えた。(5) 元新党さきがけの田中秀征は、排除そのものより、排除の基準が安倍政権と変わらなかったためだと批判した(『朝日新聞』一〇・五)。保守派のジャーナリスト有本香は、敗因は「排除発言のみテレビが切り取って、何度も何度も繰り返し流し、「小池はキツイ女」という印象をつくり上げ、視聴者に植え付けたことにある」とした(有本二〇一七 二二九)。『女性セブン』一一月二日号(四四―四五)では、女性読者の声として「媚びすぎず、女を捨てていない面に憧れていたけど、実際は役に立つ男をその都度、使い切る、従来の「悪徳政治家」みたいでガッカリ」(四二歳・会社員)という声を挙げており、国際政治学者の三浦瑠麗は「政策に詳しいわけではない」と切り捨て、誌面は「緑のたぬき」というあだ名で呼ぶに到った。

希望の党は、二三五人候補者を立てた。女性は若狭が主に選定し、四七人だった。小池は、維新の党と協力するとして大阪地区に候補を立てなかった。民進党で大阪の選挙区で準備してきた候補は、国替えを余儀なくさせられるところであった。自民党の野田聖子の他、石破茂、二階俊博や鴨下一郎といった新進党から付き合いのある議員の選挙区には対抗馬を立てず、野田佳彦や岡田克也といった無所属候補のところにも立てなかった。反面、立憲民主党の枝野幸男や長妻昭のところには立てた。

希望の党の候補者には、初めて選挙に挑む者も多く、政治的にはまったくの素人であり、各地域でもほとんど知名度がなかった。小池は、「日本新党の候補者ならば、サルでもタヌキでも当選する」とされた一九九三年の新党ブームの再来を狙っていたのかもしれない。しかし、日本新党の候補者には、自分で政治を変えようという意気があった。小池は、女性候補を含め、候補者たちに上から指図した。「自分で風を起こそうとしなくていい。風は小池百合子が吹かす」。候補者たちはしがらみ、つまり寄る辺もなく、真面目で従順な人々であった(井戸二〇一八 一八―二〇、三九―四二)。

また、一〇月五日、「かがやけTokyo」以来の「都民ファースト」の都議、音喜多駿と上田令子が、「都民ファースト」の隠蔽体質にあきたらないと、離党した。さらなる希望の党へのダメージとなった(音喜多二〇一八 九五―九七)。

希望の党は大敗

希望の党と小池は、衆議院選に当たって首相候補を明らかにしなかった。小池自身が国政に出ることは視野に入っていた。兵庫四区や六区で、具体的に検討されたという(竹内二〇一九 一一三)。しかし、「都政を捨てるのか」という批判が意外に大きく、それを恐れたのと、都知事の後任候補が見つからなかったのである。野田聖子は、第三次安倍内閣(第三次改造)で総務大臣として、安倍に取られていた。古賀誠元自民党幹事長に相談して断ったという説もある(和田二〇二〇 二二五)。

蓮舫、橋下徹元大阪府知事、松沢成文参議院議員などの名前が取り沙汰されたが、(6) 実現しなかった。

自ら首相候補になるチャンスは狙っていたであろう。しかし「排除発言」の結果、野党が分裂し、「希望の党」は勝てる見込みがなくなって、与党連立や野党連立の首班になるとして小池が選挙に出る目はなくなった。希望の党は五〇議席しか取れず(女性二人)自民党に大敗し、野党第一党の座も立憲民主党(五五人当選、女性一二人)に奪われた。小池は、すぐには辞任しなかった。二三日には「日本には「鉄の天井」があると知った」とパリで語ったが(『朝日新聞』一〇・二四)、自分の失敗を環境のせいにしたと、不評であった。(7)

民進党の元候補者で、無所属ないし立憲民主党で選挙に臨んだ候補者は、「権力者」である小池に崖から突き落とされた者の代表という、「挑戦者」かつポジティブな印象をまとって有権者に受け止められることになった。(8)民進党系でない希望の党の新人候補は、供託金のほかに数百万円の選挙費用を自分で持ち出した。事務所も借りられず、ビジネスホテルの部屋にビラやポスターを置くという厳しい選挙を強いられた候補もいた。供託金を払い、落選し、カネは返ってこなかったのである(9)(竹内二〇一九 四四)。小池のカリスマは激減した。一一月一〇日投開票の希望の党共同代表選挙では、玉木雄一郎が小池との共同代表として選ばれた。一一月一二日の葛飾区議会選でも、都民ファーストから五人候補者を出したが、一人しか当選しなかった。小池は一一月一四日に代表を辞任し、一一月二〇日、玉木が後任代表となった。

二〇一八年三月、野党再編のあり方をめぐって希望の党は分裂し、民進党と合流する側は国民民主党を結成した。しかし、国民民主党は、立憲民主党と違ってなかなか支持が伸びなかった。

小池は豊洲の開場日を延期していたが、二〇一八年七月三一日、追加工事をした上で、豊洲市場について「安全宣言」を出した。九月一三日豊洲市場開場式典を実施、一〇月一一日に取引開始した。都として「築地に市場作る考えない」(『朝日新聞』二〇一八・二・一八)として、売却しないで都が買い取っている。築地市場の解体工事は二〇一八年一〇月に着工され、二〇二〇年二月におおむね完了した。二〇一九年一月二三日には、築地まちづくり方針の素案が出された。国際会議場・展示場などにすると記載されており、「食のテーマパーク」ではない。「裏切られた」の声もあがった（『東京新聞』二〇一九・一・二四）。基本方針の変更について都議会でも問題となった。環状二号線は、二〇二〇年三月に地上部道路（片側一車線）が開通した。本線トンネルは二〇二二年に全線開通予定となっており、オリンピック・パラリンピック開催より遅れた。他の跡地は、解体工事が完了し、オリンピック・パラリンピックの輸送拠点として暫定的に利用され、その後、再開発の予定である。

小池は何を間違ったのか

二〇一七年の選挙について、小池は、何を間違ったのだろうか。

都知事選挙・都議会選挙の大勝を経て、世論は期待や憧れから嫉妬へ変化していた。そこに「排除」発言があった。小池は一気に傲慢な権力者の位置に追いやられ、排除された立憲民主党との対立図式が完成した。一枚岩になれない野党に対し、真の勝者は自民党であった。メディアへの規制もあり、小池と維新の前代表の橋下徹との対談が週刊誌で組まれたが、忖度により没になった（竹内二〇一九 四七―四八）。

小池は、「新党は三日でできる」と豪語していた（大下二〇一六 二二四）[10]が、インスタント新党作りに慣れすぎたため、党内民主主義や党員・議員の総意作りということを軽視しすぎたのではないだろうか。彼女にとって新党作りとは、党名・ロゴ・イメージフィルム作り、結党大会の盛り上げ、候補者の選定と割り当て、などであった。候補者選定は重要な実務だが、党の政策作りやコアの人物の人間関係の形成などが先にあって、それに合わせて選定が行われるものである。これまで小池は、より「上」の決定で候補者と認められた者に、選挙区を割り振ったりしてきたが、それは政党の組織作りとは異なる。トップリーダーの男性に寄り添い、彼らの決定を前提に、それを補う決定をしてきたにすぎない。

いくつもの政党を渡り歩いてきた「成功経験」[11]が、政党は簡単にできるという勘違いを招いたのである。二〇〇人以上の政党を「個人商店ではない」やり方で組織することができなかった。民進党との合流についても、「全員加われる」という前原サイドと、「排除は当然」という小池サイドを、前もってうまく調整しないで走り出してしまったのだ。小沢一郎は、「党務を知らないリーダーだ」とした(大下二〇二〇 三四二―三四三)。

日本の政界に女性が増えない理由の一つとして、候補者リクルートのブラックボックス性というものがある。アメリカの選挙などでは、民主・共和各党の候補を、予備選挙の過程で一年近くかけてセレクトするのだ。イギリスでも、フランスでも、党内の候補者選出には党員が関わり、オープンでクリアなプロセスが展開される。日本では、こうしたことを一党も行っていないので、ブラックボックスや「天の声」で決まるのが当然だと思われているのである。確かに、安倍首相の九月末解散というのは、他の野党の準備不足を突くものだった。しかし時間があったとして、希望の党はオープンでクリアな候補者選抜ができたであろうか。小池には、とてもその準備はなかったと思われる。

また、もし立憲民主党ができていなかったらどうだろうか。元産経新聞記者で希望の党の候補者を応援したという竹内一紘は、小池は小選挙区に立って、首相を狙っただろうという。自民党・公明党が過半数を割るようなことがあれば、保守連立政権のため希望の党に連立を持ちかけ、小池を首相にしたかもしれない。さらに、自民・公明が大きく過半数を割れば、非自民連立(参議院のねじれがあるので、公明党は含む)政権として、首相になれたかもしれない。最低限、自民党で責任問題が起こり、安倍首相は退陣しただろう。しかし、それは起こらなかった(竹内二〇一九 一一四—一一五)。「排除」された者がどう動くかについて、想像力が足りなかったのである。

そして先に述べたように、二〇一七年というのは、女性政治家への評価が下がってしまった年なのだが、例外とされていた小池も選挙で失敗したことで、日本は「女性政治家不作の国[12]」となってしまったのである。

都政の公約も実現していない

小池による東京都政についても、批判がいくつか出ている。まず、当初の三つの公約について見てみよう。

「議会の冒頭解散」は、議会による不信任決議がないとできない。「利権追及チーム」については、二〇一七年四月二五日の都議会財政委員会で、東京五輪の競技場や豊洲市場など五件の入札について、「不正や疑惑は、内部統制プロジェクトチームとしては、なかった」ものと確認された。「舛添問題」に関心を持つ都民はもういない(有本二〇一七 二五—三二)。そして「都知事の任期を三年半にする」件は、小池の辞任によって選挙を前倒しにしても、小池が再出馬するなら、五輪開催期と選挙がかぶるという問題を解決できなかった。なぜなら、ライバルの選挙準備が整う前に前倒しで辞任し選挙に持ち込む首長たちの前例に問題ありとされて、こうした首長が再選された場合には、任期は辞任しなかった場合に終わる時期までとするよう、公職選挙法で規定されているからだ。その任期切れに、再度選挙を設定しなくてはならないから、オリンピックと引っかかる時期にもう一度選挙が行われるはずだったのだ。そうではなく、小池が三年半後に辞任して国政を狙うのだとしたら――つまり任期切れの二〇二〇年七月の選挙に出ない――、都民に大変失礼だと片山善博と郷原信郎は言った(片山/郷原二〇一七 九三―九七)。都知事選挙とオリンピック・パラリンピック開催と重ねないという問題提起は、結局新型コロナによる五輪の一年延期によって、図らずも実現された。

「七つのゼロ」も実現されなかった。待機児童・残業・満員電車・介護離職・電柱・多摩格差は未達成である。唯一達成したとする「ペット殺処分ゼロ」は、環境省の定義ではゼロになっていない。東京都が「譲渡不適切な犬猫は除外」と定義を変えたことによる、見せかけの達成であった(横田二〇二〇 三二―三三)。

豊洲市場移転について、二〇一六年の知事選後、小池は独断で開業日の延期を決めたが、片山/郷原は、移転日は「東京都中央卸売市場条例」による決定なので、議会にさし戻して諮らなければならなかったと批判している。手続きの無視である。さらに、安全性以外の、経費膨張問題や情報公開は移転してからでも処理できるので、専門家が安全性を保障すれば、すみやかに移転しなければならなかった(片山/郷原二〇一七 八四―八九、一一三―一一六)。有本も手続きの問題を言い募ったが、そのようなことはなされず、延期宣言一カ月後に、議会に延期が「報告」された(有本二〇一七一四五―一四六)。五輪の他県での仮設施設費用についても、元通り東京都が負担することとなったが、議会に一切諮られなかったので、議会が猛反発した(有本二〇一七 一八九)。

小池は、都議選前の二〇一七年六月二〇日、「築地は守る、豊洲を活かす」案を突如発表した。しかし、専門家会議、市場問題プロジェクトチーム、市場のあり方戦略本部のどの議論過程を見ても、双方の市場を残すという結論が導かれるはずはなかったのである。『毎日新聞』が行った情報公開請求で、この基本方針決断にいたる検討プロセスの資料が一切残されていなかったことが、都議選の後になってわかった(『毎日新聞』二〇一七・八・五)。二〇一七年八月一〇日の記者会見で小池は、文書不存在についての質問に答えて、「文書が不存在であると、それはAIだからです。…最後の決めはどうかというと、人工知能です。人工知能というのは、つまり政策決定者である私が決めたということでございます。…文章としては残しておりません。「政策判断」という、一言で言えばそういうことでございます」と述べた。石原元知事の場合は「専門家に任せていた」というから、文書を読み込めば豊洲移転への意思決定過程が明らかとなるが、この小池のケースでは、もっぱら自らの頭の中で政策判断することを自分に許していたわけである。「かがやけ「Tokyo」から「都民ファースト」の「ファースト・ペンギン」となった元都議の音喜多駿は、小池の決め方のほうが闇が深いと言う(音喜多二〇一八 一七〇―一七四)。

豊洲市場の地下空間に盛り土がなかった問題は、知事選挙後の小池劇場のハイライトとなった。しかし「市場問題プロジェクトチーム」員で、日本を代表する建築家の佐藤尚巳がいうには、根本的な問題は「技術者は当たり前だと思っていたことが、事務方の人たちには理解できていなかったこと」だ。そこから風評・デマが始まった。佐藤によれば、地下空間に水が溜まっていたことも問題ではない。有本によれば、にもかかわらず中身の軽重の確認もせず、小池がわざわざ土曜日に盛り土がなかったことを公表したのは、行政のリスクコミュニケーションとして最悪ということになる(有本二〇一七 四五―四七)。専門家会議座長が、「(地下水が溜まっていたのは)地下水管理システムが本格稼働していないため」とし、有害物質について「安全性は問題ありません」といっているのに、小池は「安全とは違うところの、都民が思う(つまり小池の理解する)安心」を持ち出して、専門家会議を否定した。それも片山/郷原からも、まったく間違っているとされた(片山/郷原二〇一七 一一八―一二〇、一八〇―一八三)。

「政党復活予算」の廃止についても、自民党とつながりのあった団体に対し、「自民応援を止めて、都民ファーストを応援しないと予算を切る」としたもので(有本二〇一七 一四三―一四五)、特権の廃止ではなく知事の権力を強めるために使われた。

新たなブラックボックスとなった小池都政

片山と郷原は、小池が大組織の長として、引き継ぎ前の体制の問題を暴くことを含め組織を正すことと、自ら組織を率いて組織体の価値を高めることとのバランスをたがえているという。後者に立つなら、過去の過ちをお詫びして、前任者の責任まで背負って乗り切ろうとしなければならない。過去の契約関係や責任は継続する。すべてはチャラにできないのである。さらに、条例に根拠を持たない諮問機関を多用して、側近政治をやっていることも問題とする(片山/郷原二〇一七 一〇〇―一〇六、一四四―一四五)。

また、先にも述べたが、片山／郷原は、地域政党づくりに乗り出したこと自体を批判する。知事は激務であり、政党づくりと両立しないというのが、理由のひとつである。都民ファーストの議員を増やすということは、都知事の言いなりになる議会を目指しているとしか見えず、執行部と議会の二元代表制を壊して民主主義への脅威となるというのである(片山／郷原二〇一七 七六―七八)。この批判は、大阪維新の会にも向けられている。

小池都政は、自民党東京都連のブラックボックス体質を批判して誕生したが、小池サイドが新たなブラックボックスになっているということが、批判されている。まず都民ファーストの代表が、都議選勝利直後から、小池から野田数、そして荒木千陽へと、ごく少数の幹部による密室会議で決まったことを、音喜多元都議は批判している。都民ファーストの議員によるSNS発信やメディア出演も、厳しく統制されることになった。飲み会も禁止された(音喜多二〇一八 一三―二八)。外からのアンケートに対しては、「党内は自由闊達に議論ができる雰囲気がある」と模範解答に従うよう命じられた。政務活動費から一五万円、議員報酬から六万円の徴収があるが、使途が不明である。政治パーティ開催は上意下達で決まり、パーティ券の割り当てがあった。「文書質問」と「資料請求」まで禁止された(音喜多二〇一八 四五―四六、五二―五四、五六―六一)。

党代表の変更は、「規約」にのっとって行われたといわれたが、その規約が公開されていなかった。音喜多は都民ファーストの規約制定にかかわり約一〇〇条の規約案を作ったが、野田代表から「知事のスピード感に合わない」として二六条にまで圧縮され、議決機関と執行機関の区別などがあいまいにされ「独裁規約」になったという(音喜多二〇一八 六七—七一)。また小池は、音喜多や上田令子など、知事選前から都議会議員で、「ファースト・ペンギン」として都民ファーストの発展に尽くしたメンバーを、役職から外した(音喜多二〇一八 三三—三九)。

澤章・元東京都中央卸売市場次長は、豊洲移転の話は二転三転したあげく、元の豊洲移転案を追加工事をして延期しただけであり、変革と見せたのはイメージばかりであったことを批判した。また、都合の悪い情報は公開されなくなり、決定発表前に発表案がころころ変わり、「ゆりこのゆりもどし」といわれていたことも批判した(澤二〇二〇 七一、二二五)。公に開かれた過程で決めていれば、このようなことは防げたはずである。

「信念の人」土井の対極

音喜多は、小池は根回しができないと言う。五輪に関して、周辺自治体と具体的な話を進めることができなかった。「政党復活予算」枠も、突如廃止された。知事給与も「特別職報酬等審議会」に諮らないで半減した。市場問題や五輪関係の失敗は、周りにイエスマンしか置かないからそれが防げないとしている(音喜多二〇一八 一七五—一八〇)が、手続きの軽視ということでもある。

そして、二〇一七年の衆議院選中の九月二九日の「排除発言」について、政党として当然であるはずの政策理念の一致が、著しくネガティブに捉えられることになった。これは小池に、自分の権勢のために人をコマとして使う薄情さがあることが、明るみに出たからだと音喜多はいう[13](音喜多二〇一八 一八四—一八六)。

二〇二〇年、再選を狙う都知事選の年には、石井の『女帝 小池百合子』(二〇二〇)の前に、澤章『築地と豊洲』(二〇二〇)、『女帝』の後には横田一『仮面 虚飾の女帝・小池百合子』(二〇二〇)、和田泰明『小池百合子 権力に憑かれた女』(二〇二〇)、舛添要一『東京終了』(二〇二〇)と、「小池本」が出版ラッシュとなった。いずれも小池には信念・理念がなく、だからこそ風に乗ることができた、という(音喜多二〇一八 一六八—一六九)。これは都知事になって明らかになったのではなく、細川護熙の新党ブームに乗り、小沢一郎の新進党で派手な結党集会をやり、自由党の小沢について行くのを止め、小泉政権下の自民党に入り、環境大臣としてクールビズで世間を沸かせ、郵政選挙で刺客第一号となり、女性初で自民党総裁選に挑戦した、それぞれのステージで見て取れることではないだろうか。

女性に関する政策でも、女性ばかりを売り物にする古いタイプの政治家とは違うと言って、政界デビューした。安全保障や経済といった「女らしくない」政策領域での発言を売り込んだ。しかし二〇〇八年には、「東京を女性にとって住みやすくする」と『東京WOMEN大作戦』を出版した。また、忘れていたかと思えば、自民党内の委員会のまとめとして、二〇一三年に『20／30プロジェクト』で、女性政策を売り込んだ。都知事選で「原点に戻って、女性政策」と言ったが、彼女の原点はここではないだろう。「女性「なのに」アラブ通」「女性「なのに」経済界の大物に知己がある」というのが、出発点だったはずだ。経済は、「専門」でなく「耳学問」である。

また、二〇一六年に知事選に出る頃には、自民党女性政治家の中で、高市早苗・山谷えり子・稲田朋美といった小池に劣らずタカ派で女性政策に関与しない人物が目立つようになった[14](最近、稲田は少し変わったが)。保守なのに女性政策を唱えるというのは、他の女性政治家と差別化するのに最適のポイントだったのではないだろうか。しかし女性有権者のご機嫌取りの公約として取り上げたにすぎないので、都政において女性に力点を置いた政策は目につかない。県知事としてドメスティック・バイオレンス対策や女性医療に取り組んだ堂本暁子元千葉県知事(新谷二〇一三、堂本二〇〇三、堂本/天野二〇〇九)と比べれば、小池の底の浅さは明白である。

理念や政策・組む人物のどれにおいても一貫性が見出しにくいとしたら、この女性は、「信念の人」土井たか子とは対極にあるのではないだろうか。

燃え上がる学歴疑惑

ここで、小池の経歴に関する疑問に、石井妙子の著作を中心に触れておきたい。小池は経歴に関して、しばしば訂正を行ってきた。「カイロ・アメリカン大学東洋学科」は、「カイロ・アメリカン大学アラビア語速習コース」に、カイロ大学「首席」は、「成績が良いので大学院に残らないかと言われた」という表現に変わっている。いちばん最初の『サンケイ新聞』の記事では、アメリカン大学で日常会話ができるようになった、であるが、アメリカン大学で新聞が読めるようになったのでカイロ大学に入学したと、これはグレードアップの変更が行われている。ドイツ語やフランス語と違って、日本人が学んでいる英語からの類推が一切利かず、中華文化圏でもないまったく異質の言語であるアラビア語を、四~五年でマスターできるということは、かなり考えにくいことである。しかし一九八〇年の座談会の記事に、(15)すでに「首席」というのが散見される。

小池(一九八二)は、一九七二年一〇月にカイロ大学に入学したが、一回留年したと堂々と書いている。しかし一九七六年一〇月に卒業したというのである。そして、小池がカイロ大学を卒業してから、母親がカイロに「なにわ」という和食料理店を出して、兄や父の手助けもあり、準備に一年かけて板前も什器も揃えて開業し、二〇年も続いたというのだが、同時期に父親は倒産し、夜逃げ同然に芦屋を追われている。かなりの財産をエジプトに持ち出すことに成功したのだろうか。財産の移動に関しては、小池は芦屋のものがなくなったこと以外、何も語っていない。

石井妙子は、『新潮45』二〇一七年一月号に「小池百合子研究——父の業を背負いて」(石井二〇一七a)を書いたところ、カイロで小池と同居していたという女性から、小池の公の経歴が虚偽であるという手紙をもらったので、彼女を含めて現地で調査したという。石井は、まず「小池百合子「虚飾の履歴書」」(『文藝春秋』二〇一八年七月号、石井二〇一八b)を書き、二〇二〇年五月末、都知事選の前に『女帝　小池百合子』(文藝春秋)を出版した(石井二〇二〇　六八以降)。同書は、二〇二一年五月に、大宅壮一ノンフィクション賞を受賞した。

また、経済小説家の黒木亮はカイロ・アメリカン大学の修士課程を修了しているが、二〇一八年に「小池百合子「カイロ大卒」の経歴にさらなる疑問」(『サンデー毎日』二〇一八年一一月二五日号(一四—一八))を書き、二〇二〇年に入って、ネットに小池の学歴疑惑について連載した。[16] それを受けて都議会では、二〇一八年九月に都民ファーストを離党する直前の上田令子が、二〇二〇年三月には自民党議員が、知事の学歴について質問している。[17] また『女帝』を受けて、六月にも都議会で質問がなされている。[18] さらに、六月九日、議会運営委員会で都議会自民党は、カイロ大学の卒業証書等の提出を求める決議案を提案しながら、一〇日の本会議において提案者からおりたという混乱を示した。郷原信郎は、六月二日、六日にもブログで学歴詐欺を指摘し、六月九日に黒木と合同で、外国特派員協会で会見している。(19)

同居女性の証言

疑惑の内容について、石井の記述を中心にみてみよう。まず、小池がカイロ大学で衝撃を受けたという入学と同時の軍事訓練について、石井によれば、当地の小池と同世代の人々に尋ねると「大学では軍事訓練はしない」と言っている(石井二〇一八b 一七〇、同二〇二〇 九二―九三)。

カイロで、小池ははじめ元貴族の未亡人の下宿にいて、次にアメリカン大学の寮に引っ越したという。サイディア・スクールというカイロ大学付属高校の校舎で開校されているアラビア語学校に通っていた日本人女性と一緒に住むことになったのは、その時だ(石井二〇一八b 一六一、同二〇二〇七〇)。この女性やサイディア・スクールについて、小池(一九八二)は一行も書いていない。逆にアメリカン大学の寮の話をこの女性は小池から聞いておらず、他人から聞いた話で作りあげたのではないかと疑っている(同二〇二〇 七四)。小池は、映画を見に行ったり、ガイドをしたり、日本人の子どもの家庭教師のアルバイトに追われているようで、カイロ大学入学を機会に親からの仕送りを断ったというが、父は時々取引のためにカイロに来ていた――父にとって小池は唯一の自慢のタネとなり、アラブ人との商談の場に同席させた(石井二〇一七a 五七、同二〇二〇 七五―七六)――。同居人女性は、小池にアラビア語の勉強をしているふうはなく、父と情報相のドクター・ハーテムの間にコネがあるから、カイロ大学の入学は心配ないと語っていたという。これが本当だとすれば、ずいぶんお手軽な留学である。また、この女性は、小池の男性の友人の訪問の多いことにも悩まされた(石井二〇一八b　一六二―一六四、同二〇二〇　七六―七八)。

小池は、一九七二年一〇月カイロ大学文学部社会学科に入学したとしているが、同居人女性は、小池がサイディア・スクール初級に通うことにしたのが、一九七二年の一〇月だとしている。サイディア・スクールには日本人が非常に少なく、中級コースには日本人男性が一人だけいた。小池と結婚することになる男性だが、小池は、アラビア語は彼から学ぶとしてサイディア・スクールを辞めてしまった。しかし、来客の多い生活は変わらなかった(石井二〇一八b　一六六、同二〇二〇　八三―八四)。

この元同居女性所持の手紙には、一九七二年ではなく一九七三年一〇月に小池がカイロ大学に入れることになって、お祝いしたとある。父とドクター・ハーテムのコネで、関西学院大学とアメリカン大学の経歴を足して二年生に編入されたという。カイロ大学ではこれは大きな意味を持つ。入学は易しくても、一年生から二年生への進級が難しく、落第者が多いからだ(石井二〇一八b　一六六―一六七、同二〇二〇　八五)。この学歴疑惑は、後で続ける。

一九七三年一月に、客の多さに耐えかねた同居人女性が、別居を切り出した。小池が旅行から帰り「転居先が決まり次第」別居ということだったが、二月下旬、二〇歳の小池は二三歳の日本人男性と結婚し、彼のアパートに移ると告げた。しかし第3章でも触れたように、この結婚は一年ほどで解消された。離婚した理由を、小池は、自分は進級できたが夫が落第してしまい、大学を辞めて一緒にサウジアラビアに行こうと言われたが、カイロ大学を続けたかったために断って離婚したとしている(大下二〇一六 八三)。元同居人女性は、元夫はサウジに出ないでカイロにいたはずだというう(石井二〇一八b 一七一、同二〇二〇 九四—九五)。頼りにしていた彼の語学力をもってしても、小池がカイロ大学の授業についていくのは容易でなかった。だから別れたというのである(石井二〇二〇 九四)。

オイルショックを機に、日本で中東諸国が注目されるようになる。しかし小池の父の会社は倒産に直面し、政界のフィクサー朝堂院大覚に頼った。先にも述べたが朝堂院は父勇二郎の債務を整理し、カバン持ちをさせ、カイロで魚の食品加工会社を立ち上げた。一軒家を借りて、小池の兄、父や小池自身も出入りしていたようであると、朝堂院は言う(和田二〇二〇 一九四—一九五)[20]。一九七六年一月からは、小池はまた元同居人女性とともに生活を始めた(石井二〇一八b 一六九—一七一、同二〇二〇 九九—一〇〇)。

小池はめずらしく勉強を始めたが、丸写しに励んでいた。質問文のアラビア語文語はどうせ読めないから、解答欄を埋めて教授にアピールするのだという。しかし、一九七六年五月の進級試験で進級できなかった。同じアパートに住む教授に問い合わせたところ、最終学年ではないから追試を受ける資格もないと言われた。四年生でもなかったというのである(石井二〇一八b 一七三、同二〇二〇 一〇一—一〇二)。

小池の公式プロフィールでは、どれも一九七二年一〇月にカイロ大学入学となっている。また、カイロ大学では一年目は留年したと、小池(一九八二)に書いてある。こちらが正しい場合、一九七六年には四年生として卒業しえない。また小池は卒業論文の制度はなかったと言うが、黒木亮の調査では一九七六年当時、社会学科では卒論は必須だった。[21]小池は、卒論は書いていないという。

サダト大統領夫人への食い込みに成功

元同居人女性によれば、大学を出た小池は、JALカイロ支局で現地採用の社員として働き始める。ところが、小池の父からすぐ帰国するように連絡があった。第3章でも述べたが、エジプトのサダト大統領の妻、ジハン夫人の来日が決まったからだ。サダト大統領の娘がカイロ大学に通っており、遅れてジハン夫人もカイロ大学生となった。在学中から、小池はジハン夫人に接近を試みていたようだ。[22]ジハン夫人の訪日は、一九七六年一〇月二五日から三一日までである。女性だということもあり、小池はアテンド役として割り込むことに成功した。

石井が見つけた当時の記事は、『サンケイ新聞』一九七六年一〇月二二日朝刊である。「エスコート役に芦屋のお嬢さん」「令嬢(サダトの娘)とは同級生　カイロ大新卒、唯一の日本女性」とあり、四年で卒業した女性だと讃えられている。『東京新聞』一〇月二七日朝刊では、人物紹介欄で報じられ、九月に卒業したとされている。小池がエジプトに戻ってきて、これらの記事を見た同居人女性は、「そういうことにしちゃったの?」と尋ね、小池は「うん」と答えた(石井二〇一八b 一七四—一七五、同二〇二〇 一一〇—一一一)。山田敏弘の二〇一七年の調査では、カイロ大学では「一〇月に」卒業したことになっているという。[23]

小池は本格的に日本に帰国し、母はカイロで「なにわ」という日本料理屋を始めることにした。

しかし朝堂院は、勇二郎の会社の債権を整理し、カイロに開店資金から板前、備品まで用意してやって、妻も呼びよせ二人でやらせたが、彼自身が拘置所にいる間に小池家のものにされてしまったと語る(石井二〇一七a 五七―五八、同二〇二〇 一二二―一二三、朝堂院二〇二一 一五二―一五五)[24]。

小池は「カイロ大学卒業」という異色の肩書を最大の武器として、座談会やインタビューで「カイロ大学を首席で卒業した」と度々語っている(石井二〇一七a 五九)[25]。黒木は、小池の「首席」卒業にまず疑問を付す。彼女の示す卒業証書には「ジャイイド」とあり、これはgoodのことで、その上に「イムティヤーズ excellent」と「ジャイイド・ジッダン very good」があり、首席卒業ではないという[26]。最近、小池は「首席」とは言わなくなった。

さらに黒木は彼女の卒業証明書として公表されたものを、現地で会ったカイロ大学の卒業生やインターネット・サイトから得た他の一五人のものと比べ、本物と認めがたい「乱れ」があると言う。第一に、スタンプの陰影が判読不明である。第二は、署名者は一つの証明書に三〜五人だが、小池のものには二人しかないということだ。第三は、敬称が「Ms.」を表す「サイイダ」でなく「サイイド(Mr.)」となっており、誕生日を示す「生まれ」にも「マウルーダ(女性形)」でなく「マウルード(男性形)」が用いられ、学位を「取得した」という語にも「ハサルト(女性形)」でなく「ハサラ(男性形)」が、「(〜の)求め」にも「タラブハー(彼女の求め)」でなく「タラブフ(彼の求め)」と、すべて男性形で書かれている。さらに、小池の卒業証明書には、大学の収入印紙が逆さまに貼られている。また、エジプトでは「不正卒業証書」が多いことにも触れている[27]。

石井は、卒業証書が小池(一九八二)の口絵になっているので、それに注目した。これと、二〇一六年六月三〇日にフジテレビ「とくダネ！」に公表されたものを比較した。前者では小池の像と重ね合わせになっており、学部長他のサインがあるべきところが隠されている。また、双方で学籍番号があるべきところにない。両者は同じものでないといけないが、ロゴマークが異なっている(石井二〇二〇　口絵)。卒業証明書については、一九七三年にカイロ大学文学部を卒業した小笠原良治大東文化大学名誉教授のものと、「とくダネ！」公表分を比較している。本人写真と本紙の間の割り印が、小笠原のものは円形だが、小池のものは楕円で、写真と紙にずれがあるように見える。印紙と本紙との間にも割り印があるが、小池のものはかなり薄い。下のスタンプ二つも、かなり不鮮明でデザインを読み取れないが、小笠原らのものの左側は、鷲が両翼を広げているデザインが鮮明である(石井二〇二〇　四〇八)。二〇二〇年には石井は、一枚目の「卒業証書」があり一九八二年の著書の口絵に使われ、それでは不十分だとして二枚目の「卒業証書」を作らせたのではないかと推察している(石井二〇二〇　四〇六)。

なお、先の朝堂院は、父の勇二郎が「百合子がカイロ大学を中退した」と言うのを聞いたという(朝堂院二〇二一　一五三)。

カイロ大学の公式見解は「卒業」

カイロ大の文学部日本語学科のアーデル・アミン・サーレ教授は、「小池さんは一九七六年一〇月に卒業している。アラビア語は一回単位を落としたが、一九七六年に取っている」と説明している(石井二〇一八b　一八二、同二〇二〇　四一七)。[28]

さらに二〇二〇年の『女帝』出版後、カイロ大学は六月八日、小池の学歴詐称を否定する声明を発表し、在京エジプト大使館がフェイスブックで公表した。都知事選にとって、まことにタイムリーな後押しになった。[29]これに次いで一五日に小池が、「卒業証書」と「卒業証明書」を公表した。多くの雑誌が、これを写真入りで報じている。しかし石井は、学籍番号がなくスタンプがにじんでいると指摘している(石井二〇二〇b 一六七)。カイロ大学中退の農業ジャーナリスト浅川芳裕は、ネットのインタビュー記事「カイロ大「小池氏は卒業生」声明の正しい読み解き方――都知事選を前にエジプト軍閥が切った外交カード」で、エジプト政府発表は小池の知事再選支援を意図したものであり、卒業していない事実を隠し、エジプト政府の政治的意図の下の情報操作であるとしている。[30]

このように、「卒業」というのがカイロ大学の公式の見解である。ただし、本当に単位がそろっているのか、卒論は書かなくても卒業できたのかどうかは最大の問題である。そうでないなら、小池のカイロ留学は、お手軽留学だったということになる。この経歴で世渡りしてきたのだから、要領はすこぶるいいと言わなければならない。自己プロデュース能力とステップ・アップの欲求が異常に強いのは、山師のような父の挫折へのリベンジという説が強いが(石井二〇一七a 四九、五六―五九)、小池の顔のアザを気にして、幼稚園に行く日より近畿大学医学部に行く日が多かったというほど通院させた母親の影響も大きかったのではないか。[31]ハンディキャップを克服する手段を、何としてでも手に入れなければならないと、命がけのばくちを試み続けているように、石井は描いた。

これに対し、斎藤美奈子[32]と田中東子・菊地夏野[33]は、アザのことは過大評価で、ドラマティックに仕立てすぎているという。筆者は、一九五二年生まれの女性にとって、顔のアザの意味は現在とずいぶん違うと思う。顔のアザは、「美醜」の問題でなく、「普通かどうか」の問題だという提起もある(西倉二〇〇九)。また、家族の受け止めが重要で、小池の場合ドクターストップがかかるまで、「治療」のために近畿大学医学部に母親が一緒に通ったのである。物心ついたときは大学病院に通っていたことになる。幼児体験として大きいのではないだろうか。

政治家の学歴疑惑

権力者にすり寄る、すり寄る権力者を乗り換える、自分を実像より大きく見せるというのはよくあることで、たまたま女性であり、成功し、都知事であるから目につくだけと、田中東子は言う。しかし、女性が政治的ポジションに就く方法はそれだけではないことを、土井を見てきたことで私たちは理解している。

土井にも学歴疑惑が出され、それより深刻な在日朝鮮人疑惑がネットにあふれ、活字にされた。土井は裁判で戦い、勝っている。小池の学歴疑惑は、カイロ大学が卒業と認定している以上、真正の卒業かどうか真偽を判定することは大変困難だろう。今のところ小池は、石井たちライターを訴える構えは見せていない。しかし万一政権に彼女の手が届いたら、日本のトップの学歴が、外国政府のコントロールの下にあるという事態にもなりかねない。カイロ大学卒業を証明する書類は、「卒業証書」、「卒業証明書」の他に、「成績証明書」がある。小池は、「成績証明書」を公開していない。[34]卒論が本当に課されていなかったのかどうかを含め、「成績証明書」が公になれば、疑惑は氷解するかもしれない。さもなければ、とりわけ卒論に関して、当時のカリキュラムを探すなどの深掘りが求められることになる。

女性政治家の学歴詐称の話というのは、何と一九四六年に遡る、古いネタである。女性衆議院議員が三九人初当選した四月一〇日直後、三木キヨ子が大阪市立住吉高等家政学校卒業のところ、大阪府女子専門学校（学制改革により新制大阪女子大学に昇格。現・大阪府立大学）の中退としたのが発覚したのだ。新聞は、連日彼女のことを書き立てた[35]（岩尾二〇〇六 二六六―二七〇）。しかも、もう二人、次々と発覚し、「女ゆえの見栄」と攻撃された。三人は次の年の衆議院選挙には立候補しなかったが、四二五人いた男性議員の方に経歴詐称が少なかった訳ではないだろうから、不当な攻撃でもあったのである。女性政治家の資質が問題とされ、その理由として、学歴詐称が挙げられ続けた。

一九九二年七月の参議院選挙に民社党から当選した新間正次は、選挙公報に「明治大学中退」と書いたが入学の事実がなく、公職選挙法違反で起訴され、一九九四年、禁固六カ月執行猶予四年の判決が確定し、議員失職した。二〇〇三年の衆議院選挙で民主党から当選した古賀潤一郎は、米ペパーダイン大学卒業としていたが、中退であった。公職選挙法違反で告発され、翌年一〇月起訴猶予処分となり、その前に議員辞職している。また安倍前首相は、二〇〇六年の『美しい国へ』（文春新書）の奥付で、以前は用いていた「南カリフォルニア大学留学」の経歴を消している。政治家が経歴を「盛る」ことは、珍しくないのかも知れない。特に外国の学校に関しては、精神的ハードルが低い可能性がある。

小池が特異なのは、カイロ大学という日本からは地理的・心理的に距離の遠い、非英語圏・非欧米圏の大学に関することだという点と、政治家のキャリアに乗る前から、「カイロ大学卒」を名乗っていたことである。しかも「首席で卒業」というのは、明らかに盛っていた。「盛るくせのある人」に対応する方法は、証拠を提出させることと、こちらで証拠を探すことである。石井は、「カイロ在住の元小池の同居人」という女性を見つけることで、この疑惑に迫った。二〇二〇年六月一五日の、小池による卒業証書提示では、まだ納得が得られていない。小池がもう一度国政に挑戦することになれば、この問題は再燃しかねないのである。

（1）「小池首相が誕生する日！」『サンデー毎日』二〇一七年一〇月一五日号、一五二―一五三頁
（2）鈴木哲夫「小池新党の国政シナリオ」『サンデー毎日』二〇一七年八月六日号、二四―二五頁
（3）「小池百合子激白　安倍の延命は許さない」『週刊文春』二〇一七年一〇月一二日号、一五頁
（4）「小池百合子の希望・横暴・票泥棒」『週刊新潮』二〇一七年一〇月一二日号、二九頁
（5）「小池緑のたぬきの化けの皮を剝ぐ」『週刊文春』二〇一七年一〇月一九日号、二六頁
（6）「小池百合子は安倍晋三の敵か？味方か？」『週刊プレイボーイ』二〇一七年一〇月一六日号、二四―二七頁
（7）福本容子「ウラから目線――その色は？」『毎日新聞』二〇一七年一〇月三〇日。横田一「「排除」ひきだした記者を排除」『週刊金曜日』二〇一七年一一月三日号、四頁
（8）白鳥浩「二〇一七年衆院選は小池劇場の「終幕」か」『調査情報』二〇一八年三―四月号、八―一〇頁
（9）「小池百合子と死屍累々」『週刊新潮』二〇一七年一〇月二六日号、三〇―三二頁
（10）「保守としての改革は白鳥のごとく　新党は三日でできる」『正論』二〇一七年二月号、一三〇―一三五頁
（11）「小池百合子の自縄自縛」『サンデー毎日』二〇一七年一一月五日号、二五―二七頁
（12）「女性政治家の通信簿」『SAPIO』二〇一七年一一／一二月号、七八―八〇頁。「女政治家はアホばかり」『SAPIO』二〇一八年一／二月号、二八―三〇頁
（13）音喜多はこうして離党を考えていたが、それを踏み切らせた最大の原因は、政策も公約もまだない希望の党への支援要請であり、出馬の要請を受けたのでそれを断ったところ、一次公認にもれたから離党するというウソ

を流されたことであったという(音喜多二〇一八　九〇—九四)

(14)　海妻径子「安倍政権期における軍事強硬主義的女性閣僚増加の構造」『女たちの二一世紀』二〇一八年九六号、一五—二〇頁

(15)　「結婚だけが女の幸せじゃない!」『週刊女性』一九八〇年六月一〇日号、九四—九七頁

(16)　「徹底研究!　小池百合子「カイロ大卒」の真偽」(二〇二〇年二月二九日)

①https://jbpress.ismedia.jp/articles/-/58847

②https://jbpress.ismedia.jp/articles/-/58851

③https://jbpress.ismedia.jp/articles/-/58857

④https://jbpress.ismedia.jp/articles/-/58869

⑤https://jbpress.ismedia.jp/articles/-/58870

⑥https://jbpress.ismedia.jp/articles/-/58871

(17)　本会議二〇一八年九月二七日上田令子からの質問、予算特別委員会二〇二〇年三月九日、小宮あんり、一二日、川松真一朗・田村利光、二四日、三宅正彦

(18)　予算特別委員会二〇二〇年六月三日、川松真一朗

(19)　https://www.youtube.com/watch?v=iwwcwcfH3Ac(二〇二一年六月一一日)

(20)　「〝官軍〟小池百合子の勝負勘と弱点」『週刊朝日』二〇一六年八月一九日号、一八—二一頁

(21)　前掲黒木亮「小池百合子「カイロ大卒」の経歴にさらなる疑問」一四—一八頁。前掲同「徹底研究!　小池百合子「カイロ大卒」の真偽②」

(22)　山田敏弘「知られざる濃厚アラブ人脈」『Newsweek』二〇一七年一〇月一七日号、二六頁

(23)　前掲山田敏弘と本誌取材班「一九七四年のコイケユリコ」四六—四九頁

(24)　前掲「〝官軍〟小池百合子の勝負勘と弱点」一八—二一頁。「小池百合子が破壊した石原ブランド」『週刊朝日』二〇一六年一〇月二八日号、二四—二六頁

(25)　前掲「結婚だけが女の幸せじゃない!」九五頁。「〝日ト連合作戦〟でトルコ風呂改名」『週刊大衆』一九八五年九月三〇日号、四九頁

(26)　前掲黒木亮「小池百合子「カイロ大卒」の経歴にさらなる疑問」一六頁

(27)　前掲黒木亮「徹底研究！　小池百合子「カイロ大卒」の真偽③」
(28)　前掲山田敏弘と本誌取材班「一九七四年のコイケユリコ」でも、サーレ教授が応援している。四七頁
(29)　佐藤優の発言。鈴木宗男・佐藤「女帝・小池百合子、東京都知事選後の権力欲」『PRESIDENT』二〇二〇年七月三一日号、一一八頁
(30)　https://jbpress.ismedia.jp/articles/-/60884(二〇二〇年一二月二六日)
(31)　「母への恋文」『女性セブン』二〇〇八年五月二二日号、七五頁
(32)　斎藤美奈子「小池百合子はモンスター?」http://www.webchikuma.jp/articles/-/2109、同「『女帝　小池百合子』を読んで」http://www.gendaishokan.co.jp/article/W00154.htm(二〇二〇年一二月二六日)
(33)　「フェミニズム的にやや古い?『女帝　小池百合子』が描く女性像」『サイゾー』二〇二〇年九月号、三四―三九頁
(34)　前掲黒木亮「小池百合子「カイロ大卒」の経歴にさらなる疑問」一七―一八頁
(35)　一審で禁固四カ月の判決が出たが、控訴審では免訴となった

第13章

コロナ禍と五輪

誰が人々の不安をすくい上げるのか

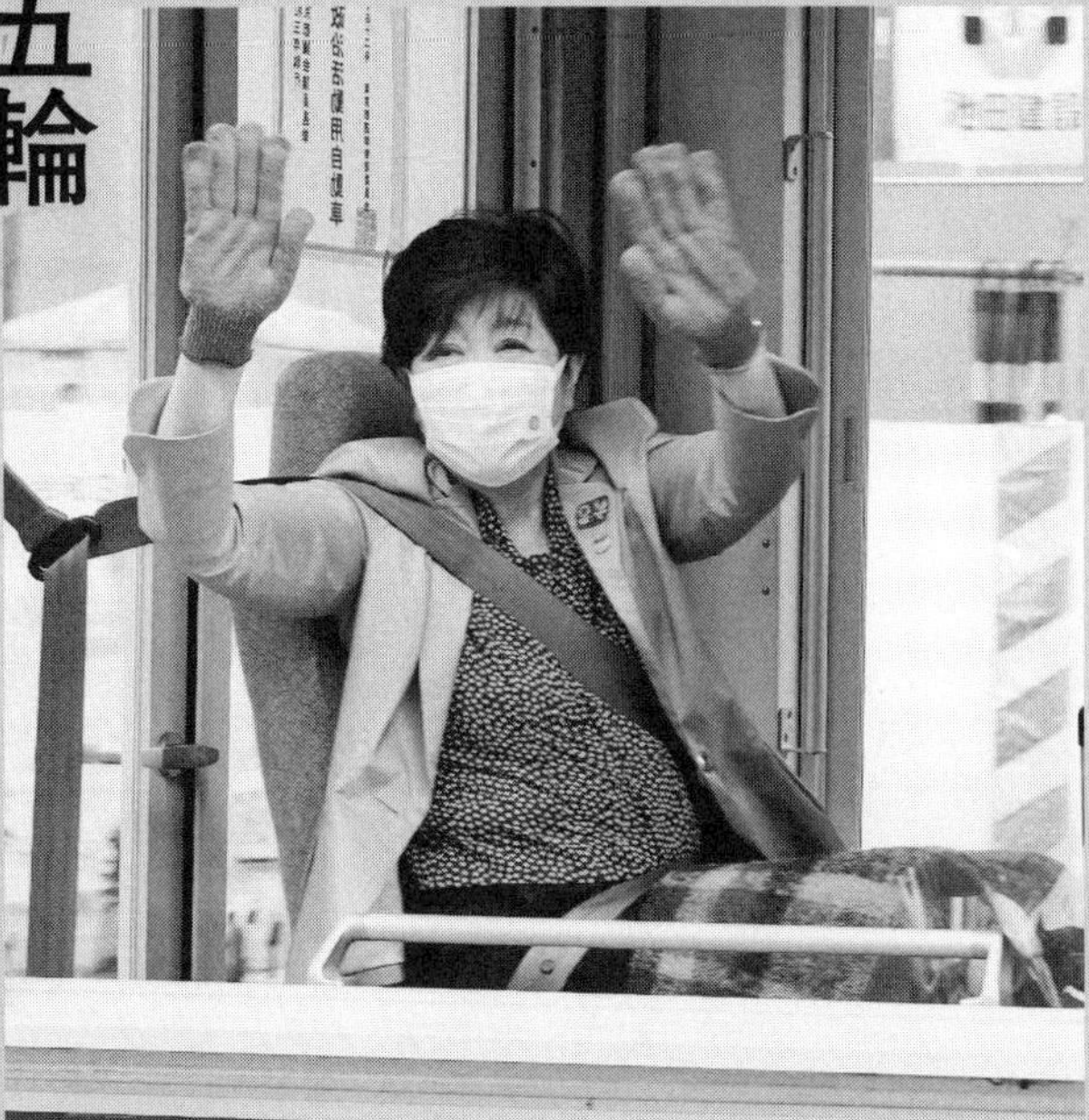

東京都議選告示前に急遽入院し、投票日直前に退院して選挙戦最終日に
都民ファーストの会候補者の応援に駆けつけた小池
(2021年7月3日、共同)

自民党都連は「小池降ろし」を画策

小池は、都庁で「女性登用」を掲げた。東京都職員(元中央卸売市場次長)だった澤章は、未経験者の登用などうまくいってないケースが多く、「死屍累々」とまで言っている。原因は、小池に真剣に女性職員を育てる気がないことだという(澤二〇二一 六五—六七)。女性副知事も二年しかもたなかった。

「希望の党」騒ぎの後、小池のメディア登場はめっきり減った。しかし二〇一九年三月四日、二階俊博自民党幹事長から都知事選に「小池知事が出馬するなら全面的に協力する」という発言があり、自民党都連が反発し、注目を呼んだ(1)。小池は二階とは、新進党・自由党・保守党そして自民党に移行してから、親しくしていた。一方、安倍晋三首相は「小池は絶対に降ろす。オリンピック開会式はやらせない」と公言し、対抗馬を探した(2)。ソウル五輪金メダリストで初代スポーツ庁長官鈴木大地、丸川珠代元五輪担当相、橋本聖子五輪担当相が挙げられた(3)。二〇一九年末、自民党はひそかに世論調査をしたが、小池に大差をつけられ、二〇二〇年初頭の安倍首相の小池容認発言につながった(4)。事故で車椅子生活となった谷垣禎一自民党元総裁の名前も挙がったが、小池がパラリンピック懇談会の名誉顧問に取り込んでいた(5)。

こうした中、小池が久々に姿を見せたのは、二〇一九年一〇月一六日である。九月二七日に中東カタールのドーハで開催された世界陸上女子マラソンで、気温三〇度、湿度七八%の悪条件の下、六八人の選手のうち二八人が途中棄権した。国際オリンピック委員会(IOC、会長トーマス・バッハ)は危機感を抱き、一〇月一一日、調整委員長のジョン・コーツが、森喜朗東京五輪組織委員会会長に対し、男女マラソンと男子五〇キロ競歩・男女二〇キロ競歩について会場を札幌に移転することを、決定済みとして「通告し」た。コーツから電話を受けた森は、安倍首相・菅義偉官房長官に伝え、この「通告」は、鈴木直道北海道知事・秋元克広札幌市長・広瀬兼三北海道新聞社長(和田二〇二〇 二三―二五)や一部の自民党都議会議員にも伝えられた。しかし、小池に伝えられたのは、数日を経た一〇月一五日であった(和田二〇二〇 二六)。完全に「蚊帳の外」である。

一六日、小池と森の会談が都庁で開かれた。小池は不満を示し、コーツから電話を入れることになった。小池は、一六日午後一〇時過ぎ、突然の変更に驚きを感じるとコメントを発表した。翌一七日には、労働組合の連合の定期大会に出席したが、「涼しいのがいいのなら、北方領土で開催したらどうか」と発言し、ロシア大使館[6]、北方領土返還運動をしている旧島民から反発を受けた(『北海道新聞』二〇一九・一〇・一八)。

二五日には来日したコーツと小池が都庁で会合を持った。三〇日にはIOC調整委員会会議が晴海のIOCオフィスで開かれ、小池は英語と日本語で憤ってみせた[7]。組織委員会とIOCが協議した三条件は、「都側の費用負担なし」「暑さによる他競技の移転なし」「パラリンピックのマラソンは東京開催」であった(『日刊スポーツ』一〇・三〇)。マラソンの札幌開催は、開催地についてはIOCがトップダウンで決定できるものであり、東京都の抵抗は、費用負担なしに限られた。小池は、IOCバッハ会長から届いた、大会後の東京での「セレブレーション・マラソン」の提案を成果とした。一一月一日には、ＩＯＣ・組織委員会・国・都の四者協議が開かれ、東京都の費用負担なしを確認した。この経緯は、小池のひねった「技あり」として、都知事選挙の追い風と見なされた。また、連合は立憲民主党が共産党と連係することを嫌い、小池支持を決めていた。(8)

二〇二〇年一月二日、公明党の山口那津男代表は「都政の継続性」と発言、小池続投を示唆した。一方自民党東京都連は、元テニス選手松岡修造の他、鈴木大地、元アイドル菊池桃子、石原慎太郎の息子であるタレントの石原良純などを検討していた。(9)

急転直下のコロナ危機　五輪延期

二〇二〇年一月一一日、中国・武漢で新型コロナによる初の死者が出た。二〇日、習近平国家主席は「重要指示」を出し、二三日武漢をロックダウン(都市封鎖)した。

しかし日本政府は、中国人が大量移動する春節(一月二四日の旧大晦日より)前に入国を規制せず、二月一日になって、武漢のある湖北省に滞在歴のある外国人の入国のみを制限した。中国からの観光客が日本のインバウンド市場において最大の消費者であり、二カ月後の四月には習主席の来日が予定され、さらに七月にはオリンピックを控えていたことで、日本政府の決定は遅れた。三月五日になって習主席の来日延期が決定され、直後に中国全土からの入国が制限された。それは二月二七日に、安倍首相から全国への休校要請が出された後だった。

三月一二日に首相官邸を訪問していた小池は、安倍から、「コロナも五輪もあるから」と、「政治休戦(都知事選での自民党の小池支持)」を勝ち取った。(10) 同日、ギリシャで聖火が採火され、二〇日に宮城県松島基地に到着した。三月一三日には「新型インフルエンザ等対策特別措置法」が改正され、翌一四日に施行された。

一六日、安倍首相は、G7の首脳会談(テレビ会談)において、五輪を完全な形で実施することで一致した。つまり延期の決定であった。二二日にIOCが、中止ではなく延期を含めた検討に入ると声明した。二四日、安倍がバッハIOC会長と電話会談し、安倍からの延期提案をバッハが受け入れた。そこには、小池も森も陪席していた(11)。五輪の開催は、一年延期で二〇二一年七月二三日となった。

小池は、オリンピックの通常通りの開催に強くこだわり、コロナ対策は消極的だった。三月一九日に、吉村洋文大阪府知事がライブハウスでのクラスター発生で危機感を持ち、三連休中の大阪府と兵庫県の間の往来自粛を要請したのとは対照的だった。そして、オリンピック延期の方針が決定すると、小池は「豹変」する(12)。

三月二三日、小池は初めてコロナ関係の緊急記者会見を開いた。遅すぎた。それまでの楽観的な姿勢を大転換して、「ロックダウン」や「オーバーシュート(感染爆発)」といった、強い言葉を使って危機感を盛り上げた。「三密」という言葉も作った(13)。以後、コロナ予防のCMに自ら出演したり(14)、上は防災服、下はスカートというチグハグな姿で「夜の街要注意」という記者会見を連発したりして、コロナ危機と闘う知事の姿をアピールした。左派のライター永田政徳は、『週刊金曜日』(二〇二〇年五月二二日号、一四―一五)で、「国難便乗のポピュリスト」と非難した。権限のないことでも、強いカタカナ言葉で口走るのである(15)(片山二〇二〇 五九―六一)。また四月六日から記者会見では、記者の座席表を使って小池自身が指名するようになり、都合の悪い質問を回避するようになった（和田二〇二〇　五〇、横田二〇二〇　五五―五六）。

「密です！　密です！」

政府は、北海道や東京都や大阪府に突き上げられる形で、四月七日に七都府県、一六日から残りの全道府県に緊急事態宣言を発出した。国に先立ち、小池は六日夜に、国の緊急事態宣言の発令に向けて、記者会見を行った。国と二点にわたり齟齬が生じ、「国と闘う知事」の姿を示した。一つは、理髪店が休業要請対象に入るかどうかで、都は入るとしていたが、国に対して関係団体が巻き返し、外した。また、国は休業要請について、緊急事態宣言で二週間ほど様子を見てから導入するとしていたが、小池は危機管理の要諦は先手を大きく打つことだとして、この「様子見」を撤回させ、緊急事態宣言とともに休業要請を導入させた。一〇日に小池は、「権限は代表取締役社長かなと思っていたら、天の声がいろいろと聞こえまして、中間管理職になったような感じ」と述べた。

この発言については、片山善博が皮肉なコメントをしている。新型インフルエンザ特措法の第二四条九項の「必要な協力の要請をすることができる」という文言について、本来は都道府県対策本部に地元医師会や大学の感染症専門家に加わってもらうという趣旨なのに、知事たちは、国の緊急事態宣言なしでも、知事が誰にでも何でも要請できると解した。知事による営業自粛のような要請は、緊急事態宣言の発出後、第四五条に定められた範囲で行われるべきであるにもかかわらず、である。慌てた政府は、知事の権限行使は「国に協議の上」と明文化した。だから知事は、「自分の権限ではできないと判断されるが必要な政策」については国に実行を迫るべきであり、それができるためには、「中小企業だが社長だ」という気概を持っていなくてはならない、と片山は言う。事実、和歌山県の仁坂吉伸知事はそうだった。「中間管理職」では国の下請けである。小池はメディアに出まくり、広報係長のようだった。勉強していない広報係長が独自色を出そうとすると都庁の仕事の邪魔になるので、社長でなくてよかった、と片山は言う(片山二〇二〇　一一一―一一五)。

政治史学者の御厨貴と日経新聞論説フェローの芹川洋一は、東京都がもっと出張ってもよかったのに小池が抑えている、国にやってもらった方が楽だから、と指摘している(御厨/芹川二〇二一　二一〇―二一二)。

他方で片山は、東京都の「感染拡大防止協力金(四月一六日より)」を評価している。政府の緊急事態宣言中、都の営業自粛要請に応じた事業者には、一店舗の休業なら五〇万円、二店舗以上なら一〇〇万円を支給した。その後も財政調整基金から、コロナ対策の支出を行っている。これが先例となり、全国に拡がった。しかし、他の道府県では、都ほど財政に余裕がないために金額が少なくなり、東京都対他の道府県という様相を呈したが、本来、全国の知事が結束して、国に財源を求めるべきであった(片山二〇二〇　一五〇―一五一)。また、この支出により今後の財政が憂慮されている。コロナによる経済の冷え込みで、二〇二〇年度以降、税収が減る見込みである。小池がコロナ対策に大盤振る舞いに出たのは、コロナがもっと早期に収束すると判断したからか、あるいは都知事を辞任して国政に戻る計画があり、長期の見込みを持っていなかったからかもしれない。また、倹約に努めた石原慎太郎などと違い、二〇一六年の知事就任から支出規模を拡大させ、財政調整基金以外の基金を取り崩し、財政の余裕をなくしていた点を、批判されている(澤二〇二一 一七二―一七三)。

東京「デスロードマップ」

五月五日、吉村大阪府知事は、第一波の収束に伴い、休業・自粛要請を解除する大阪府独自の基準「大阪モデル」を打ち出し、市中の感染拡大や、検査体制や重症病床の逼迫などの状況を日々モニタリング、「見える化」した。吉村は知事ランキングの一位を占め、小池は二位だったが、大きく水を開けられた(16)。

小池は、二二日「大阪モデル」にならって「東京ロードマップ」を作った。警戒度に合わせてモニュメントのライトアップの色を変えるところまで同じだった。「大阪モデル」は、第一段階に入るスタート地点は「国の緊急事態宣言下」という前提だ。国の宣言解除に先立って緩和を進めることが目的で、国の宣言が「解除」されれば原則すべて解除する。これに対し「東京ロードマップ」は、国の緊急事態宣言の解除から始まる(17)。三ステップあり、一ステップに二週間をかける。こうすることで、東京都知事選挙の寸前に完全解除が行われることになり、その遅さについて「デスロードマップ」だという批判が出た(18)。小池が打ち出したのは、五月一二日に都民ファーストの会(小池が特別顧問)が示したロードマップ資料とは異なるもので、都民ファースト側を怒らせた(19)。都知事選に向けて、自民・公明側と結ぶ、高等戦術だったのではないかという声もある(和田二〇二〇 六九―七〇)。

自民に借りを作らず、大勝で都知事再選

小池は、六月一八日告示、七月五日投開票の都知事選挙に大勝した。要因は二つある。一つは他の候補がバラけて魅力不足だったことだ。立憲民主党・社民党・共産党は、れいわ新選組の山本太郎を統一候補としようとしたが、山本が乗らず、独自にれいわ公認で出馬した。立憲・社民・共産は宇都宮健児を推し、国民民主党はこれに乗らなかった。また、日本維新の会は、元熊本県副知事の小野泰輔を支持した。しかし小池にとっていちばん脅威になる可能性は、自民党都連が別の候補を推すことであった。けれども、二階幹事長にリードされて安倍首相も小池を推し（和田二〇二〇　三四四）、東京都連が別の候補を推すことを封じた。そこですでに勝負があった。

第二の要因は、メディアの二重の利用である。まず、コロナ対策として、連日の記者会見やＣＭなど、メディアに出っぱなしになった。「ロックダウン」や「オーバーシュート」などの言葉を操り、「危機のリーダー」を気取った。女性有権者の支持が復活していたが（横田二〇二〇　一六）、その裏にはステルス作戦があった。候補者討論会はネットでは一回行われたが、テレビ討論会は小池が拒否した。また、街頭演説も、コロナを口実にしてほとんど行わなかったため（石原慎太郎知事の二〇一二年のやり方の模倣である）[20]、小池の候補者としての映像がないので、テレビで他の候補者を扱うこともあまりできなかったのである。記者会見ではお気に入りの記者ばかり指名し、本質に迫る質問を封じた。「東京アラート」は、立候補表明の前日の一一日に解除され、コロナに勝ったイメージで選挙戦になだれこんだのだ。しかし都知事選の告示日一八日には、また感染者が増加に転じたが、「東京アラート」は再発令されず、追及されることは、なかった。二〇一六年の都知事選挙の

時の「七つのゼロ」の公約が果たされなかったことも、適当にいなされた。

小池のイメージ作戦は、どの党の推薦も支持も取り付けなかったことである。自民党は、二階が強く推したが、小池が推薦を求めず、自主投票となった[21]。自民党東京都連は、不戦敗に顔色を失った。公明党も山口那津男代表が小池を支持するが、党として推薦・支持はしなかった(『朝日新聞』二〇二〇・六・一七)。都民ファーストも、推薦・支持はしなかった[22]。自民党に借りを作らないことで、国政に帰るときのフリーハンドを得ようというのであろうか。この選挙でも、アメリカのCDC(疾病予防管理センター)のようなものを作ると大言壮語したが、「東京iCDC(東京感染症対策センター)」を作ったというものの効果をあげていない。

選挙後のコロナ政策で失敗といえば、八月一日から始めた「感染防止徹底宣言ステッカー(虹のマーク)」である。一部自治体で先行していたものを真似したのだが、このマークを貼っているパブで、新型コロナのクラスターが発生した。マーク取得の手続きが問われたが、ネットを通じて所定の申請フォームに書き込めば、マスク着用や密の予防などを実施しているかのチェックはなしで、誰でもマークをダウンロードできるというお手軽なものだった。このマークは「新型コロナウイルス感染症対策条例」に基づいて実施された。この条例自体や、マークを導入した改正が専決処分で、議会に諮らずに導入されている。コロナ対策では、自民・公明が二回目の都知事選以降与党化する中で専決処分が増えて、二〇回に及んだ。大杉覚・東京都立大法学部教授(行政学)は「新型コロナの影響で、全国の自治体で専決処分が増える中でも、東京都の多さは際立っている。特に昨年(二〇二〇年)七月の条例改正は、議決を経るべきだった」と疑問視した(『東京新聞』二〇二一・六・一二)。

議会で審議すれば、チェックやペナルティについて不十分な制度であることが、論じられ報じられたはずである(片山二〇二〇 二二〇—二二三)。小池は、一九九二年から二〇一六年まで、国会議員であった。議会の、論じたり決定したりする役割を理解していないのは、どういう頭の構造なのだろうか。

新首相菅との確執

東京都知事選と同時に、都議会議員補欠選挙が四カ所で行われた。いずれも自民党公認候補が公明党の支援を受け、四議席を得た。公明党は、小池と距離を取るに到った。二〇二一年七月四日投票の都議会議員選挙に向けて、自民党が烽火を上げたということだ(23)。小池が都民ファーストを捨てて自民につくという話も、見え隠れした(24)。

他方、七月にGoToトラベル・キャンペーンが開始されたが、それを前に、一一日菅義偉官房長官が、コロナは「圧倒的に東京問題」だと言い、小池は一三日に「冷房(コロナ対策)と暖房(GoToキャンペーン)を同時にかけるようなものだ」と批判した。一六日、政府は、感染者の多い東京だけをGoToキャンペーンから除外して実施することにした。GoToキャンペーンは、菅と二階と公明党が積極的に進めたという(25)。菅は、「都議会のドン」と言われた内田茂元都議と親しい。そして二〇一六年の都知事選で、「劇場型の人に都政を託すことはできない」として増田寛也を推し、また二〇一七年の衆議院選挙で、希望の党を、首相候補がないというのはわかりにくいと批判した。実は、第二次安倍内閣に小池を閣僚として任命するかどうかに当たって、安倍は小池を面接しており、その場にいた菅が、「小池は信用できない。寝首をかかれますよ」と強硬に反対して止めていたという話もある。(26)

安倍首相が、二〇二〇年八月二八日に病気を理由に突如辞任を表明した。後任には、安倍路線の継承ということで、小池の「天敵」の菅が選出された。当初は比較的高い内閣支持率だったが、一二月になって急落した(『毎日新聞』二〇二〇・一二・一三)。コロナの感染拡大と、ＧｏＴｏキャンペーンに固執する姿勢が嫌われた。早期の解散総選挙は、なくなった。菅のイメージ低下は小池にとって国政復帰チャンスを増すが、東京都の感染拡大は、小池の行政手腕への疑問符を大きくすることでもあり、一筋縄ではいかない。

この時期『PRESIDENT』誌は、小池サイドの動静をよく伝えたが、二〇二〇年末刊行の二〇二一年一月一日号(四六—四七)では、小池は、「日本は再び世界の先頭に立つ」という記事で、五輪について「人々に希望と自信を与える極めて意義の高い大会にせねばならない」と述べた。

年が明けて一月二日、小池と神奈川、千葉、埼玉三県の知事は、新型コロナ対策を担当する西村経済再生相に、緊急事態宣言の発出を速やかに検討するよう、三時間もかけて(『東京新聞』二〇二一・一・三、『読売新聞』一・三)要請した。年末に小池から他の三知事に連携を持ちかけたという(『朝日新聞』二〇二一・一・五ちば首都圏版、一・一七横浜版・1地方版)。コロナ対策で足並みを揃える「ワンボイス」であった。

しかし小池は、政府が一一月から再三、都に営業時間の短縮要請を求めていたにもかかわらず、経済的な打撃への懸念から、応じる姿勢を見せていなかった(『東京新聞』一・八)。年末に急転したのである。四都県は二〇時以降の飲食店閉店・外出自粛を決定した。菅首相は、知事たちに押される形で、一二月一四日まで「ＧｏＴｏトラベル」をかたくなに継続する慎重姿勢から一転、緊急事態宣言の検討に入り、一月七日には、翌八日から一カ月間にわたって、二度目の緊急事態宣言を出した。[27] 政府の打つ手は「後手」に映り、一月一八日公表の『読売新聞』の世論調査で、政府のコロナ対応を「評価する」は、前回一二月二六〜二七日より一五％下がった。東京の新規感染者数は急増した。年始はいったん八〇〇〇人前後に下がったが、五日・六日に再び増加傾向が強まり、七日に二五二〇人に上り、その後ゆるやかに低下した。一月一九日、小池は自民党東京都連役員と会談し、関係修復を図ったという（『東京新聞』一・二〇）。

次期総理が小池でもよい

コロナ対策と五輪に関して、小池の動きを追っていく。

一月二一日、ＩＯＣは、予定通り開会するつもりであり、小池も同意していると述べた。『週刊朝日』は、一月二九日号（二四—二五）で、コロナ対策で後手に回っている菅首相を「二階幹事長の傀儡政権」と指摘し、二階は次期総理が小池でもよいと述べていると紹介した。一月三一日投開票の千代田区長選挙では、都民ファーストと小池が推す、樋口高顕が当選した。自民・公明が推す候補を破り、七月の都議選への弾みをつけた。[28] 政府は、緊急事態宣言を一〇都府県で延長したが、東京都内では二月二日まで五日連続で感染者が一〇〇〇人を下回った。

東京五輪組織委員会の森喜朗会長が二月三日、日本オリンピック委員会（ＪＯＣ）の評議員会で、

「女性がたくさん入っている理事会は時間がかかる」と女性を蔑視する発言をした。IOC、政府、東京都、大会組織委員会の四者によるトップ会談が予定されていたが、これについて、小池は一〇日、「四者会談に出席することはない」と述べ(『朝日新聞』二・一〇)、抗議の意を表した。前夜、自民党の二階幹事長と会談し、スポンサーが反発しているという情報も仕入れたと見られている[29]。森は辞任することになり、後任に橋本聖子参議院議員・五輪担当相を選出した(小池は、元シンクロナイズドスイミング五輪選手の小谷実可子を推していたという[30])。橋本は大臣を辞職し、自民党を離党した。橋本の後任には、五輪担当相の経験がある丸川珠代参議院議員が任命された。五輪の五人のトップのうち、開催地代表の小池・組織委新会長の橋本・五輪担当相の丸川と、日本側は全員女性、五人のうちでも女性が過半を占めることになった[31]。

都民ファーストは、二月一七日に定例の議員総会を開き、離党者が八人と続いたのを引き締めた(『朝日新聞』二・二二)。都議選で小池が都民ファーストの側に立ち、自民党と正面衝突するなら、政局も動くと言われたが[32]、小池の旗幟は鮮明ではなかった。

三月七日、二月に一度延長されていた緊急事態宣言は、さらに半月、首都圏四都県について、もう一度延長された。四都県知事で要請しようと小池に誘われた黒岩祐治神奈川県知事は、他の知事が賛同しているのか確認したところ、小池はそうだと答えたが、他の二県の知事に確認したら違っていたので、四都県の要望とならなかったと、小池の「二枚舌」を、三月七日のフジテレビ系番組で暴露した(『朝日新聞』三・九[33])。

再延長された緊急事態宣言については、菅首相は三月一八日に、二一日の解除を決めたが、東京都の感染者は、また増え始めていた。二〇日、政府、東京都の小池、大会組織委員会、IOC、国際パラリンピック委員会(IPC)の五者の代表者協議が海外在住の一般観客の受け入れ断念で、最終合意した。

パフォーマンス

自民党都連と公明党都本部は、三月一九日、七月の都議選に向けた「政策協定書」に調印し、協力で合意した(『読売新聞』三・一九、『東京新聞』三・二〇)。二〇一七年の都議選では公明党は都民ファーストと連携していたので、四年ぶりの関係修復である。自公は都民ファーストと対決することになるが、小池が自公と衝突してまで都民ファーストに肩入れするかが注目されることとなった。

一月一八日召集の国会では、新型インフルエンザ等対策特別措置法の改正が問題となった。蔓延防止等重点措置が新設され、緊急事態宣言や蔓延防止等重点措置で定められた規制に違反した場合は、過料が科されることを規定した。二月三日、改正が成立した。

三月二八日、東京では直近一週間の平均感染者数が二〇二〇年夏の「第二波」のピーク(八月五日)を上回った(『朝日新聞』三・二九)。同日、TBSテレビで、芸人のカンニング竹山が、東京都の広報費用で小池の動画一本の制作費を四・七億円と指摘して批判した。これを機に小池の出るCMはなくなったが、その経緯の中で言い間違い(実際は小池出演動画の制作費は一八〇〇万円)と訂正・お詫びがあったことについて都が抗議し、翌週同じ番組で、さらにお詫びが述べられることになった。小池の側が過剰反応したとも批判された。(34)

「第四波」については、大阪府・兵庫県・宮城県で四月当初から蔓延防止等重点措置が適用されていた。都内では七日、新型コロナの新規感染者が五五五人確認され、八日、小池が蔓延防止等重点措置を要請し、菅首相は九日、東京都・沖縄県・京都府に適用することにした。今回、神奈川、千葉、埼玉の三県は重点措置を求めなかった（四月二〇日発出）。小池の「東京に来ないで下さい」のお願いは、またもパフォーマンスと解されたが、都議選に臨む公明党を推す創価学会の選挙運動を、直撃するとも解された[35]。

『PRESIDENT』四月一六日号（「小池百合子　経済学者のジャック・アタリと考えた「命の尊さ」」）でも小池は、「東京都にはオリンピック・パラリンピックを成功させる責任がある」と述べている（五六頁）。四月一五日、自民党の二階幹事長が、CS番組で「これ以上とても無理だということだったらこれはもうスパッとやめなきゃいけない」と述べて話題になった（『毎日新聞』四・一六[36]）。小池は、「止める」という話として理解しているのではないとした（『東京新聞』四・一五、『読売新聞』四・一六）。

四月二〇日夜、小池は増大する感染者に対して、緊急事態宣言を政府に要請することにした。菅首相は二三日、大型連休を見据えて、二五日から五月一一日までの一七日間にわたり、東京、大阪、京都、兵庫の四都府県に発出した。この度は政府と都の目立った対立はなく、小池は政府や与党幹部に着々と根回しを重ねた（『朝日新聞』四・二四[37]）。

四月二五日、衆議院北海道二区の補欠選挙・参議院長野選挙区の補欠選挙・再選挙となった参議院広島選挙区の国政三選挙と名古屋市長選挙があり、自民党は全敗した。菅自民党の地力が落ちていっていた。「菅では総選挙は戦えない」という声が上がり始めたが、替わりの「顔」はなかなか見つからなかった。「安倍一強」体制の下、「次」が育っていなかったのだ。小池の自民党との繋がりは「二階頼り」であり、反二階勢力からは歓迎されていない。

五月七日、五月一一日までの緊急事態宣言(大阪・京都・兵庫・東京)は、新たに愛知・福岡を含めて、月末まで延期されることになった。

くすぶる「菅降ろし」

二階幹事長が「菅降ろし」を狙っており、替わりは岸田文雄や河野太郎[38]のほか野田聖子幹事長代行だとか小池だとか言われた[39]。『女性セブン』も六月になってからだが、小池、野田、稲田朋美衆議院議員を総理候補として取り上げた[40]。外国に女性首脳が増えたので、日本ならこの人ということのようだ。しかし、総裁選挙立候補に必要な二〇人の推薦者確保は、容易ではないとコメントされている。自民党総裁選挙勝ち抜きではなく、別の新党の党首になって連立を組むなら、二〇人はマストではない。あるいは、自民党が頭を下げて党に受け入れた場合は、二〇人は問題ではなくなる。党外にいる小池は、当然そういうことも考えているだろう。しかし、選挙の顔としてのみ、あるいは軽い御輿として使い捨てられることは、望んでいない。

四月二七日、五輪の医療体制について、未だに都の計画が出ていないと、丸川五輪担当相が小池を批判した(『東京新聞』四・二九)。少し先になるが、丸川は五月二一日には、中止の場合の大会組織委員会への資金補塡については、東京都が行い、国の負担ではないと述べた。小池は、ＩＯＣ、政府、組織委員会を含めて協議が必要になると反論した(『毎日新聞』五・二二)。五月一〇日の参議院予算委員会では、立憲民主党代表代行の蓮舫が、「小池百合子・東京都知事が突然、五輪・パラリンピックの中止を言い出すことはないですよね」と質問し、菅首相は「私は答える立場にない」と答弁した。五月一四日、都知事選挙のライバルだった宇都宮健児が、東京五輪・パラリンピックの中止を求める三五万筆を超える電子署名付きの要望書を都に提出した(『朝日新聞』五・一五)。

五輪中止への期待が膨らませる虚像

リモートで開催された五月一九日のIOCの調整委員会で、コーツ調整委員長が、小池ら日本の大会関係者に向け、改めて開催への決意を表明した。『朝日新聞』の一五・一六日の世論調査では、五輪を「再び延期」「中止」するのがよいという回答が合計で八三%に上り、前月から一四ポイント増えた。五月二二・二三日の『東京新聞』などの都民への世論調査では、政府のコロナ対策を「評価しない」が八割近くに上り、都のコロナ対策を「評価しない」の五割弱を大きく上回っていた(『東京新聞』五・二五)。政権にとって、五輪推進が政権の推進力でなく、障害になりかかっていた。小池は、菅首相と同じほど矢面に立つことを、巧みに逃れていた。小池が、「正義の味方＝小池vs.悪代官＝IOCのバッハ会長」という構図の「小池劇場」をスタートさせるのではないかという期待は続いていた[41]。「中止を言い出せる唯一の人」という期待が、小池に注がれ続け、実態よりも大きく見せる効果をもっていたのではないだろうか。

五輪を中止にし、その責任を取ってから国政へと動くという見方も続いていた。しかし、菅が相手ならともかく、バッハを敵に回すには、小池の力量は、開催都市としての権限がマラソンの札幌移設で押し切られたように、不十分であった。しかも小池は「決断の人」である一方、築地市場か豊洲市場か決めかねて世論を読んで時期をロスしたように、「決められない知事」でもあった[42]。また、希望の党の「排除」騒ぎで懲りているとも見られる。「負け戦」はしないのである。

新型コロナのワクチン接種が、四月から自治体によって開始された（集団接種と個別接種）。しかし、接種の遅れがコロナ予防の隘路になっているとして、政府は四月末に東京と大阪に自衛隊による大規模接種会場の設置を決めた。これに次いで自治体による大規模接種会場設置がなされ、小池は五月二一日、都独自の大規模接種会場を設置する方針を明らかにした。一回目は築地市場跡、二回目は代々木公園の五輪パブリックビュー会場（パブリックビューは中止）などでの実施である。菅首相は二一日、東京、大阪など九都道府県の緊急事態宣言の五月末までという期限をさらに延長することを表明した。五月末、北海道、東京、愛知、大阪、京都、兵庫、広島、岡山、福岡の九都道府県の緊急事態宣言は、追加された沖縄の宣言期間に合わせ、六月二〇日までさらに延長された[43]。

六月一日、都は保育所の待機児童が約一〇〇〇人と、史上最少を記録したと発表した。二〇一六年の小池の知事就任時には八五〇〇人に上っていたが、小池は都の力で減少したと述べた（『毎日新聞』六・二）。しかし、保育士への家賃補助など直接効く政策もあるが、保育所を増やしたのは区である。認証保育所を増やし、また規制緩和で株式会社やＮＰＯによる保育所も増えた。株式会社によるものは、人件費が少なく「ブラック」になっているところもある。二〇二〇年度はコロナ禍で、リモートワークや郊外への転居・産み控え・保育申し込みの減少があった。小池だけの「手柄」ではないし[44]、果たして「手柄」だろうか。

都議選（六月二五日告示、七月四日投開票）前、最後となる都議会の定例会が、六月一日、開会された。小池は所信表明演説で、開催まで残り五〇日あまりの東京五輪・パラリンピックに向けた意欲を改めて強調した。六月一五日、都民ファーストは都議選に当たり、公約として五輪の無観客開催を掲げた。小池は、都民ファーストへの応援について明言を避けていた。コロナ対策で連携が必要な自公を刺激したくないのだろうと言われた。都議選では、国政与党の自民党、公明党が五輪に言及しなかった一方、共産党は中止、立憲民主党は延期もしくは中止を掲げた。

『PRESIDENT』二〇二一年六月一八日号では、小池は、直前になってぶれる必要がなくなったからか、「初めて明かす「五輪開催」私の本音」として、「東京五輪・パラリンピックは必ずやりぬきます！」と述べている（三八―四一）。

一七日夜、沖縄を除く九都道府県の緊急事態宣言解除が決まった。七都道府県では、蔓延防止等重点措置に移行することとなった。東京都の新規感染者数は下げ止まっていた。小池は、政府に二度目の宣言発出を求めた年明けとは違い、今回の宣言解除にあたって、具体的な発言を避けた。感染状況が収まらない中での五輪開催への批判が高まり、五輪についても小池がどうするかの発信力は影を潜めた。都民ファーストが都議選の公約に無観客を掲げていることに関しても、「都議選というよりは、今は新型コロナウイルス対策に集中している」と、沈黙を守った。(45)

行き詰まる菅政権のコロナ対策

六月一八日、政府の新型コロナウイルス対策分科会の会長・尾身茂ら専門家有志は、五輪の無観客開催が最も望ましいとの提言をとりまとめた。二四日には宮内庁長官が、天皇が東京五輪・パラリンピック実施下での新型コロナの感染拡大を憂慮していると拝察すると、発言した。

一九日、小池は都などが計画していた五輪パブリックビューイングの中止を発表したが、政府、東京都、大会組織委員会、ＩＯＣ、ＩＰＣの五者は二一日、代表者会議を開き、蔓延防止等重点措置が七月一一日までに解除されることを前提に、観客を「収容人数の五〇％までで、上限一万人」とすることで合意した。同時に、緊急事態宣言が出るか、重点措置が延長された場合は「無観客も含めた対応を基本とする」とも合意した。この時点で、開催中止はありえなくなっていた。残された選択肢は、観客を入れるか無観客かであった。

東京都では、蔓延防止等重点措置への移行直前まで、新規感染者数が下げ止まっていたが、六月二〇日に前週の同じ曜日を超え、以降、上回り続けている。全国の新規感染者数も上昇した。オリンピックの競技開始が二一日と迫る中、蔓延防止等重点措置を七月一一日に解除できるかが問題となってきた。

六月二三日、大規模接種や職域接種に用いていたモデルナ社製のワクチンの供給が追いつかなくなった。七月に入ると、自治体での接種で用いられているファイザー社製のワクチン供給が不足する事態に陥った。ワクチン頼み一本となっていた菅政権のコロナ対策は行き詰まり、国民に失望をもたらし都議選での自民党敗北に続いていった。

突然の入院　都民ファの盛り返しと自民の敗北

こうした中、六月二二日、六八歳の小池は、夜のＢＳ番組への出演を急遽中止し、入院した。「過度の疲労」ということであった(詳細は開示されていない)。東京都議選は、二五日、小池抜きで告示された。麻生太郎財務相は、国会議員のいない組織を作って全部自分でやらなきゃならないようにしたのだから、「自分でまいた種でしょうが」と小池の入院にコメントし(『毎日新聞』六・二六)、小池支持者から猛反発を受けた。小池は三〇日に退院、七月一日にリモートで仕事復帰、二日には都庁に復帰した。この入退院で、かれた声で話しているシーンなど、小池像の露出が急増した。同情的なツイッターも増えた。

投票日前日の三日土曜日、小池は当落がギリギリの都民ファースト候補者の一六選挙区を回った。声は発さず、候補者と肘タッチした。その映像がＳＮＳなどで拡散し、都民ファースト候補者は、支持を拡げることができた。

投票率は四二・四％と史上最低から二番目の低さだった。都民ファーストは四五議席から減らしたが三一議席を獲得し、一時ヒトケタまで惨敗するのではないかと言われたのを盛り返した。自民党は、自公で全一二七議席の過半数(六四議席)を取るとしていたが、公明党が二三の現有議席を維持したにもかかわらず、三三議席に留まり(改選前の二五議席よりは増やした)、「勝者なき選挙」の「敗者」となった。菅政権のコロナ対策、五輪政策への不満が、都民ファーストに流れたと言われた。しかし、最後の最後に小池が都民ファーストの応援に入ったことは、大きかったのである。

この応援をめぐって、都民ファーストの応援はしないとの小池と自公の密約があったとかなかったとか、破ったとか破っていないとか、憶測が乱れ飛んだ。(46) 小池は、都政を担うに当たって自公が過半数の都議会はイヤであり、また自公との交渉力を残しておくために都民ファーストの一定の議席を必要としたのである。なおこの選挙で女性は過去最大の四一人当選し、三二%を記録した。もちろん全都道府県で最高である。共産党が一四人で、都民ファーストの一二人を上回っている。都民ファーストの女性都議の経歴は多様だが、共産党の都議は、そろって党の役職を経歴の最上位に記している。候補者・議員として訓練が行き届いている証拠ならよいが、上意下達の党マシーンのイエスウーマンの徴ではないことを祈りたい。

七月八日、蔓延防止等重点措置を七月一二日から東京では緊急事態宣言とすることが、決定された。神奈川・千葉・埼玉・大阪は、蔓延防止等重点措置が継続することになった。期限は八月二二日までで、五輪期間に重なる。そして八日に五輪の五者協議が開催され、観客について、一都三県は無観客と決定された(他道県も三県を除き無観客となった)。新型コロナ感染者は「第五波」の増加を迎えており、また東京都議会議員選挙で、無観客を唱えた都民ファーストが健闘し、中止や延期を唱えた立憲民主党や共産党が堅調であったことに、対応せざるを得なかったということだ。

この都議選での自民党の敗北で、秋の政治スケジュールが、よりわからなくなった。軸になるのは、パラリンピックの終わる九月五日、菅首相の自民党総裁任期の終了する九月三〇日、衆議院議員の任期満了の一〇月二一日である。パラリンピック終了直後の衆議院解散であれば、投票日は一〇月三日か一〇日の可能性が高い。その場合、菅首相の下での選挙になりそうだが、四月の国政選挙で三敗し、知事選挙でも都議選でも勝てていない菅を交代させようという動きが自民党の中で強まる可能性がある。そのことを見越し、総裁選挙を終えてから総選挙というシナリオも考えられる。衆議院選挙の法的に可能な最も遅い日は、一一月二八日である。

こうした政変に小池が絡む可能性があるだろうか。都議選明けの七月五日に、小池は自民党の二階幹事長に会いに行っている。およそ月一回のペースである。その面会後、国政復帰が取り沙汰されることについて、「私はそういう意思を一度も言ったことがない」と述べた(『朝日新聞』七・六)。九日には、国政復帰は「頭の片隅にもない」と述べたが、二階幹事長は八日収録の番組で「国会に戻ってこられるならば、それも大いに歓迎だ」と述べているのである。[47]

しかし、コロナの方も予断を許さない。五輪・パラリンピック期間中に感染が急拡大したら、菅首相のみでなく小池の手腕も問われることになる。ワクチン接種が進み、いくらか収束に向かうという見方もあるが、変異株などもあって、感染の行方はわからない。七月三一日には、東京都の新規感染者数は四〇五八人を記録し、菅首相は緊急事態宣言を八月末日まで延期・首都圏三県と大阪府に拡大すると発表した。政治生命に関わるほどの感染拡大でない限り、小池の国政への鞍替えの可能性は消えない。小池の地元東京一〇区の隣の東京九区が、菅原一秀自民党衆議院議員の選挙違反に伴う公民権停止によって自民党公認候補が空白であり(二〇二一年七月三〇日現在)、そこで立候補できるわけである。しかし政治は一人ではできない。二階幹事長を通じて自民党に戻るか、新党を作って自民党と連立するかである。[48]

安倍か小池か　貧しい選択肢

自民党内の反二階勢力は、安倍前首相・麻生財務相・甘利明税調会長(三A)で、「二階降ろし」に動いている。(49) とくに安倍は、最近雑誌メディアにしばしば取り上げられている。(50) キング再来かキングメーカーを狙うというのである。モリカケ問題・桜を見る会のスキャンダルが未解決なのにそのような座に就こうとは、自民党の自浄能力がダメになっているとしか言いようがない。もし安倍か小池かの究極の選択を迫られたら、国民はどうすればいいのであろうか。

アベノミクスという、ひたすら企業の仕事のしやすさを求め、富者が富めば貧者にも分け前が来る(トリクルダウン)といって分け前の来なかった政治か(女性には、「産めよ・働け・育てろ」と迫った)、その後継者か、あるいは自分が目立つことが一番であり、自己責任として競争に打ち勝つ個人にのみ報酬のあるような政治かの選択になる。どちらもネオリベラルというところはよく似ていて、安倍はそれを新保守主義で糊塗しているだけだ。競争は確かに必要だが、競争に乗る条件が整っていない者には、まず基本的な生活の条件を与えなくてはならない。衣食住、そしてリプロダクティブ・ライツや、暴力からの自由、自分がつぶれるほどケアを担わなくてよいことなど、とくに女性政治家なら女性のニーズに気がついてほしいものである。

そして、感染症からの自由である。強権的なタイプの男性政治家より、多様性を重んじ、決断力もある女性政治家が、その制圧に成功している。安倍が首相であったときには、アベノマスクや星野源の「うちで踊ろう」とのコラボなど、うまく対応していたとは言えないし、小池も派手な言動に走ったり、時々手を緩めすぎていた。菅も、ＧｏＴｏなどにこだわって、必要なときに必要な政策を取らなかった。彼には、国家のグランドデザインがあるとは思えない。ひたすら五輪を進めて、衆議院選挙になだれ込むことを狙っている。私たちは、こんな貧弱な選択肢に我慢しなければならないのだろうか。小池は「負ける戦はしない」として、国政進出を見送る可能性もあるし、コロナの感染拡大がひどくなり、政治責任ありとして身動きできなくなる場合もある。そうすると、誰が「次」なのか。彼女の運命はどこに向かうのだろうか。

（1）「「都知事選では小池支持」という二階発言の真意と衝撃」『週刊新潮』二〇一九年三月一四日号、三六頁
（2）「二階幹事長は小池推し、本命鈴木大地でも都知事選に「大穴」浮上」『週刊現代』二〇一九年三月二三日号、五六頁
（3）「小池、築地&自民すり寄りで自滅へ」『月刊テーミス』二〇一九年四月号、四一頁
（4）「小池、「再選」狙うも「国政→首相」秘める」『月刊テーミス』二〇二〇年二月号、四一頁。他に橋下徹の名前もあがった
（5）「小池、谷垣禎一&村山元副知事に縋りつく」『月刊テーミス』二〇一九年七月号、三四頁
（6）佐藤優「都知事の不規則発言ロシアは放置せず対応」『AERA』二〇一九年一一月四日号、六六頁。同「知の技法・出世の作法」『週刊東洋経済』二〇一九年一一月九日号、一一六―一一七頁
（7）「北半球で五輪は無理」『週刊文春』二〇一九年一一月一四日号、一三六―一三七頁
（8）「小池「技あり」都知事選に追い風」『FACTA』二〇一九年一二月号、八二―八三頁
（9）「小池知事が画策する自民分断の勝算」『サンデー毎日』二〇二〇年二月二日号、二二―二三頁
（10）赤坂太郎「「安倍―菅」の亀裂を突く小池百合子」『文藝春秋』二〇二〇年六月号、二二四―二二八頁
（11）小池百合子「すべての疑問に答える」『文藝春秋』二〇二〇年五月号、一二七―一三三頁
（12）石井妙子「女帝・小池百合子が豹変するとき」『文藝春秋』二〇二〇年七月号、一九五頁。山岡淳一郎「コロナ戦記」第一一回『世界』二〇二一年八月号、四七頁
（13）「三密」は二〇二〇年の新語・流行語大賞を受賞した
（14）「血税九億円CM、条件は「私の出演」」『週刊文春』二〇二〇年四月二三日号、二二―二三頁

(15)　楊井人文「朝日、NHKも踊った小池都知事の〝情報操作〟」『月刊Hanada』二〇二〇年八月号、三〇二―三一一頁
(16)　「「コロナ対策」知事の通信簿」『FLASH』二〇二〇年五月一二／一九日合併号、九四―九九頁
(17)　https://jbpress.ismedia.jp/articles/-/60635?page=2(二〇二〇年一二月一五日)
(18)　https://otokitashun.com/blog/daily/23487/(二〇二〇年一二月一五日)
(19)　「「小池ロードマップ」が日本を疲弊させる！」『SPA!』二〇二〇年六月二日号、四―五頁
(20)　前掲山岡淳一郎「コロナ戦記」四八頁
(21)　https://www.jiji.com/jc/article?k=2020061200990&g=pol(二〇二〇年一二月一五日)
(22)　「原点回帰という「小池百合子」妖婦の原点」『週刊新潮』二〇二〇年六月二五日号、一二七頁
(23)　飯島勲「実は負けていた小池知事」『週刊文春』二〇二〇年七月二三日号、一一六頁
(24)　「小池「石破政権」画策し国政復帰狙う」『月刊テーミス』二〇二〇年八月号、一四頁
(25)　「東京除外」暗闘の一〇分会談」『サンデー毎日』二〇二〇年一二月二〇日号、一八―一九頁
(26)　「女帝・小池百合子との潰し合いが過熱する」『週刊ポスト』二〇二〇年九月一八／二五日合併号、三八―三九頁
(27)　「緊急事態宣言に負けない　菅首相「グズグズ宣言」の裏に女帝小池百合子と西村康稔やらかし大臣」『週刊朝日』二〇二一年一月二二日号、一四―一六頁
(28)　「「千代田区長選」圧勝で女帝・小池が完全復活」『FACTA』二〇二一年三月号、六〇頁
(29)　「「森会長排除」で際立った小池都知事のしたたかさ」『週刊エコノミスト』二〇二一年三月二日号、七二―七三頁。「小池を支持する自民党議員は「小池知事を動かしたのは、都庁内の突き上げ、ボランティア辞退などの実害、多くの女性からの声、だ」と話す」「失言王・森喜朗の首をとったのは小池百合子か」『サンデー毎日』二〇二一年二月二八日号、一〇四―一〇五頁
(30)　「「アレは森の娘でしょ」発言」『週刊ポスト』二〇二一年三月一二日号、四〇―四四頁
(31)　「「女たちの五輪」開幕」『女性セブン』二〇二一年三月一一日号、一三八―一三九頁
(32)　「菅首相　退陣の引き金を引く小池百合子都知事」『サンデー毎日』二〇二一年二月二一日号、一四―一五頁
(33)　「首都圏知事〝離反〟、都ファ続々離党　露呈する小池百合子の限界」『週刊朝日』二〇二一年三月二六日号、

一二五頁

(34)「「小池百合子批判」カンニング竹山に昏い意趣返し」『週刊新潮』二〇二一年四月一五日号、一二三頁

(35)「公明を痛撃「小池都知事」の〝他県移動自粛〟要請」『週刊新潮』二〇二一年四月二九日号、一二〇頁

(36)「二階氏発言の「真意」 東京五輪・パラリンピックと第四波」『AERA』二〇二一年五月一〇日号、二二―二三頁

(37)「外堀埋められ「緊急事態宣言」の菅首相 命運かけた四・二五選挙の裏側」『週刊朝日』二〇二一年五月一四日号、一四九―一五〇頁

(38)「そして、菅の次は決まった」『週刊現代』二〇二一年七月三一日号、四九―五一頁

(39)『アサヒ芸能』二〇二一年二月四日号、一六三―一六五頁

(40)「菅さんの次は女性首相！」『女性セブン』二〇二一年六月三日号、一四八―一四九頁

(41)荻原博子「東京の五輪開催を止めるのは誰？」『サンデー毎日』二〇二一年五月三〇日号、四五頁。「東京五輪「6・1中止宣言」の現実味」『サンデー毎日』同、一二一―一二三頁

(42)「期限迫る東京五輪開催の判断」『週刊ダイヤモンド』二〇二一年五月二九日号、九六―九七頁

(43)「東京五輪は中止しかない！ 驚愕の「五輪中止解散」 自民がおびえる小池都知事の〝ちゃぶ台返し〟」『週刊朝日』二〇二一年五月二八日号、二二―二三頁

(44)全国フェミニスト議員連盟の山口菊子元豊島区議、五十嵐やす子板橋区議、野村羊子三鷹市議、西山千恵子さんに助言いただいた。参照：小林美希「株式会社が保育園をつくるとき、何が起きるか」https://websekai.iwanami.co.jp/posts/2353(二〇二一年七月一七日)

(45)中田卓二「国政に波及する「首都決戦」 沈黙守る小池都知事の思惑」『週刊エコノミスト』二〇二一年六月二二日号、三六―三七頁

(46)たとえば「「小池総理」への道ならぬ道」『週刊新潮』二〇二一年七月二二日号、二〇―二二頁

(47)「ささやかれる国政復帰 〝小池劇場〟いかに？」『サンデー毎日』二〇二一年八月八日号、一一頁

(48)「小池東京都知事・前原誠司衆院議員と新党で首相狙う」『月刊テーミス』二〇二一年四月号、一八―一九頁

(49)「菅首相は五輪強行→総選挙に賭けた」『月刊テーミス』二〇二一年七月号、八―九頁。「安倍晋三―健康誇示＆議連率い大策謀へ」同一二一―一二三頁。「〝またまた安倍〟説に「うっせぇわ！」」『週刊ポスト』二〇二一年六

月四日号、四四―四六頁

(50)「〝菅総裁〟では選挙に勝てない　自民党で聞こえる「安倍晋三待望論」」『紙の爆弾』二〇二一年六月号、二四―二八頁。伊藤智永「止まらない安倍氏の「放言」「キングメーカー」を志向」『週刊エコノミスト』二〇二一年六月一五日号、六八―六九頁。永田政徳「菅不在で安倍・二階の闘争激化「戦略的互恵」終わりの始まり」『週刊金曜日』二〇二一年六月二五日号、二〇―二一頁。「この夏、敗者のどちらかが永田町を去る　二階vs安倍」『週刊現代』二〇二一年六月二六日号、五二―五五頁。「政界人気　うなぎ登りの「安倍人気」「再再登板説」消えず」『リベラルタイム』二〇二一年七月号、一五頁。「〝俺は自民党のトランプになる〟安倍晋三の妄動が止まらない」『週刊ポスト』二〇二一年七月二日号、四〇―四二頁。「菅義偉支持　令和のキングメーカーの胸の内　安倍晋三　首相返り咲きの野望」『サンデー毎日』二〇二一年七月四日号、一四―一七頁。安倍晋三「前総理大臣・独占手記　これからの日本の話をしよう」『PRESIDENT』二〇二一年七月一六日号、一六―一九頁。「安倍晋三×櫻井よしこ」『月刊Hanada』二〇二一年八月号、三四―六三頁

終章　私たちは女性リーダーを育てることができるか
——弱者の声を政治の声とするために

女性が国のトップになる道は？

二〇一四年に、世界中の女性大統領・首相を比較したトリルド・スカアードは、国のトップ（大統領・首相）になるには、三つの道があるという。

1—①　代替。権力の座にある家族の誰かと交代する。

1—②　政党の中のインサイダー。ないし登坂者。政党を通じて、権力の地位に就く。

1—③　アウトサイダー。非政府組織や草の根の、職業や活動、参加を基礎として、権力の地位を手に入れる。

日本ではまだ国のトップに到った女性はいないが、政治家の区分にこれを適用してみよう。

①　二世・三世の世襲的基盤のある政治家。野田聖子や小渕優子がこれにあたる。

②　政党外の資源がないが、内部で出世する政治家。日本では、若いときから政党に入って活躍するというケースは、共産党・公明党をのぞいて少ない。土井たか子は、①②③のうちで

はここに属する。地方議員出身者もここに属する。

③ タレントや看護協会など、政党以外の資源で当選する議員。小池は、ここに属する。(Skard 2014 472)

さらに、スカアードは、女性トップは三つのカテゴリーに分けられるという。

2—① 男性が支配する政治の規範や価値に合致し、男性の同僚と同じように振る舞い、男性と一緒になって戦い、「第一の女性○○」となるタイプ。女性の問題にはあまり関わらず、批判されることもある。

2—② 女性と男性の利益に妥協点を見出して、現実問題として解決を図ろうとするタイプ。自分が「女性」でなく「政治家」であることを強調し、タフだけれどもいろいろ心配りをしようとする。

2—③ 男性中心の政治に挑み、女性政策を推進させようとする。ほかの女性をリクルートしたり、ジェンダー・クオータを導入したり、女性政策関連の法律を通そうとしたり、女性をサポートする制度を確立しようとしたりする。(ibid., 490)

二〇〇八年に『東京WOMEN大作戦』(猪口他二〇〇八)を作るまでの小池は、女性らしい容姿を強調しながら、女性問題にコミットしない議員であった。「女性なのにアラブ通」、「女性なのに安保・経済通」ということを売りにしていた。女性初の首相補佐官・防衛相・自民党総務会長・東京都知事を務めた。一九八四年の「トルコ風呂改名問題」では、男性の買春に理解を示しつつ、名称のみを変えさせたのであった。『東京WOMEN大作戦』は、女性にとって住みやすい東京の提起だが、小池の担当はもっぱら環境問題で、女性は未活用の資源（猪口他二〇〇八　一九二）と言いながら、女性が住みやすい社会的インフラの話ではなかった。

長期的な女性政策を持たない小池

その後三〜四年、女性問題には触れていなかった。第10章で述べたように、自民党の野党時代二〇一二年三月一日、小池を委員長とする「女性が暮らしやすい国はみんなにとっていい国だ特命委員会」（二一九二《イイクニ》委員会）ができた。女性票を取り込むための作戦会議だったが、小池はこれを書籍（小池編二〇一三）にまとめている。クオータ賛成から反対までを収め、バラバラ感が否めないものだが、編者となった小池は、「男と渡り合っているだけではない」という評価を狙っていたであろう。

しかし、自民党の中で子分が多くないという問題は、こうして女性議員を集めてみても解決しなかった。二〇〇八年の総裁選出馬にあたっては、二〇人の推薦人を集めるのに大変な苦労を強いられたのである。2-①の道を取れば、シスターフッドの仲間もできず、ライバルである男性議員とも親しくすることができない。確かに小池は東京都知事選挙では女性であることを振りかざしたが、ブラックボックスの「オッサン政治」に対してクリアな女性政治をぶつけるという短期の見通しに立つもので、長期的には女性政策を構想していなかった。

土井は、国籍法問題など女性の人権問題を扱いながら、社会党委員長になるまでは女性政策のアジェンダを多く立てたり、女性候補のリクルートをする立場になかった。女性衆議院議員が、社会党には二人しかいなかった（参議院議員を入れて八人）のだから、無理もない。委員長になるまでは、

2―②と③の混ざり合った存在だったと言えようか。それでも土井は、優生保護法改悪反対や女子差別撤廃条約批准などについて国会で質問している。委員長になってからは、他の女性のリクルート、クオータを始めとする女性政策を実現しようとした。「女性の時代の女性の味方」であった。土井は、同志社大学の田畑忍憲法学教授をメンターとして、護憲の思想信条を変えることがなかった。反戦平和のための憲法が変わることを最も危惧し、その変更を可能とする小選挙区制の導入をも嫌った。「弱きを助け強きをくじく」俠気をもった。

小池は、細川護熙・小沢一郎・小泉純一郎と、付き従う男性リーダーを替えた。思想信条も変えなかった土井は、要領が悪く、憲法や社会党・社民党への奉仕の人だと言ってよい。これに対して小池は、身のこなしも早く、要領が良い。彼女に言わせれば、「意志決定の場にいなければ、この国は保てない」という危機意識からそうしたのだという(大下二〇〇八 五二)。また、憲法は、「真っさらなところから作り替えしたらどうか」という立場であり、防衛相を担い、核武装にも反対ではないし、安保法制にも賛成である。二人の安保防衛政策は、真逆である。

「資源」としての女性

二人は、子どもを持たなかった。どちらも、「母親」イメージとは、ずれている。土井は、「弱者の立場がわかる」のが「女性である」としている。自分も抑圧されているが、子ども・病人・障害者など「弱者」の面倒を見なければならない立場にあるのが女性だからだ。また一六八センチの長身だったので「宝塚の男役」と美化された。小池は、カイロでの結婚は一年ほどで終わり、「バツイチ」イメージは全然ない。四五歳の終わりがけに子宮摘出手術をしている。それゆえ子どもを生む夢を絶たれたかというと、四五歳はやや年長だったのではないだろうか。

小池にとって女性は、「もったいない日本の資源」である。女性が働いている間、駅前のシャッター商店街に保育所を設置し、高齢者が面倒を見られるようにしたらどうか、などと言う。「飲みニケーション」が良いか悪いか別にして、何が何でも参加してやろうという意欲がなければ、「ガラスの天井」は破れません、と言う（大下二〇〇八 五〇）。自助の強調である。

幼少期を見ると、土井は恵まれた開業医の娘である。一方小池は、やや採算の怪しい貿易業者の娘である。土井は大学院修了まで、親が学資を出してくれた。男兄弟とは差別されなかったのである。小池は、中高一貫校にいるときに、母から授業料もやりくりをするようにと小遣いを渡されている。カイロに行き、アメリカン大学の半年の学資は出してもらったが、カイロ大学などの学資や生活費は、ガイドや家庭教師などのアルバイトで稼ぎ出している。

小池のアザに触れざるを得ないが、一九五二年生まれの女性にとって、赤く大きな顔のアザは「ユニークフェイス」という、機能上ではないが一種の障害であった（石井一九九九、松本他二〇〇一、西倉二〇〇九、水野二〇一七、外川二〇二〇）。それは、「美醜」の問題を超えて、「普通である／ない」の問題である。小池の母親も、親族に責められたのかもしれない。幼稚園に行くより多く近畿大学病院に通い、これ以上は身体に悪いとドクターストップがかかった。幼児体験としては大きい。母親が小池に自立を説いたのは、女性の生き方として信じていたのか、ハンディのある娘への励ましだったのかは、わからない。小池にとっては、外見が重要だということと、外見を気にするなということの、ダブル・バインドのメッセージとなった。なお、小池の母が兄の勇には「大甘だ」(小池二〇一四 一六二)というのも、このことと関係しているかも知れない。

「頼まれて」なる土井、躊躇しない小池

土井は、京都女子専門学校に行き、同志社大学法学部に学士入学した。大学院修士課程を出て法学部の講師になった。女性ということもあっただろう、論文を書く時間が十分取れなかったからかもしれない、大学に正式の助教授として迎え入れられなかった。社会党の議員としての立候補や、同党の副委員長・委員長、衆議院議長、社民党党首を、みな懇願されて引き受けている。日本政治において、女性が自ら積極的に政治的ポストに就くというのは、希である。「頼まれて」なるのである(Dalton 2015 69–71)。

これに比して、小池は、日本新党での立候補、衆議院への鞍替え、新進党加入、新進党から自由党へ、自由党から保守党へ、自民党入党、環境相・防衛相への就任、郵政選挙で刺客になったこと、東京都知事への転身に関して、躊躇するところがなかった。パラシュートなしで崖から飛び降りるギャンブラーである。「運が九割」と言う(林/小池二〇一三 一五六)。負けたのは、二〇〇八年の自民党総裁選挙と二〇一七年の希望の党による衆議院議員選挙だけである。前者では「改革派の小池対旧守派の男性」という図式を作り出すことができず、後者の希望の党は、安保政策で一致できなかった民進党候補者を排除し、崖上から突き落とす側にイメージされたのであった。

二〇一七年七月の東京都議会議員選挙では、「希望の塾」の受講生をリクルートして、上から指

導した。

二〇一七年一〇月の衆議院議員選挙では、民進党から「希望の党」の公認を望んだ者と、「輝照塾」の受講生をリクルートして、上から指導した。とくに女性たちはしがらみがない方がよいとされ、そうした候補者たちは支持者グループを持っていなかったし、自分からの行動が困難だった。

これに対し、一九八九年、一九九〇年の土井マドンナたちは違っていた。「主婦」だとも言われ、政治の素人ではあったが、何らかの専門を持ち、支持してくれる女性グループを持っていた。彼女たちは、土井に口説かれたという意味では、自分で手を挙げたのではなかったが、2-③のタイプの女性であった。

組織を動かすことには失敗した

小池は、「女の戦い」をよく報道された(男性週刊誌によって)。土井は、小池が最初に旧兵庫二区に立候補したとき以外は、そうした文脈ではほとんど触れられていない。しかし、「女の味方」であったのに、辻元清美の秘書給与流用問題や北朝鮮の拉致問題で、晩節を汚すなと批判された(1)。社民党＝女＝正義ではなくなっていたのである。土井は二〇〇五年に引退したが、郵政選挙の女性刺客は首相のイエスウーマンに過ぎないとして、男性中心の政治を変えようとした土井マドンナとの違いを示して批判した(2)。マドンナたちは党外に基盤があることで、選挙制度改革に対し、党規違反の造反行動も取った。

小池もまた、都民ファーストの会・希望の党でも多くの女性候補を立てたが、民進党関係以外は政治の素人が多かった。彼女たちは当選しても小池と対等ではなかった。都民ファーストの中のことではあるが、都議の音喜多駿が、メンバー間での会食・自由なメディア発信を禁じられたことなどを問題にし、メンバーを手ゴマ扱いにすると怒った（音喜多二〇一八）。小池が自民党時代に他の女性議員と書籍（猪口他二〇〇八、小池編二〇一三）を出した時も、同僚との地道な政策の勉強ではなく（石井二〇一八a 一二九）、同僚をエンパワーするというのでもなく、彼女の勢力の大きさの誇示の道具とした感がある。けれども、女性議員を束ねているというイメージは、できなかったのである。

むしろ、日本新党時代の佐藤直子、新進党時代の池坊保子・畑恵、新進党から自民党にかけての高市早苗、二〇〇〇年選挙での中川智子、保守党時代の扇千景、自民党時代の田中真紀子・松島みどり・野田聖子・小渕優子・片山さつき、都知事になってからの丸川珠代・橋本聖子たちとライバルとされ続けてきた。小池は、美と女性性を売り物とし、(3) 東京都知事選挙で女性有権者に好かれるには、スカートではなくパンツスタイルになるという、新機軸が必要だったし、「オッサン政治の批判」をもう一度持ち出した。

こうしてみると、同じ女性政治家、しかもシングルで子どもなし、クリーンなイメージで売ったといっても、かなり違っていることがわかる。時代も違う。共通点は、組織を動かすことに成功していないことである。日本では女性政治家はまだまだ例外的存在で、大きな政党にピックアップされても他の男性議員と同じような訓練を積み、根回しなどの力を付けたり、議員集団の組織を動かしたりしていない。(4) 選挙さえクリアすれば、何かの拍子に表舞台に立ち脚光を浴びる。しかし、日本型選挙が政策によるものでなく、ひたすら人に会うことを要求する時間浪費型のものであり、当初の人気を継続的なものに積み替えていくことは困難である。そうだとすれば、自分に推進したい政策があっても、実現に結び付けることは決して簡単ではない。ましてや、ブーム時には大勢当選するが、ブームが過ぎれば忘れ去られる女性議員が少なくない。その責任は、リクルート担当の政党にある。連続して当選を重ねていかなくては、男性議員や官僚組織に対して知識を身につけて渡り合っていくことは不可能である。二期か三期で交代することを原則としている「東京・生活者ネットワーク」所属だった女性議員の何人かは、議員を続けることを選んで「ネット」を去っている。地方であっても、男性議員や官僚に互していくには、それなりのキャリアが必要なのである。

女性の時代からジェンダー・バックラッシュの時代へ

一九八〇〜九〇年代が「女性の時代」であったとしたなら、二〇〇〇年代以降は「停滞の時代」(三浦編二〇一六　一二七—一六七)であった。ジェンダーフリーの主張はバッシングされ、リプロダクティブ・ライツ(いつ何人子どもを生むか、妊娠・出産の当事者である女性が自己決定できること)などの女性の権利を求める動きが、激しい性教育バッシングなど、制限の下に置かれた。

それには、二つの過程があった。

第一には、日本会議などの右翼的な集団が力を持ち、政治家にも支持者を増やして、憲法改正を推進し、夫婦別姓に反対したり、「従軍慰安婦」を教科書に書き込むことに反対したりしていることである。小池は二〇一六年の資料では、日本会議国会議員懇談会副幹事長(『週刊金曜日』成澤編著二〇一六)となっている。他に、稲田朋美・尾身朝子・高市早苗・渡嘉敷奈緒美・中川郁子・永岡桂子・野田聖子・堀内詔子・宮川典子・有村治子・上野通子・片山さつき・山東昭子・島尻安伊子・山谷えり子が名を連ねている。リベラルな運動をしようとする女性に対して、右派女性が数で対抗してきているのだ。(5) また、ジェンダー・バックラッシュは草の根の動きも伴っており、女性たちのジェンダー平等からの社会運動への逆風となった。

もう一つは、女性のライフスタイルがすっかり変わってしまったことだ。一九九五年、日経連は、終身雇用・年功序列賃金・企業別組合からなる旧来の日本型雇用では、新しいグローバル時代にやっていけないとして、「新時代の「日本的経営」」を打ち出した。それは、男女平等を進めるものでなく、格差をさらに進めるものであった。

労働者を、①長期蓄積能力活用型グループ ②高度専門能力活用型グループ ③雇用柔軟型グループに分ける。①は従来の総合職対応の男性中心のエリートだが、もっと数を絞る。働き方は、長時間労働・転勤ありの厳しいものを維持する。②は終身雇用から外す。③は、派遣・非正規労働者として、いつでも景気の調整弁となるようにしておく。これが二〇〇〇年代の「改革」の内実であった。

女性のごく一部は①に加われるかも知れないが、ケア労働を一切担わないエリート男性労働者と同じ働かされ方をするので、育児との両立は難しい。①の数はより絞られるので、専業主婦を養える「家族賃金」をもらうサラリーマンは減る。そうすると、余裕時間を社会活動に使えていた専業主婦が、高齢化し減少し、彼女たちに担われていた社会運動が先細っていく。②は、雇用の安定性が外される。③は、非正規で低賃金なので、場合によっては掛け持ち労働をしなければならなくなる。②・③でも男性の方が女性より上に位置づけられる。公的ケアや企業による福祉が削られ、女性は、家庭内のケア役割がかえって増大し、またシングルマザーなどは、サバイバルしていくのがより大変になる。企業でスキルを磨ける女性や社会運動でマネジメントを学べる女性は減って、「候補者の候補」になれる女性が減るのである。一九九〇年代の「女性の時代」で生き生きとしていた女性たちは、今や介護を担ったり、自分が介護されたりで、青息吐息である。そして、運動の後継者は減っていくのだ。

弱者の声を社会の、候補者の、政党の、自治体の声とする

変革の道はある。介護や保育など社会的再生産労働をしているエッセンシャル・ワーカーが、今や、非正規とか民間委託によって、低廉な賃金のまま、自分たちより苦しい女性を助けるようになっている。ドメスティック・バイオレンスの被害女性をサポートする女性相談員なども、不安定な立場に置かれている。公共セクターの民営化は、中曽根行革・小泉行革以降の新自由主義的改革の道である。必要なのは、彼女たちを、正規雇用し、ちゃんと待遇することである。彼女たちは、誰がなぜ困っているかよく知っている。その声を社会の声とし、候補者の声とし、政党の声とし、自治体の声とすることである。

非正規化や民間委託は、小池が進めようとしている構造改革政策である。この政策は、格差を拡大し女性の苦境を押し進めるだろう。一定の所得や時間的余裕があって、社会的問題にコミットできるという女性の優れたリーダーの後継者を育てることと、構造改革路線は、対立している。

小池には、まだ首相を狙うチャンスが一回残っていると思われる。東京都知事を、うまくスプリングボードにすれば、である。しかし、二〇一六年の都知事選の頃には消えかかっていた「政界渡り鳥」のイメージが、二〇一七年衆議院選の失敗で蒸し返された。変わり身の早さ、政策理念がわからないといった問題が、ポジティブ、ネガティブのどちらであらわれるだろうか。また学歴疑惑は、エジプト政府の後押しにもかかわらず、完全に払拭されてはいない。捨て身の賭けで生きてきた小池は、鮮やかな印象も与えてきたが、「イメージだけ」という批判も浴び続けてきた。彼女は、もう一度挑戦を行う可能性があり、人物像の結論はそれを待ってからになるであろう。

民主主義について、確認しておきたい。土井は護憲の人であり、人権や自由を重んじた。ポピュリズムはピープル(人民)の政治であり、民主主義の一形態でもありうるけれども、少数者の権利などリベラルな価値を軽視する。これは土井にはあてはまらない。小池の、憲法はいちから作り直してはどうかという言葉は、現行憲法の平和主義・国民主権のみならず基本的人権の尊重という柱をも押し流してしまいかねない、危険なポピュリズムである。

敵を作って大衆にアピールするという点でも、確かに土井にも中曽根政治・竹下政治という敵はあったのだが、保守革新の対立構造の枠内で、特に敵としてフレームアップしたものではなかった。これに対して小池は、新党ブームの時、小泉郵政選挙の時、防衛相の時、最初の都知事選挙の時、旧守派の男性政治家たちを敵として取り上げた。自分をしがらみなき改革者として、闘うイメージを示したのである。「政治家総とっかえ」「刺客」「巨悪と闘うジャンヌダルク」。小池はイメージ作りイメージに乗った。

リーダーがいなければ、見つけてきて鍛えなければならない

現下の「コロナ政局」では本当の敵はコロナウイルスである。小池は、国の対策が不足しているのを叩く「闘う知事」として、菅義偉(官房長官・首相)や西村康稔新型コロナ対策担当大臣と、キャット・ファイトを繰り広げたりしている。しかし、女性リーダーに求められるのは、本当にそういう姿なのであろうか。ドイツのアンゲラ・メルケル首相は、国民に行動制限をかけることを詫びる演説をし、十分な同情心をもって団結を呼びかけ、感動を呼んだ(二〇二〇年一二月九日)[6]。

メルケルは二〇〇五年に首相になり、気候変動・貧困・アフリカへの支援に取り組んだ。ジェンダーの不平等についても、福祉国家を労働者としての女性の立場を強化する形で作り直した。イスラム教徒のドイツへの統合につとめ、彼女の政党であるキリスト教民主同盟を、同性愛や人工妊娠中絶に厳しく幼児の保育に不熱心だったカソリック寄りの姿勢から、寛容に導いた(Skard 2014)。

メルケルの他にも、ニュージーランドのアーダーン首相、台湾の蔡英文総統、またアイスランドやフィンランド、デンマークといった、コロナ対策をうまく進めている女性リーダーたちは、パフォーマンスや敵対心に頼ったりしない。多様性・寛容を軸に国民統合を図っているのである。それらの国では、女性たちが安心して働くことができ、子どもも生み育てることができ、女性政治家も多い(ブレイディ二〇二一　二一〇)。「コロナとの戦い」でもいたずらに国内ライバルとのバトルに汲々とせず、国民のための政策を打つことができるのだ。

女性政治家の当選を保障する選挙制度とは

女性の政治リーダーを育てるためには、それなりの選挙制度でなければならない。戦後日本で一九四七年から一九九三年まで採用されていた中選挙区単記制（三〜六の議席を争うが、有権者は一票しか投じることができない）は、女性にとって最悪な選挙制度であった。一九六九年から一九九三年までサバイバルできた土井は、それだけでも凄いのである。一九四六年の衆議院選挙では三九人選ばれていた女性が、大選挙区制限連記制（二〜三人に投票できる）から中選挙区単記制に変わったとたんに一五人に減り、一時は六人にまで減るくらい、低迷した。一九九六年に小選挙区比例代表並立制に変わって、二三人から五四人までと増えたのである。とくに女性は比例ブロックで選ばれている。中選挙区単記制は、同一政党の候補者同士も同じ選挙区で争うので、政策によらず、サービス合戦やどれだけ選挙民と握手したかなど、時間浪費的な選挙活動で勝敗が決まる。家事・育児を担うことが多い女性候補者には不利なものであった。

小選挙区比例代表並立制では、同じ選挙区には同じ政党の候補者は出ないのだから、本来は政党ごとの政策争いになるはずである。ところが、現行の日本の制度では、比例ブロックとの重複立候補が可能であり、もし比例で「同一順位」に並べられたら、同一ブロックの同一政党の候補者同士、小選挙区で勝てなかった候補は惜敗率（小選挙区の勝利者にどれくらい迫った票を得たか）を争って勝ち抜く仕組みになっている。このように、同一政党の候補者同士の争いが残存するという、中選挙区制度時の「くせ」も抜けないで、えんえんと選挙活動に時間を費やしているのである。

これを防ぐには、政党が「小選挙区に立てる候補者は比例には立てない」ことが必要になる。小選挙区でも比例ブロックでも、あくまで政党同士が政策で競うことを貫徹するのだ。実際、参議院選挙では重複立候補はないのだから可能なはずである。法律で重複立候補を禁止してもよいかもしれない。[7]女性立法院議員が四一・六％でアジア第一位の台湾では、小選挙区制と比例代表の組み合わせが日本と似ているが、重複立候補がない。さらに、比例代表は全国一区だが、「候補者の五〇％」ではなく、「比例代表選挙で獲得した議席のうち女性が占める割合を五〇％以下にしてはならない」との、厳しいクオータ規定がある。[8]

また、台湾の地方選挙は日本と同じ大選挙区単記制だが、二五％の女性クオータ制がある。当選者が四人いる選挙区では、得票順で四位以下でも、女性の中で最高得票を得た一人を当選者とする。これは、より上位の男性をはねのけて女性を当選させるため、日本では抵抗が大きいかもしれない。しかし台湾では、そうして飛ばされた男性と議席を得た女性との資質を比較し、女性が劣らないという研究成果を得て、説得的に評価されている。[9]日本では、地方選挙で小選挙区となっているところもあるが、近隣の選挙区と合併して複数が当選する選挙区として、投票を二人以上できる連記制にすると、一九四六年の衆議院選挙のような効果で女性が多く当選するのではないだろうか。

地盤・看板・カバンがなくても、政党によって力量があると見なされ、また十分トレーニングを積んだ女性を、男性目線でなく公平な視点・ジェンダー平等の視点から、候補者としてリクルートすることが必要である。候補者選定過程には透明性も重要だ。女性候補も「若さと魅力」でなく、政策立案力でアピールする。できればクオータ制度を導入し、これまで制度や慣習から女性候補が受けてきたハンディキャップを解消して、女性政治家の誕生と継続した当選とを保障していくのだ。

もちろん政治家としての切磋琢磨は必要だ。無駄な争いをすることなく、男女を超えて政策志向的に、また女性は女性でシスターフッドによって女性の苦境を救う政策を求めて、協力的に政治を進めていくことが必要ではないだろうか。

序章で触れたが、日本という国でリーダーとなるためには、旧来の男性による「鉄の塊」の支配を打ち破るだけの強さを持つことが必要である。しかも寛容な統合を図り、他方で弱者や排除される者への目線も忘れない、そうしたリーダーが、求められている。このような女性を、派手さに目移りしたりしないで育てることができるだろうか。ジェンダー・バックラッシュと戦いながら、ますます暮らしにくくなる女性の生活の再建という、困難な闘いを行いながらである。リーダーがいなければ、見つけてきて育て鍛える仕組みを作らなければならないのだ。それが、私たちの課題なのである。

（1）「土井たか子　時代遅れの「過去の人」に用はなし！」『週刊女性』二〇〇三年八月一二日号、一七八頁。「土井たか子泥まみれの「晩節」！」『女性自身』二〇〇三年八月一二日号、四〇頁。「土井たか子氏「拉致問題」が大逆風で危惧の声が！」『女性自身』二〇〇三年一一月四日号、三七―三八頁。「土井たか子氏　拉致問題「知らず存ぜぬ」で「やめるっきゃなかった」」『女性自身』二〇〇三年一二月二日号、四七―四八頁。「土井たか子社民党惨敗！「おたかさん」党首辞任に「図々しい！」の声」『週刊女性』二〇〇三年一二月二日号、四二頁。斎藤美奈子「土井たか子は「最後の野党政治家」だった」『婦人公論』二〇〇三年一二月二二日号、一五頁

（2）前掲「刺客とあの時のマドンナは全然違います」一三六―一三九頁

（3）前掲「本当は女政治家は大嫌いだという勇怯な本音」。「小池百合子都知事へ蓮舫と野田聖子「女の無節操」何が悪い」『女性セブン』二〇一六年九月二二日号、二五―二七頁。「蓮舫、小池、稲田の「ガラスの天井」

『FACTA』二〇一六年一〇月号、七八―八一頁

(4) 三浦瑠麗「超エリート「女性代議士」がつまずく本当の理由」『PRESIDENT』二〇一七年一〇月三〇日号、二八―三一頁。つまずく理由を、女性の数が少なすぎて、派閥でトレーニングされないからとする。書かれたのは小池の「排除」発言以前であり、「侍女タイプ「かませ犬(山尾志桜里・稲田朋美・蓮舫)」、「クリーン(今井絵理子)」、「党内官僚(辻元清美・松島みどり・豊田真由子)」」、「お姫様タイプ(野田聖子・小渕優子)」、「業界の代表タイプ」の他に、「実力派タイプ」として小池が、ヒラリー・クリントンとともに分類されている。土井は触れられていない

(5) 海妻径子「日本における女性保守政治家の軍事強硬主義とジェンダーの変容」『ジェンダー法研究』四号、二〇一七年、九一―一一〇頁。同「フェミニズムの姉妹、保守とリベラルのキマイラ――軍事強硬主義的女性保守政治家の支持獲得構造とイメージ機能」『現代思想』二〇一八年二号、一三五―一四九頁

(6) https://www.youtube.com/watch?v=j_3yCiJuDbU(二〇二一年一月一日)

(7) 自民党幹事長代行の野田聖子も、重複立候補に反対している(『読売新聞』二〇二一・五・九)

(8) 申琪榮「台湾における女性の政治参画とクオータ制度」https://www.gender.go.jp/research/kenkyu/pdf/gaikou_research/2020/13.pdf(二〇二一年七月三日)

(9) 黄長玲「台湾におけるジェンダークオータ」『東アジアにおけるジェンダーと政治』Booklet Series 1(お茶の水女子大学ジェンダー研究所)、二〇一九年　http://www2.igs.ocha.ac.jp/wp-content/uploads/2019/05/1.pdf(二〇二一年七月三日)

謝　辞

研究者への道を導いて下さったのは、名古屋大学名誉教授の田口富久治先生である。大学院で外国の研究者の理論の紹介をしていた私のことを危惧され、一度日本の女性地方議員について報告したときに、自分の知りたい事実について研究するように奨めていただいた。隠れフェミニスト（女性運動家の溝口明代さんに私淑していた）が、「女性と政治」の研究者になったのだ。

三重大学人文学部には早くに赴任したが、病を得て、学部・学生・同僚、とりわけ政治学系の先生方には、誠に迷惑をかけた。記して謝したい。学外の同学者にも、礼を欠いたことがある。

東京大学名誉教授の渡辺浩先生には、多々示唆を頂いた。土井たか子に関する原稿を抱いて行き暮れていた私に、小池百合子との比較をご助言いただいた。

土井についてまとめるには、彼女の社会党委員長時代に党本部広報局の副部長として選挙対策本部のキャンペーンを担当した、高木浩司さん（現・愛知県議）に話を伺った。ずいぶん前のことになってしまった。

アメリカ政治学会の、マリアン・リーフ・パリー、マーガレット・コンウェイ、ジュリー・ドラン、メリッサ・デックマン、ミッシェル・スウァーズには、二〇〇〇年に日本中に散らばって孤立していた日本の「女性と政治」研究者五人を、政治学会のイベントに招いていただいた。研究会と観光、どちらも手厚く遇してもらった。これを機にJAWS(日米女性政治学者シンポジウム)を結成した。ところが難題勃発。次には日本側が米側を招くという話になった。基金のあてもなかなかなく、悩んだ。五人のうち二人は離れていき、相内真子さんと大海篤子さんと私で、翌々年、何とか日本でシンポジウムを行った。

その後、アメリカ側は、日本側が招くより二倍は、招聘を行った。私はIPSA(世界政治学会)福岡大会(二〇〇六)でパネルを一つ持った。大海さんは、若い日本女性を発掘して連れて行った。しかし日本の資金できちんとしたものをやろうとして、私は二〇一二年に科学研究費を取ったのだが、身体が付いていかなかった。「無理をしてでもやってほしい」と言われ、私は離れることになった。今でもJAWSは続いている。

縁とは奇妙なものである。私は三重大学教養教育で、「ジェンダーとセクシュアリティ」というオムニバス講義を行っている。定年なので、二〇二一年度が最後だ。二〇一三年一月に来講予定の講師が急に来れなくなった。月曜日一六:二〇〜一七:五〇に空いている人をどうやって探そうか。二〇一二年末には衆議院議員選挙があって、民主党政権から自民・公明政権に交代しており、多くの民主党の女性議員が落選していた。まだ事務所に電話が通じるかもしれない。『国会便覧』を見て、一面識もない井戸まさえさんに、ずうずうしくも連絡した。彼女は、無戸籍児問題のアクティビストである。一時間三〇分、非常勤講師として講義してもらった。学生の反応はよかった。

その時に、私が一九九七年に書いた「女のいない政治過程——日本の55年体制における政策決定を中心に」(『女性学 Vol.5』)を渡した。政界・業界・官界いずれにも女性が乏しく、女性抜きで政治決定がなされていることを書いていた。著名ではない、知る人ぞ知るという論文だった。二〇一九年になって、『女性のいない民主主義』という岩波新書が出てブレイクした。注には一九九七年論文を始め私の著作がいくつか記載されているが、一九九七年論文の意義には触れていなかった。そのことに、井戸さんや岩波書店の中本直子さん、ラブピースクラブの北原みのりさんが憤激してくれたのである。この新書で、油揚げをさらわれたような気持の私は、ぼーっとしていた。「怒っていいんだ」ということを教えてくれた。シスターフッドを強く感じた。

この時に私は、出版の当てがなくなっていた本書の元となる原稿を抱えていた。編集の中本さんが、やさしく厳しく、出版まで導いて下さった。一二年前に亡くなった元パートナーは編集者であり、彼の仕事はこういうものだったのだと気づかされた。そして、私の時事政治論につきあってくれた娘(エンジニア)に感謝している。

小池百合子については、毀誉褒貶いろいろあるだろうし、これからも目が離せない。しかし「女の時代」と言われた一九八〇年代に「女性の味方」だった土井たか子について、多くの人に知ってほしいし、知っているという人にはぜひもう一度思い出していただきたいのである。

岩本美砂子

参考文献

＊参照した書籍は本文中に記し、雑誌記事は章末注としたが、石井妙子の論文のみ本文中に記した。

安積明子『〝小池〟にはまって、さあ大変』ワニブックス二〇一七
安倍晋三『美しい国へ』文藝春秋二〇〇六
天野祐吉『私のCMウオッチング'86〜'88』朝日新聞社一九八八
有本香『「小池劇場」の真実』幻冬舎二〇一七
有本嘉代子『恵子は必ず生きています』神戸新聞総合出版センター二〇〇四
シンジア・アルッサ／ティティ・バタチャーリャ／ナンシー・フレイザー『99％のためのフェミニズム宣言』人文書院二〇二〇
石井妙子二〇一七a「小池百合子研究――父の業を背負いて」『新潮45』二〇一七年一月号
石井妙子二〇一七b「男たちが見た小池百合子という女」『文藝春秋』二〇一七年八月号
石井妙子二〇一八a「女たちが見た小池百合子「失敗の本質」」『文藝春秋』二〇一八年一月号
石井妙子二〇一八b「小池百合子「虚飾の履歴書」」『文藝春秋』二〇一八年七月号
石井妙子『女帝 小池百合子』文藝春秋二〇二〇
石井妙子二〇二〇a「女帝・小池百合子が豹変するとき」『文藝春秋』二〇二〇年七月号
石井妙子二〇二〇b「小池百合子に屈した新聞とテレビ」『文藝春秋』二〇二〇年八月号
石井妙子二〇二一「小池百合子「女帝」の最後の切り札」『文藝春秋』二〇二一年七月号
石井政之『顔面漂流記』かもがわ出版一九九九
石川真澄「日本社会党」『日本社会党』日本経済評論社二〇〇三
板垣英憲『土井たか子の挑戦』DHC一九九三
板垣英憲『「田中真紀子」という生き方』ベストセラーズ一九九四

井戸まさえ『ドキュメント 候補者たちの闘争』岩波書店二〇一八
糸久八重子編著『育児休業法』労働教育センター一九九〇
猪口邦子／小池百合子／佐藤ゆかり(TPL)『東京 WOMEN 大作戦』小学館二〇〇八
岩尾光代『はじめての女性代議士たち』新風舎二〇〇六
岩本美砂子「女性と政治過程」賀来健輔・丸山仁編著『ニュー・ポリティクスの政治学』ミネルヴァ書房二〇〇〇
大海篤子「生き方を変えた女性たちの議会進出」『ジェンダーと政治参加』世織書房二〇〇五
大下英治『小説　土井たか子』社会思想社一九九五
大下英治『郵政大乱！　小泉魔術(マジック)』徳間書店二〇〇五
大下英治『挑戦　小池百合子伝』河出書房新社二〇一六
大下英治『小池百合子の華麗なる挑戦』河出書房新社二〇〇八
大下英治『小池百合子の大義と共感』エムディエヌコーポレーション二〇二〇
太田道子『ドキュメント　中東救援――湾岸に民間チャーター機が飛んだ』岩波書店一九九二
小沢雅子『新「階層消費」の時代』日本経済新聞社一九八五
小沢遼子「婦人議員」朝日ジャーナル編『女の戦後史I』朝日新聞社一九八四
落合恵子／佐高信編『君、殺したまうことなかれ』七ツ森書館二〇〇七
音喜多駿『贖罪』幻冬舎二〇一八
片山善博／郷原信郎『偽りの「都民ファースト」』WAC二〇一七
片山善博『知事の真贋』文藝春秋二〇二〇
金子光『看護の灯　高くかかげて』医学書院一九九四
鴨志田孝一『小池百合子写真集』双葉社二〇一七
北岳登『虚飾のメディア』ダイヤモンド社二〇〇四
クローディアー真理「収束への原動力はSNSによる国民との対話」栗田路子／プラド夏樹／田口理穂他『コロナ対策　各国リーダーたちの通信簿』光文社二〇二一
小池百合子『振り袖、ピラミッドを登る』講談社一九八二
小池百合子『3日でおぼえるアラビア語』学生社一九八三　第二版一九九八

小池百合子『永田町ブロードキャスター』朝日新聞社一九九四
小池百合子「素人のクソ度胸」文藝春秋編『オカン、おふくろ、お母さん』文藝春秋二〇〇六
小池百合子『小池式コンセプト・ノート』ビジネス社二〇〇七a
小池百合子『女子の本懐』文藝春秋二〇〇七b
小池百合子『もったいない日本』主婦と生活社二〇〇八
小池百合子『議員と官僚は使いよう』小学館二〇〇九
小池百合子『発電する家 「エコだハウス」入門』プレジデント社二〇一一
小池百合子編『女性が活きる成長戦略のヒント Vol.1 20／30プロジェクト』プレジデント社二〇一三
小池百合子『自宅で親を看取る』幻冬舎二〇一四
小池百合子編著『希望の政治』中央公論新社二〇一七
蔡英文『新時代の台湾へ』白水社二〇一六
佐々淳行『私を通りすぎた政治家たち』文藝春秋二〇一七
佐藤慶幸編著『女性たちの生活ネットワーク』文真堂一九八八
澤章『築地と豊洲』都政新報社二〇二〇
澤章『ハダカの東京都庁』文藝春秋二〇二一
椎橋勝信「これが社会党だ」高畠通敏編『社会党』岩波書店一九八九
『週刊金曜日』成澤宗男編著『日本会議と神社本庁』金曜日二〇一六
ジョジョ企画『女たちの便利帳 一九九四〜一九九五』教育史料出版会一九九四
ジョジョ企画『女たちの便利帳 保存版』一巻〜六巻、教育史料出版会一九九六〜二〇〇九
新谷卓「堂本暁子」濵賀祐子編『日本の女性政治家と政治指導』志学社二〇一三
鈴木哲夫『東京都政の真実』イースト・プレス二〇一七
高澤美有紀「女性国会議員比率の動向」『調査と情報』八八三号、二〇一五
高畠通敏「社会党にもの申す」高畠通敏編『社会党』岩波書店一九八九
田口理穂「コロナ禍で光る賢母の貫禄」栗田路子／プラド夏樹／田口理穂他『コロナ対策 各国リーダーたちの通信簿』光文社二〇二一

竹内一紘『希望の党の〝あとに残った希望〟』文芸社二〇一九
田中章『土井たか子』東京出版一九八九
朝堂院大覚『朝堂院大覚自伝』清談社Publico二〇二一
TBS調査部編『「新大衆」の発見』東急エージェンシー一九八六
土井たか子編『「国籍」を考える』時事通信社一九八四
土井たか子編著『土井たか子 政治とわたし』日本社会党機関紙局一九八七
土井たか子他『土井たか子マイウェイ』出帆新社一九八七
土井たか子『山の動く日』すずさわ書店一九八九
土井たか子「私の履歴書」『日本経済新聞』一九九二(九月一日～三〇日)
土井たか子『せいいっぱい』朝日新聞社一九九三
土井たか子／佐高信『護憲派の一分』角川書店二〇〇七
土井たか子／吉武輝子『やるっきゃない！』パド・ウィメンズ・オフィス二〇〇九
土井たか子／村井吉敬／アジア人権基金編『アジア・ヒューマンライツ』梨の木舎二〇一〇
土井たか子を支える会編『いま始まります女の政治』梨の木舎一九八七
土井たか子を支える会編『土井たか子憲法講義』リヨン社一九八八
堂本暁子『堂本暁子のDV施策最前線』新水社二〇〇三
堂本暁子／天野恵子『堂本暁子と考える医療革命』中央法規二〇〇九
堂本暁子「連立を組んだ橋本総理の連帯感」「政治家橋本龍太郎」編集委員会編『政治家 橋本龍太郎』二〇一二
堂本暁子「ダイバーシティ・ガバナンス」女政のえん編『首長たちの挑戦』世織書房二〇一六
外川浩子『人は見た目！と言うけれど』岩波書店二〇二〇
西倉実季『顔にあざのある女性たち』生活書院二〇〇九
日経ウーマン編『妹たちへ2』日経BP社二〇一〇
ティアナ・ノーグレン著／岩本美砂子監訳『中絶と避妊の政治学』青木書店二〇〇八
博報堂生活総合研究所編『「分衆」の誕生』日本経済新聞社一九八五
博報堂生活総合研究所編『時流は女流』日本経済新聞社一九八七

濵賀祐子「小池百合子」濵賀祐子編『日本の女性政治家と政治指導』志学社二〇一三
林修／小池百合子『異端のススメ』宝島社二〇一三
久田恵編著『女のネットワーキング』学陽書房一九八七　新版（横浜女性フォーラム編著）一九九一
平野貞夫『小沢一郎との二十年』プレジデント社一九九六
藤井輝明『運命の顔』草思社二〇〇三
藤井輝明『あなたは顔で差別をしますか』講談社二〇〇八
藤岡和賀夫『さよなら、大衆。』PHP研究所一九八四
藤本一美「土井たか子」濵賀祐子編『日本の女性政治家と政治指導』志学社二〇一三
古谷経衡『女政治家の通信簿』小学館二〇一八
ブレイディみかこ『女たちのポリティクス』幻冬舎二〇二一
保坂展人『あたたかい人間のことばで伝えたい』リヨン社一九九〇
毎日新聞社編『若い日の私』毎日新聞社一九八六
真柄秀子『体制移行の政治学』早稲田大学出版部一九九八
舛添要一『東京終了』ワニブックス二〇二〇
松本学／石井政之／藤井輝明『知っていますか？　ユニークフェイス一問一答』解放出版社二〇〇一
三浦まり編著『日本の女性議員』朝日新聞出版二〇一六
三浦元博／山崎博康『東欧革命――権力の内側で何が起きたか』岩波書店一九九二
御厨貴／芹川洋一『日本政治　コロナ敗戦の研究』日本経済新聞出版二〇二一
水島治郎『ポピュリズムとは何か』中央公論新社二〇一六
水野敬也『顔ニモマケズ』文響社二〇一七
溝口禎三『阿修羅の戦い、菩薩のこころ』徳間書店二〇一七
三井マリ子『さよなら！　一強政治』旬報社二〇二〇
村上泰亮『新中間大衆の時代』中央公論社一九八四
森喜朗『遺書　東京五輪への覚悟』幻冬舎二〇二〇
山崎正和『柔らかい個人主義の誕生』中央公論社一九八四

有限責任監査法人トーマツ「諸外国における政治分野への女性の参画に関する調査研究報告書」(内閣府男女共同参画局委託事業)二〇一九 https://www.gender.go.jp/research/kenkyu/gaikoku_research_2019.html
横田一『仮面　虚飾の女帝・小池百合子』扶桑社二〇二〇
吉田徹『ポピュリズムを考える』ＮＨＫ出版二〇一一
吉見俊哉『平成時代』岩波書店二〇一九
和田泰明『小池百合子　権力に憑かれた女』光文社二〇二〇
Chapman, Madeleine, *The Most Powerful Woman in the World*, Sky Horse Publishing, 2020
Dalton, Emma, *Women and Politics in Contemporary Japan*, Routledge, 2015
Hastings, Sally Ann, 'Women Legislators in the Postwar Diet', Ann E. Imamura ed., *Re-Imagining Japanese Women*, University of California Press, 1996
Iwai, Tomoaki, '"The Madonna Boom": Women in the Japanese Diet', "Journal of Japanese Studies", 19(1), 1993
Pavloska, Susan, 'Tokyo's First Female Governor Breaks the Steel Ceiling', Gill Steel ed., *Beyond the Gender Gap in Japan*, University of Michigan Press, 2019
Sineau, Mariette, *Femmes et pouvoir sous la Ve République*, SciencesPo, 2011
Skard, Torild, *Women of Power*, Policy Press, 2014
Stockwin, J. A. A., 'On Trying to Move Mountains: The Political Career of Doi Takako', "Japan Forum", 6(1), 1994

岩本美砂子
1957年生まれ．女性学，政治学．三重大学人文学部法律経済学科教授．京都大学法学部卒業，名古屋大学法学研究科博士課程中退．名古屋大学法学部助手，三重大学助教授をへて1996年より現職．
主要著作(全て共著)
『ジェンダー社会科学の可能性 第1巻　かけがえのない個から』(岩波書店，2011)『21世紀への挑戦 7　民主主義・平和・地球政治』(日本経済評論社，2010)『ニュー・ポリティクスの政治学』(ミネルヴァ書房，2000)他．
主要論文に「女のいない政治過程」(『女性学』Vol. 5, 1997)がある．

百合子とたか子　女性政治リーダーの運命

2021年 8 月27日　第1刷発行
2021年10月15日　第2刷発行

著　者　岩本美砂子《いわもとみさこ》

発行者　坂本政謙

発行所　株式会社 岩波書店
〒101-8002 東京都千代田区一ツ橋 2-5-5
電話案内 03-5210-4000
https://www.iwanami.co.jp/

印刷・理想社　カバー・半七印刷　製本・中永製本

ISBN 978-4-00-025432-8　　Printed in Japan

私たちの声を議会へ
——代表制民主主義の再生——
三浦まり
四六判二三〇頁
定価二二〇〇円

ドキュメント
候補者たちの闘争
選挙とカネと政党
井戸まさえ
四六判二一四頁
定価一八七〇円

女性が政治を変えるとき
——議員・市長・知事の経験——
五十嵐暁郎
ミランダ・A・シュラーズ
四六判三五二頁
定価三八五〇円

日本の国会
——審議する立法府へ——
大山礼子
岩波新書
定価九二四円

女性のいない民主主義
前田健太郎
岩波新書
定価九〇二円

岩波書店刊
定価は消費税10％込です
2021年10月現在